航海 貨幣與貿易

經濟脈絡下，
看見近現代500年
各國興衰的軌跡

波音 著

序言

各位讀者手中的這本書，講述的是近代世界歷史和經濟之間的有趣互動。近代重大歷史事件如何影響了各國經濟的發展？經濟規律又如何決定了各國歷史的走向？

本書從黑死病流行、君士坦丁堡陷落開始，到一九七〇年代布列敦森林制度（Bretton Woods system）解體為止，聚焦於幾百年的近現代世界史。內容大體上以國別分章，分別敘述了近現代歷史上主要強國的崛起之路和它們在經濟上的經驗與教訓，包括葡萄牙、西班牙、荷蘭、英國、法國、美國、德國、日本等；也兼有主題分章，比如奴隸貿易、運河興建、金銀貨幣、殖民地等。

大航海時代開啟後的五百年，世界歷史猶如按下了加速鍵，昔日那些延續幾百年甚至上千年的帝國紛紛落幕，不論是橫跨歐亞的東羅馬帝國、美洲的印加帝國、阿茲特克帝國，還是亞洲的蒙兀兒帝國或清朝，統統被時代所淘汰。一些近代意義上的大國強勢崛起，主要是那些歐洲列強，後來又增加了獨立的美國和東方的日本。

最開始崛起的幾個國家，比如西班牙、葡萄牙、荷蘭和英國，矗立在歐亞大陸「舊大陸」（亦稱舊世界）的西部邊陲，它們都曾是土地狹小、物產有限的國家，竟然能夠在全球開啟各自的一段黃金時代，並且成績斐然。透過彼此學習與競爭，法國、美國、德國、俄羅斯等其他歐美列強紛紛跟進，踏上經濟發展的快車道。發端於英格蘭並擴散到歐美其他國家的工業革命，根本性地改變了人類社會的經濟狀況，將萬年以來人們生活水準總是徘徊在溫飽線附近的頑疾一針治癒。

這樣的經濟奇蹟，是偶然發生的，還是必然發生的？

偏偏這些列強之間還紛爭不斷。翻看歐洲近代史，我們會驚訝戰爭怎麼這麼多。三十年戰爭、西班牙王位繼承戰爭、九年戰爭、七年戰爭、英法第二次百年戰爭，都牽扯到歐洲許多列強，二十世紀爆發的兩次世界大戰更為慘烈，此外還有北美獨立戰爭、普法戰爭、克里米亞戰爭、日俄戰爭等局部戰爭。這些列強彼此打得昏天黑地，竟然還能順帶把全世界其他地區輕易征服，壟斷香料貿易，占領美洲大陸，瓜分非洲、亞洲……

這些列強怎麼變得如此厲害？是因為它們掠奪他人財富毫無底線，還是因為它們掌握了獨門祕笈而能打遍天下？

一個不可否認的事實是，西方列強的興起首先來自其經濟實力的增長，不論是經濟總量還是人均財富，它們都超越了昔日的那些大帝國。因此，當我們要透視大國興衰的祕密時，不可避免要關注它們的經濟興衰，特別是它們如何實現國富民強的，這些列強點石成金的手指頭有什麼奧祕。

近代以來興起的大國中，有些如今已經淪為經濟二流國家，比如西班牙、葡萄牙和荷蘭。但另一個不可否認的事實是，一百年前強盛的國家，比如美國、英國、法國、德國、日本……雖然歷經兩次世界大戰、漫長的冷戰和數次經濟危機，在一百年後的今天依然是國強民富的國度。這些現象提醒我們，國家興衰既有四海皆準的經濟共性，也有異彩紛呈的經濟個性。

本書嘗試從經濟學的視角，透過觀察全球列強五百年來的興衰過程，探討它們在經濟領域的得失成敗，從而揭示經濟如何改變了歷史走向，而歷史進程又如何影響了經濟面貌。這樣的探討過程不僅有助於我們看清歷史迷霧背後的經濟真相，對於分析今日世界的來龍去脈同樣有一定的借鑑意義。

本書的最早版本，是約十年前出版的《透過錢眼看大國興衰》，此後約五年前又以《航海、財富與帝國》再次出版。前兩個版本在章節上有細微的差別。十年來，這本書以經濟學視角解讀歷史，受到了廣大讀者的歡迎，也令才疏學淺的我倍感惶恐。尤其是隨著自己對於經濟和歷史的瞭解日深，越發感覺這本寫作於十年前的書，既有「初生之犢不畏虎」的新鮮氣息，也有「無知者無畏」的粗淺見識。於是，自己一直希望能夠有機會對這本書進行增編和改寫，讓內容更加豐滿，觀點更加準確。

感謝幾位好友的垂愛，讓我的這個願望得以實現，這就是本書的來歷。與之前的兩個版本相比，在堅持以經濟的角度解讀歷史這個主題不變的前提下，這本書有如下兩個變化：

其一是比原著多了五十%的新內容。比如新增了「黑死病之後」、「英印棉布攻防戰」、「運河上駛來世界霸主」、「日本憑什麼能『脫亞入歐』」、「爭搶殖民地？那就是一個坑」等章節。其他原有章節，在文字上也多有擴充。更多的內容，將使讀者對於歷史和經濟有更加全面的瞭解。

其二是內容增加的同時，加強了對經濟規律的解釋，對於影響歷史進程的貨幣問題、運輸問題、貿易問題、技術問題等，都有了更充分的闡述，以利於讀者掌握這些經濟規律，並用這些經濟規律分析歷史與現實的現象。

本書延續了我一直努力追求的寫作原則——「史實不惡搞，惡搞不史實」，在面對史實問題時，注重證據和邏輯，嚴肅認真；對於不涉及史實的部分，用活潑、時尚和調侃的語言，讓讀者在愉悅中閱讀歷史，感受歷史的趣味。希望您能夠喜歡我的這種寫作風格。

二〇二三年三月

目錄

〔序章〕

黑死病之後

可怕的瘟疫正在軍中肆虐，奪走了許多戰士的性命。面對屹立不倒的卡法城（註：現今名為費奧多西亞），欽察汗國的圍城大軍徹底絕望了，最後只能無奈地帶著殘軍撤去包圍，遠遁而去。

交戰雙方並不知道，這次規模不大的圍城戰會以一種淒慘、可怕的方式，改變整個歐洲的歷史進程，甚至影響了未來五百年的世界大勢……

卡法城位於黑海北部克里米亞半島海岸，地理位置十分重要，自古以來就是商業重港。歐洲南部的商船可以抵達這個海港，用地中海地區的物產交換黑海沿岸的糧食，以及鄰近廣袤大陸上的各種畜牧產品，甚至是奴隸，那些強壯的奴隸會被轉賣到當時埃及的馬木路克王朝，充當軍人。

當時在黑海、地中海沿岸做貿易的商人，主要是來自義大利兩個商業城邦的人，即熱那亞人和威尼斯人。十四世紀早期，他們與控制黑海北部乃至廣袤草原的欽察汗國簽訂了貿易協定，還獲得汗國的許可，在卡法城建設貿易區，修建城牆和倉庫。此後，這些義大利商人又獲得了在流入黑海的頓河河口建立貿易區的資格。但是在一三四三年，義大利商人與穆斯林商人發生了衝突，欽察汗國支持穆斯林商人，把義大利商人從頓河河口貿易區趕走了；並且從一三四三年起，欽察汗國更是多次出兵包圍卡法城，試圖攻陷這個富庶的貿易區。卡法城裡的義大利商人頑強抵抗，欽察汗國的草原鐵騎在攻城戰中竟然一籌莫展。

義大利商人武裝隨即展開反擊，利用自己海上艦隊的優勢，封鎖了黑海克赤海峽以東的海岸線，掐死了欽察汗國的海上貿易線。一三四七年，欽察汗國被迫答應了義大利商人的要求，同意他們重建頓河河口的貿易區。

然而，義大利商人還沒來得及歡呼勝利，就發現自己陷入了可怕的「地獄」。由於義大利商人在大洋上往來頻繁，這種傳染病迅速傳播到了自己的大本營——熱那亞、威尼斯等城邦，然後又繼續傳播到整個地中海沿岸，甚至向內陸蔓延。

席捲整個歐洲的黑死病降臨了。

黑死病是老鼠等齧齒類動物身上存在的病菌，透過老鼠身上的跳蚤所傳染的一種疾病，可以傳染給人類，引發腹股溝腫脹等致命危害，通常也叫鼠疫。鼠疫其實與人類共存了成千上萬年，並且不斷進化，十四世紀的這次黑死病是一次非常猛烈的鼠疫。

一三四七年，西西里島和法國馬賽港遭到黑死病的打擊；一三四八年年末，黑死病橫掃了西歐大部分地區；一三四九年，黑死病攻陷了德國和孤懸在海洋中的島國——英國，以及有波羅的海分隔歐陸的北歐各國……直到一三五一年，儘管還有一些零星發病案例，但猛烈的黑死病總算是過去了，歐洲大陸元氣大傷，在黑死病疫情中，整個歐洲的人口下降了四十五%至五十%，在地中海地區，比如義大利、法國南部和西班牙南部，人口甚至下降了七十%至八十%。

黑死病奪去了當時大量的青壯年勞動力，使得歐洲的生產力水準急劇下降，它對歐洲經濟最大的衝擊，就是使過去流行的莊園經濟逐漸瓦解了。在黑死病之前，歐洲流行莊園經濟的生產模式，莊園主擁有大片的土地，雇用很多佃農為自己耕種田地、種植果園、養殖禽畜。由於當時歐洲人口增多，勞動力就變得不值錢了，因此佃農身分低微，為了維持溫飽，不得不接受莊園主很低的報酬。如果用經濟學的話語簡單概括，就是在莊園經濟下，土地值錢，勞動力不值錢，莊園主有議價能力，佃農沒有議價能力。

黑死病橫掃歐陸後，那些死掉的人命運最淒慘；而活著的人當中，莊園主的日子變得難過了，而佃農竟然迎來了揚眉吐氣的日子！

一三六三年，一位義大利佛羅倫斯的上層人士馬蒂奧．維拉尼抱怨地寫道：「小女傭和馬童要價每年至少十二弗羅林，而其中最傲慢自大者，甚至要價每年十八弗羅林或二十四弗羅林；保姆和靠雙手混飯的工匠也是漫天要價，工資大約是平常工錢的三倍！」除了底層勞動者工資翻倍增長，這位上層人士還發現，社會上奢侈之風盛行，連下層人士都開始追求上流生活了。「由於發現普通產品豐富且又過剩，大眾不再從事其慣常的買賣活動；他們想要最昂貴、精美的食物……而小孩和普通婦女則都渴求已逝傑出人物的、那些做工精細又價格昂貴的服裝……」

為什麼黑死病後的歐洲會出現這種情況呢？

那是因為，普通勞動者有了議價能力，土地不值錢了，勞動力才值錢！就拿佛羅倫斯來說，短短五個月時間，黑死病就奪去了城市五分之三的人口。

佛羅倫斯作家喬凡尼．薄伽丘（Giovanni Boccaccio）創作了著名的《十日談》（*Decameron*）短篇小說集，描寫的正是為了躲避黑死病，十個年輕男女躲到鄉下的別墅裡，每個人每天講一個故事，連續講了十天。

人口銳減，但是土地並沒有減少。為了雇用到足夠的人力到自己的土地上勞動，莊園主必須付出更高的薪水，吸引佃農恢復莊園的生產。根據經濟學家的統計，在英格蘭，一三五九年之前，農民的薪水有一次爆發性的增長，正好可以對應黑死病肆虐過後的時期，實際薪水持續增長了大約一個世紀，到十五世紀中葉時，普通人的薪水比黑死病爆發前高出了兩倍多。由於缺少勞動力，大量產量低的土地被拋荒不顧，有限的勞動力集中耕種產量高的良田。由於畜牧業對勞動力的需求比種植業少，因此歐洲的畜牧業得到了更好的發展。

於是從一三五〇年到一五五〇年，歐洲普通民眾經歷了一段幸福的時光，豐厚的薪水讓這些從黑死病魔爪下倖存的人，能夠憑藉自己的勞動，享有相對較高的生活水準。畜牧業大發展，野味也更豐富，普通人家的飯食也變得更加誘人了。

比如十五世紀早期，法國阿爾薩斯的佃農家的常見食譜是：兩塊牛肉及烤肉，搭配酒及麵包。十五世紀後期，德國薩克森公爵甚至發布法令，該公爵統治的區域，工匠的午餐和晚餐標準必須配備四道菜，即兩葷一素一湯。再稍後一段時間，法國巴黎的工匠和商人能夠經常吃到鹿肉、山雞肉這樣的野味，而窮人也吃得起豬肉。這種對於精美肉類的飲食愛好，已經成為歐洲國家的文化傳統，一直延續至今。

黑死病還給歐洲帶來了一句名言：「人們正在死去，硬幣卻安然無恙。」這句話道出了黑死病對於當時歐洲貨幣領域的巨大影響。

由於人口和勞動力大量減少，而社會上的金銀貨幣並沒有減少，因此根據經濟學的一般原理——物以稀為貴，相對於人來說，錢就變得不值錢了，通貨膨脹在黑死病肆虐之後爆發，各種商品和服務的價格大幅上漲。

很多人在疫情期間過世，他們的財富由活著的人繼承了。一些人突然之間獲得了大量的財富，並對剛剛遠去的黑死病心有餘悸，唯恐自己還沒有享受財富就一命歸西了。於是，整個社會上的享樂主義風氣開始盛行，不論是繼承了大筆財富的上層人士，還是透過勞動賺到了更多錢的下層勞動者，都追求及時行樂，甚至超前消費，大量購買優質的手工品，甚至消費從神祕的東方運來的各種奢侈品。

在這樣紙醉金迷的社會氛圍中，誰是最開心的人呢？

當然是從事遠途貿易的商人，特別是最早把黑死病廣泛傳播到歐洲各地的熱那亞商人和威尼斯商人。這些商人是最早一批受到黑死病打擊的群體，是黑死病傳遍歐洲的重要載體，卻也是黑死病結束後獲利最大的群體，這真是反差很大的事。

在整個歐洲社會追求優質商品和東方奢侈品的龐大需求下，義大利商人積極行動起來，他們走遍歐洲，走向非洲和亞洲，要把遠方的各種好貨物運回歐洲，想要賺大錢！

由黑死病觸發，義大利商人推動，不經意間，歐洲漫長的中世紀結束，波瀾壯闊的近代開啟了。

〔第1章〕

面朝大海，香料路開

近代歐洲的崛起，是由發生於歐洲與亞洲交界處的一場劫難觸發的。

古都陷落，吃貨抓狂

一四五三年，歐洲人的餐桌上發生了一場慘絕人寰的大變故，令他們味同嚼蠟，人生都似乎毫無樂趣了。

一四五三年五月二十九日，橫跨歐亞兩大洲、傳承上千年的東羅馬帝國走到了盡頭，帝國的首都——君士坦丁堡（今土耳其伊斯坦堡）被鄂圖曼土耳其人攻克，土耳其的蘇丹穆罕默德二世完成了幾個世紀以來一代又一代鄂圖曼帝國君主的心願：讓自己的旗幟高高地飄揚在君士坦丁堡的上空，飄揚在宿敵的城門上！

東羅馬帝國本來希望身後歐洲信仰相同宗教的各個國家、城邦能夠派出援兵，特別寄予厚望的是當時依靠貿易立國、實力強大的威尼斯。威尼斯的統治者也曾經信誓旦旦地保證，要派出自己的精銳戰艦救援君士坦丁堡。然而，當東羅馬帝國派出的一艘雙桅帆小船勇敢地衝出土耳其人的包圍，駛入愛琴海時，水手們才發現，海面上竟然連一艘救援的戰艦也沒有！

土耳其人的艦隊的確封鎖了愛琴海的各個港口，但更殘酷的真相是，威尼斯人根本就沒有派出戰艦，沒打算要救援君士坦丁堡。

威尼斯竟然棄具有相同信仰的國家於不顧，這不只是因為它畏懼鄂圖曼土耳其的強大軍事實力。威尼斯其實有自己的小算盤——坐收漁翁之利，徹底壟斷香料貿易。

談起我們熟悉的香料，最常見的應該算是胡椒了，人們在炒菜的時候，經常會撒點胡椒或胡椒粉。明朝時，政府沒有銀子給官員發餉，甚至曾用鄭和下西洋時從東南亞帶回來的胡椒，當作俸祿發給大家。

既然世人皆吃貨，古代歐洲人也不例外，他們對胡椒也鍾愛有加。有一種說法是，古代歐洲人大量進口亞洲的胡椒，目的是處理肉類，在沒有冷藏設施的情況下，胡椒可以使肉不易腐爛，濃郁的香料還能掩蓋變質肉類的味道。但後來，許多學者質疑這種說法，因為胡椒在古代歐洲屬於奢侈品，能夠消費得起這種奢侈品的人，自然消費得起新鮮的肉。所以，古代歐洲人大量進口胡椒，很可能也是當作調味品，滿足口舌之欲，他們只是因為喜愛胡椒那股辛辣的味道。十六世紀後期，歐洲人的飲食逐漸變得清淡起來，但據說中世紀的歐洲人飲食與今天的印度人飲食一樣辛辣。當時的歐洲有很多人喜歡辣味，食物越辣就越高級，因此，富人和掌權者盡可能使用胡椒，胡椒也就成了地位的象徵。

其實，除了胡椒之外，可以歸屬於香料的東西還有很多，比如肉桂、豆蔻、丁香、桂皮等。香料大多產於南亞、東南亞一帶，比如胡椒原產印度，後來移植到了東南亞地區；肉桂產自斯里蘭卡；豆蔻和丁香產自印尼；桂皮產自中國南方和緬甸一帶。所以，從這些香料到古代歐洲人的廚房之間，可謂隔著萬水千山，運到歐洲的香料價格高昂也就不奇怪了。中世紀有一段時期，一頭牛只能換兩磅肉豆蔻，胡椒的價格更昂貴，以至於人們買胡椒都得按顆粒個數來計算，胡椒甚至還可以充當貨幣。

歐洲不產香料，為了獲得讓食物更美味的香料，歐洲人只能想方設法進口。早在古羅馬時期，歐洲人就經由埃及在紅海的各個港口做貿易，獲得從印度等地運到埃及港口的香料。

威尼斯是中世紀第一個單純以貿易為生的歐洲城市，位於義大利東北部沿海。威尼斯人最初以捕魚為生，後來，他們透過製作食鹽並販賣到內陸地區，累積了一些財富。然後，他們轉向廣闊的大海，利用可獲得的木材，製造大型船和帆船進行遠洋貿易。威尼斯城邦一度與東羅馬帝國關係融洽，一〇八二年，拜占庭皇帝頒布了《金璽詔書》，規定威尼斯商人到拜占庭帝國的全部通道都免除關稅。威尼斯控制了提供食鹽和小麥給大多數義大利北部城市的貿易，從中謀取豐厚的利潤。威尼斯所獲得的小麥，不僅來自周邊農耕區，甚至還來自遙遠的黑海港口。威尼斯城邦依靠遠洋貿易壯大起來，在一三〇〇年時，單就威尼斯城本身，就已經擁有將近十二萬人口，比當時的巴黎還要多。

在君士坦丁堡還沒有陷落之前，威尼斯人透過外交途徑，買通了當時埃及的統治者，壟斷了埃及商品在歐洲的銷售權，自然也就壟斷了埃及出口的香料。如果說埃及人是香料貿易的中盤商，那威尼斯人就是小盤商。

香料貿易是暴利行業，誰不想分一杯羹呢？當時香料的進口路線並不只是埃及這一條，印度等地的香料還可以先運抵波斯灣地區，然後經由陸路運送到地中海東岸，最後再運往歐洲各國。當時地中海東岸被東羅馬帝國所控制，雖然威尼斯人和東羅馬帝國的關係不錯，但另一個義大利城邦——熱那亞，那個地方的商人也和東羅馬帝國關係融洽，能夠經由地中海東岸進口香料，這就打破了威尼斯人對香料貿易的壟斷。

威尼斯人可以愚弄埃及的蘇丹，卻愚弄不了拜占庭的皇帝！買主越多，這東西才賣得上價，拜占庭帝國當然知道這個簡單的商業道理，因此樂意讓熱那亞人也來採購香料。威尼斯人對此記恨在心。

而且，威尼斯與東羅馬帝國之間的歷史關係，可謂十分微妙。威尼斯在東地中海的勢力和影響力都日益擴大，不可避免地與盤踞在歐洲東部的老牌強國「東羅馬帝國」的利益有所衝突。威尼斯假裝保護東羅馬帝國，使後者免受東方國家的威脅，但實際上，威尼斯每時每刻都想從東羅馬帝國身上掠奪和榨取商業利益，甚至在一二〇四年，威尼斯夥同第四次東征的十字軍，洗劫了君士坦丁堡。

為了反制心懷不軌的威尼斯，東羅馬帝國與義大利的另一個城邦熱那亞越走越近。為了打開東方貿易通道，熱那亞支持東羅馬帝國對威尼斯的反擊行為，並幫助東羅馬帝國在一二六一年收復了君士坦丁堡。作為回報，熱那亞獲得了極具有利可圖的殖民地和商業獎賞，取得了黑海、土耳其海峽及愛琴海沿岸的商站，這損害了威尼斯人的利益，讓威尼斯人氣得牙癢癢的。

天有不測風雲，沒想到，鄂圖曼土耳其從東方崛起，眼看就要攻克君士坦丁堡，這下子，威尼斯人就算沒在心裡樂開了花，至少也是樂觀其變。君士坦丁堡陷落後，鄂圖曼土耳其沒興趣和基督教國家做貿易，相反的，還繼續進軍東歐，幾十年間甚至兵鋒直指維也納城下。兩大宗教文明兵戎相見，這生意自然只得先放到一旁。

其結果是，東羅馬帝國亡國後，熱那亞人徹底丟掉了香料進口途徑，全歐洲的香料都得靠威尼斯人提供。威尼斯人獅子大開口，其他人也只有接受的份兒了。誰讓賣香料的獨此一家，別無分號，自己偏偏還好這一口呢？自從威尼斯人徹底壟斷了香料貿易，不要說普通歐洲人品嚐不到香料的滋味，就是昔日品嚐過香料的大小貴族，居然都買不起香料了。沒有香料，這日子簡直沒法過了。

日子更沒法過的是熱那亞人，本來可以從香料貿易中分一杯羹的，結果現在讓威尼斯人吃獨食，自己只能乾看著，想要用點兒香料，竟然還得去求死敵威尼斯人，是可忍，孰不可忍！

不在沉默中爆發，就在沉默中滅亡，熱那亞人必須行動起來。

直接進攻威尼斯？這顯然行不通，首先，論軍事實力，熱那亞打不過強大的威尼斯，鼎盛時期的威尼斯可以調動三萬多名訓練有素的士兵，擁有三千多艘船隻，熱那亞難以望其項背。其次，在基督教道義上，熱那亞也會理虧，教宗就在旁邊羅馬城裡的梵蒂岡，在教宗的眼皮子底下不能太放肆。

於是熱那亞人想出了兩個迂迴的計畫。第一個計畫是，越過鄂圖曼土耳其，與更東邊的伊兒汗國結成同盟，直接從波斯灣出動一支熱那亞艦隊，拿下印度洋沿岸港口，從源頭上控制香料貿易的路線。第二個計畫是，從地中海向東南出發，從海路上繞過整個非洲大陸，開闢一條新的香料之路。

這兩個計畫都極富想像力，但也都很不實際，尤其是第二個計畫，基本上屬於天方夜譚。在第一個計畫胎死腹中後，熱那亞人把第二個計畫藏在了心底、夢中……

葡萄牙人縱橫四海

威尼斯人也好，熱那亞人也罷，都是善於航行的水手，頗受歐洲其他國家統治者的青睞。一三一七年，葡萄牙國王曾經任命一個熱那亞人為葡萄牙海軍司令，任命的條件之一是，他和繼任者要在葡萄牙皇家海軍中保持至少有二十名熱那亞人來擔任船長和舵手。毫不誇張地說，葡萄牙人航海事業的基石，是熱那亞人親手締造的。

葡萄牙地處伊比利亞半島的西海岸，屬於歐洲的西南角，面對著大西洋，與非洲大陸隔著直布羅陀海峽相望，背後則是虎視眈眈的西班牙。弱小的葡萄牙人不敢與西班牙爭鋒，若要把命運掌握在自己手中，唯有向蒼茫的大海發展這一條路。

葡萄牙人的航海時代是從他們的亨利王子開始的。一四一五年，二十一歲的亨利就率軍攻克了直布羅陀海峽對岸的重鎮休達（Ceuta），名聲大噪。有了休達這個非洲據點後，亨利指揮自己手下的船長們，開始沿著非洲西海岸向南，向南，再向南。

蔚藍色的大海的確有著獨特的神祕感，吸引著水手們勇敢地駛向未知。但支撐亨利王子探索非洲沿岸的主要動力，並非他對未知世界的好奇心。弱小的葡萄牙沒有閒情逸致去聽海浪的聲音，也沒有足夠的財力去玩歐洲版鄭和七下西洋。亨利想的其實是做生意、賺大錢。

從攻占休達時俘獲的摩爾人戰俘那裡，亨利獲得了一個重要資訊：那裡的商人可以從突尼斯海岸駕船南下，然後轉入河道，駛往西非內陸重鎮廷布克圖（Tombouctou）和坎托爾。西非的黃金、象牙讓歐洲人垂涎三尺，亨利也不例外。從陸地上前往廷布克圖不太實際，因為摩爾人會攔截葡萄牙人的駱駝商隊，而穿越撒哈拉沙漠也非常艱苦。於是，亨利希望從海路轉河道直抵西非內陸，透過與非洲內陸的貿易來富國強兵。

至於航行到印度滿載香料而歸，當時的亨利頂多只是在腦子裡想一想，說出來會被別人當成笑話。因為直到一四六〇年亨利去世的時候，他的船長們最遠只到達了獅子山。但亨利仍然不失為一代航海偉人，因為正是在他的指揮下，葡萄牙人駛過了非洲西岸那一段寸草不生的撒哈拉海岸，此前的歐洲人都被這段沒有任何補給的海岸給阻擋住了。而過了這段海岸，展現在水手眼前的是非洲一望無垠的熱帶森林和黑人部落散布的熱鬧海岸線。歐洲水手的活動空間被亨利打開了。

亨利還留給葡萄牙乃至歐洲一個航海研究院，可能算是世界上第一個科學研究院。這個研究院在一四一八年成立，位於葡萄牙最南端的薩格里什（Sagres）海角的城堡裡。研究院聚集了那個時代最博學的一批人：船長、導航員、地圖繪製家、天文學家、數學家、船舶儀器製造者、造船商和其他專家，甚至還有躲避西班牙宗教迫害的穆斯林天文學家和猶太地圖繪製家，而來自熱那亞和威尼斯的大師級水手也是研究院裡的重要人物，他們聚集在一起，分享各自的知識。

這些專家有系統地繪製了在大西洋及其沿岸獲得的資訊，設計衡量緯度的方法，盡可能地累積已知世界的具體資訊。亨利王子每年派船去探險，這些船隻帶回了航海日誌、填滿新資料和觀察結果的圖表，專家們把這些新獲得的知識添加到地圖上，用以規畫新的航行方案。

亨利死後，葡萄牙人向非洲南端探索的腳步一度放慢下來，這並不是因為葡萄牙水手沒有了亨利這個總指揮，群龍無首，而是因為以下兩個原因。

第一個是經濟上的，葡萄牙人到達塞內加爾和甘比亞後，就投入了非洲幾內亞灣地區的貿易中，他們在歐洲和非洲之間進行貨物買賣。在十五世紀的一些歐洲人眼中，世界上沒有任何一個地方的生意比這裡更賺錢了。這麼說當然顯露出當時歐洲人坐井觀天的一面，畢竟當時東亞的明朝、日本等國的經濟，正是傲視全球的興盛景象。不過，在當時歐洲人的貿易圈裡，將幾內亞地區的黃金販售到歐洲，已經是很賺錢的買賣了。人是經濟理性的動物，既然有這麼好的買賣可做，誰願意冒著血本無歸的風險繼續向南探險呢？

第二個是地理上的，葡萄牙人繞過獅子山後，發現非洲海岸線開始向東拐，一時之間激動不已，以為非洲大陸南端已經被自己繞過去了，從熱那亞人那裡繼承的夢想馬上就要實現了，也就是繞過非洲到印度，開闢一條新的香料之路。沒想到，迎面而來的，竟然又是一道向南延伸的非洲海岸線。葡萄牙水手向南一望，滄海茫茫，大陸海岸線似乎沒有盡頭。去印度的美夢立刻破滅了，失望的葡萄牙人便安心地在幾內亞灣做貿易。

自從一四七〇年代初發現非洲大陸又向南拐彎這個事實後，葡萄牙水手的航海探險暫停了十年。

就在這時，出現了一段插曲。一四七四年，一位佛羅倫斯天文學家保羅·達爾·波佐·托斯卡內利（Paolo dal Pozzo Toscanelli）寫信給當時的葡萄牙國王，提出了一項計畫，建議葡萄牙人直接向西航行，直抵中國的東海岸，這條路線將比葡萄牙人繞過幾內亞灣通往香料之國的路線更短。國王對此產生了興趣，於是托斯卡內利又寫信，並附上了一張地圖，說明自己的向西計畫是可行的。

然而，國王最終沒有批准這項計畫，葡萄牙人此後發動了新一輪非洲探險計畫。托斯卡內利把那封信的副本寄給了一位在西班牙生活的熱那亞人，這個人的名字，我們暫且不表。

葡萄牙人又開始探險了，這絕對是違反理性經濟的行為，但偏偏就發生了。也許，葡萄牙國王從那封信的計畫裡嗅到了不祥的氣息，認為別的國家可能要打航海的主意了；也許，葡萄牙國王就是好奇，想知道非洲最南端在哪裡，即使不計成本也想知道。

這一次，航海家巴爾托洛梅烏·迪亞士（Bartolomeu Dias）奉命揚帆起航，一四八八年，他成功繞過了非洲大陸真正的最南端，甚至率領船隻又向南面的大海裡駛出了很遠，然後兜了一圈回到海岸線，以確定自己真的發現了非洲最南端的海角。

由於在那個海角遭遇了風暴，迪亞士便把那裡命名為「風暴之角」。回到葡萄牙彙報時，國王龍顏大悅，改稱為「好望角」，因為這個海角讓葡萄牙人看到了通往印度的道路，這是多少代歐洲水手夢寐以求的發財之路。

就在迪亞士向好望角衝刺的時刻，另一位葡萄牙人佩德羅·艾瓦里茲·卡布拉爾（Pedro Álvares Cabral）穿過地中海經由陸路至紅海，勘察了印度洋的西海岸，從非洲的莫三比克到印度的馬拉巴爾

（Malabar）海岸線。從此，從葡萄牙首都里斯本前往印度的新香料之路，已經完全連通了。

最後，抵達印度的榮耀降落在瓦斯科・達伽馬（Vasco da Gama）的頭上，這位在十歲時就煞有其事地擬訂航海計畫的航海世家之子，帶領四艘船，花了大約十個月的時間，從葡萄牙繞過非洲，航行到了印度的卡利卡特（註：現稱科澤科德），成為第一個繞過非洲從海路抵達印度的歐洲人。達伽馬的第一次印度之行，自里斯本出發之後歷經了兩年多的時間，兩艘船帶回的香料和寶石的收益，在減去兩年的航海費用之後還剩餘不少。當時在里斯本的佛羅倫斯商人，在給家人的信件中寫道：「這樣一來，威尼斯人不得不放棄東方貿易，改去捕魚了。」

達伽馬的成功航海證明：只要直接從印度帶回大量胡椒，並且比威尼斯商人的香料售價稍微便宜一點賣出，就算減去航海的往返費用，也能夠獲得高額利潤。幾代葡萄牙人心中的那個夢想：繞開威尼斯及其同夥埃及馬木路克王朝，直接抵達香料原產地，進而打破上述兩者對香料貿易的聯合壟斷，已經觸手可及。

這份大航海的無上榮耀不僅屬於達伽馬，更屬於為了這條航線拚搏了近百年的所有葡萄牙水手，以及把這個夢想傳遞給葡萄牙人的熱那亞水手。

扼住威尼斯的咽喉

儘管如此，葡萄牙人的香料發財夢離夢想成真還有一段距離。對於壟斷了印度洋香料貿易的阿拉伯人來說，突然出現的葡萄牙人簡直是巨大的威脅。葡萄牙人的麻煩從達伽馬剛登上印度海岸就開始了。卡利卡特城裡的阿拉伯商人說服當地的原住民國王，把這幫白皮膚的人都抓起來，理由是他們是一夥強盜。國王在弄清事情真相後，釋放了達伽馬這幫人。

這還是前面講過的那個道理，做生意嘛，買家越多，對於賣家就越有利，印度原住民國王也懂這個道理。

達伽馬留下幾個水手當作聯絡人，自己帶著滿船的香料和其他貨物榮歸故里。

然而，當第二支葡萄牙船隊興沖沖地抵達卡利卡特時，發現那些留下的水手已經被殺害了，而原住民國王對此事睜一隻眼閉一隻眼，也許是覺得這幫遠道而來的白人的實力連海盜都不如，就沒必要保障他們的人身安全了吧。

千辛萬苦開闢的香料之路，怎能如此半途而廢？展示實力的時候到了！

達伽馬率領二十艘軍艦，氣勢洶洶地奔赴卡利卡特，途中大敗阿拉伯商船組織的艦隊，抵達卡利卡特後，輕鬆攻克該城，大肆掠奪商品，做為與當地原住民和解的報酬。雖然達伽馬因航海而名垂青史，但其實他對政治和戰爭的領悟並不遜色於所掌握的航海知識。以他為代表的葡萄牙人以軍艦開路，到了一五〇九年，葡萄牙人已經成為阿拉伯海無可爭議的主人。

達伽馬的軍艦在印度洋上的戰績是驚人的。一五〇二年，他第二次航海到達印度的途中，依靠一十艘軍艦，打敗了比自己艦隊多七、八倍船隻的阿拉伯船隊。在以少勝多的輝煌戰績背後，是葡萄牙能夠稱霸海上的真正原因——艦炮。

雖然葡萄牙在當時的歐洲只是個二流國家，但歐洲是最早將大炮和船隻成功結合在一起的地方，葡萄牙也掌握了這項軍事技術。

在船上裝載大炮聽起來很容易，但要形成戰鬥力，還有很難的技術問題需要解決。如果把大炮直接放在甲板上使用，沉重的大炮和炮擊時產生的反作用力，會讓船隻失去平衡而傾覆。為了防止出現傾覆的危險，就需要把大炮放在船隻的吃水線附近，也就是船體沒入水中的部分和水面以上部分的分界線上，等於是讓大炮在船體的內部進行發射。這樣一來，還需要對炮口進行良好的防水處理。

此外，大炮在船體內部發射炮彈時，會產生巨大的反作用力，如果不能很好地削減反作用力，幾炮下來，敵船不一定會被擊沉，但自家的船體可能會被震裂解體。歐洲人為了解決這個問題，在船上設計了裝有輪子的發射臺，以此來減弱發射炮彈的衝擊力。經過一些關鍵的改進後，當時歐洲的軍艦與世界其他地方的武裝船隻相比，在火力上已經有了很大的優勢。

艦炮，就是歐洲人大航海時代開啟時，他們所具有的真正優勢，也幾乎是他們的唯一優勢。論劈波斬浪的冒險精神和商業精神，阿拉伯人不缺，印度人不缺，麻六甲人不缺，中國人也不缺。但這些海商基本上只能控制海上貿易路線的其中一段，沒有一個族群能夠操控跨越萬里的遠洋貿易。說的直白一點，跨海貿易能力需要有跨海軍事力量做後盾，在艦炮問題沒有解決前，海戰基本上是陸戰的一種翻版，作戰雙方仍然只能遠用弓箭（或者火繩槍），近用白刃，跨海征服能力十分有限。

所以，看起來在大航海時代之前的海洋上，並沒有太過慘烈的殺戮和征服，這並不代表古代海商多麼宅心仁厚、慈悲善良，他們只是沒有能力征服更廣闊的大海。古代世界裡一樣存在海盜，而且海盜與海商之間界限模糊，如果兩艘海商船只在海面上相遇，而且雙方實力懸殊又非沾親帶故的話，弱小的那艘商船更有可能被劫掠。

以艦炮為後盾，達伽馬被稱為「武力至上的問題調停者」，但在當時弱肉強食的海上貿易戰環境下，阿拉伯商人也不是吃素的，大家在道義上都不比海盜強多少。因此，後人實在無法過多地指責達伽馬對武力的崇尚，不用軍艦保護遠洋航線，難道等著被阿拉伯人的軍艦把自己的商船打沉？

在一五〇九年的第烏海戰中，由法蘭西斯科·德·阿爾梅達（Dom Francisco de Almeida）總督指揮的葡萄牙船隊，打敗了埃及和古加拉蘇丹的聯合艦隊，徹底打開了印度航路。從那之後，印度洋上的各國船隻就不得不想方設法來躲避葡萄牙軍艦的鋒芒。

印度並非香料之路的終點站，葡萄牙人很快就明白，歐洲人垂涎的高檔香料——丁香和豆蔻，都不是印度出產的，而是來自更東邊的麻六甲。

「沒什麼好說的，為了香料，繼續向東打！」

> 當時活躍在東南亞的葡萄牙人托梅・皮雷斯（Tomé Pires）就說過：「控制了麻六甲，就扼住了威尼斯的咽喉。」

又是威尼斯！葡萄牙人念念不忘的是搶奪威尼斯人的香料生意。

在當時亞洲的海洋貿易網絡，麻六甲（又稱馬六甲）是當之無愧的中心。每年順著季風來做貿易的中國人、印度人、阿拉伯人、歐洲人擠滿了港口。中國的樟腦、絲綢和陶瓷，印度的織品，菲律賓的蔗糖，摩鹿加群島（又譯馬魯古群島）的檀香、丁香、豆蔻等香料，蘇門答臘的金子和胡椒，婆羅洲的樟腦，帝汶島的檀香，以及馬來西亞西部盛產的錫，全都運送到麻六甲，再轉運到世界各地需要這些商品的地方。皮雷斯的麻六甲遊記記載，這座城市的街道上曾經通行八十四種語言。亞洲的海洋世界比我們想像的更富有國際色彩。

那些被葡萄牙人打敗的阿拉伯商人也很熟悉麻六甲，因為那裡是當時世界上最繁榮的貿易中轉站，於是這些阿拉伯商人會把他們的獨桅三角帆船遠遠地駛向印度半島南面的大洋中，避開葡萄牙艦隊的鋒芒，兜一個大圈，前往麻六甲採購香料，然後運往紅海。顯而易見，紅海旁邊的埃及人會把這些香料賣給威尼斯人。

如果控制了麻六甲，何止扼住了威尼斯的咽喉，簡直就是扼住了世界海洋貿易的咽喉！

葡萄牙人先禮後兵，派人與麻六甲的蘇丹接洽，希望允許葡萄牙人在麻六甲做貿易。富甲一方的蘇丹對葡萄牙人的要求竟然一概拒絕。香料就在眼前卻拿不到，惱怒的葡萄牙人再次展開了「軍艦外交」，大舉進攻麻六甲。帶領葡萄牙士兵圍攻麻六甲的總督阿方索・德・阿爾布克爾克（Afonso de Albuquerque）激勵手下時，除了用宗教鼓動大家去「撲滅穆罕默德教派之火」外，也重點強調說：

「我確信，如果我們從他們那裡奪取了麻六甲的貿易，開羅和麥加將會徹底毀滅，威尼斯將得不到香料，除非它的商人到葡萄牙去購買。」

多麼有商業頭腦的鐵血總督！

一五一一年，麻六甲被葡萄牙攻占了。至此，海洋上的香料之路終於完全落入葡萄牙人之手。威尼斯的咽喉被扼住了，熱那亞人終於如願了。

玩轉亞洲貿易網絡

在葡萄牙控制印度洋和麻六甲前夕的十五世紀末，威尼斯人每年獨占從埃及出口到歐洲的香料，經由其他途徑出口到歐洲的香料則微不足道。但到了十六世紀初，每年威尼斯人只能獲得原來香料總量的四分之一左右。威尼斯人的損失就是葡萄牙人的收益，從十五世紀末到十六世紀上半葉，葡萄牙人運走了亞洲香料總產量的十分之一。

聽起來，葡萄牙人只運走了香料總產量的很小一部分，但這已經是非常了不起的成就了。在大航海時代初期，世界貿易量的絕大部分仍然來自各地區內部貿易，而不是來自遠洋貿易。根據托梅・皮雷斯對麻六甲的觀察，每年至少有一百艘載著貴重貨品的船隻來到麻六甲，其中約有五艘分別來自古吉拉特（Gujarat）、柯羅曼德海岸（Coromandel Coast）和孟加拉，大約有十五艘來自緬甸的白古港口，三十艘左右來自暹羅，十艘來自中國，十艘來自巴領旁（Palembang，亦稱巨港），其餘船隻則來自該地區諸島嶼的各個港口以及遠東地區。麻六甲港建有能夠安全保存商品的貨棧，商人們在賣出貨品之前可以將之存放在這裡。

亞洲的香料貿易網絡原本就非常繁榮，亞洲龐大的人口是香料的最主要消費群體，葡萄牙能夠在這個巨大的香料貿易網絡裡抽走十%的貨物，已經預示了近代遠洋貿易繁榮時代的來臨。

不可否認，葡萄牙人的香料貿易之路是依靠炮艦和刀槍開闢出來的，甚至一部分香料是透過掠奪得到的。但更多的香料是透過融入東南亞原本就很繁華的貿易網絡，用以物易物的貿易換來的。

說起來，東南亞香料市場的繁華，很大程度上要歸功於一個中國人——鄭和。明朝時期，正是在葡萄牙人來到南亞和東南亞之前，鄭和率領龐大的艦隊七下西洋，在完成史無前例的航海壯舉的同時，也大量採購南亞和東南亞的香料，運回國內沖抵官員的一部分俸祿。明朝對於香料的巨大需求直接刺激了南亞、東南亞地區各個島嶼上的居民廣植香料作物，形成了巨大的香料供應市場。

葡萄牙人的到來，雖然給南亞和東南亞帶來一定的衝擊，但最終不僅沒有損害當地的香料市場，反而因為增加需求量，讓香料市場維持了繁榮的局面。從經濟學的意義上說，葡萄牙人一方面讓東南亞的香料有更多的銷路，刺激了當地香料經濟發展，另一方面讓歐洲人的餐桌上增加香料調味品，改善了歐洲人的飲食。不論是東南亞香料生產國還是歐洲香料消費國，都因為葡萄牙人開闢的遠洋貿易航線而獲益了。

當然，葡萄牙人是獲益最大的一方。他們縱橫四海的風帆不會只停留在東南亞，當他們繼續駛向更遠方，來到東亞的時候，如同中了頭彩一樣，撞見了千載難逢的「賺錢天堂」。

當時，東亞的中國和日本這兩個國家的國力，都不是南亞和東南亞那些小邦能比的，按理說，葡萄牙人的炮艦外交在這裡根本不好使，想在貿易中分得一杯羹看似很難。然而，當時的明朝和日本幕府正處於「冷戰」時期，明朝實行海禁，不允許日本人來明朝經商，也不允許明朝人去日本做生意。可是明朝的國家財政正在奉行所謂的「銀本位」，以白銀作為稅收貨幣，因此國內需要大量的白銀，本國又缺乏銀礦；日本對於中國絲綢有著巨大的需求，本身又有豐富的白銀資源。用日本的白銀換中國的絲綢，是顯而易見的好生意。可是政局僵持導致貿易中斷，這個局面該怎麼破？

就在這時，葡萄牙人出現了，搖身一變，成了明朝和幕府之間的「中間人」。你們不是彼此之間不願意做生意嗎？那你們都和葡萄牙人做生意好了。

讓我們來欣賞一下葡萄牙人是如何玩轉亞洲貿易網絡的——

他們在印度用馬拉巴爾柚木建造了噸位為一千六百噸甚至兩千噸的大帆船，船艙裡裝上印度布料以及其他商品，雇用當地人做船員，從他們在印度的殖民據點「果阿」（Goa）出發，駛向位於東南亞的殖民據點「麻六甲」。把印度貨賣掉後，在麻六甲買進香料、檀香以及其他東南亞產品，然後用船運到東亞的殖民據點「澳門」出售，換成中國絲綢。接著，船隻繼續轉戰，載著絲綢駛向日本港口，出售絲綢以換取那裡的白銀，然後再返回澳門，以白銀換絲綢。

最後，葡萄牙人再次在麻六甲賣掉絲綢，買進香料，將香料運回果阿，在那裡可以換成其他船隻，繞過好望角，將香料最終運到歐洲出售。

以上貿易的每一個環節，葡萄牙人都能賺一筆，這一大圈轉下來，就可以累積驚人的財富，最終以大量香料貨物的形式運回歐洲。而且，葡萄牙人基本上是空手套白狼，貨物都來自亞洲，帆船、船員基本上也來自亞洲。

說起來容易，做起來難。面對東亞強大的明朝和日本政權，葡萄牙人不可能依靠在南亞、東南亞如猛龍過江般的炮艦外交，征服東亞沿海，他們必須更加智慧和狡猾，才有機會從東亞攫取暴利。葡萄牙人如何在澳門立足，就是一部充滿了傳奇色彩的商業連續劇。

在攻克麻六甲後的一五一三年，葡萄牙商人喬治．阿爾瓦瑞斯就乘坐華商的平底帆船，抵達華南港口城市——廣州。當時，明朝奉行的是朝貢貿易制度，海外國家要與明朝進行貿易，必須派遣官方朝貢使團進行。而阿爾瓦瑞斯只是個民間商人，根本就沒有進行過正規貿易。於是，他只能在珠江口的屯門島及其周邊地區進行走私貿易。但他很快就搞清楚，葡萄牙人非常喜歡華商運往東南亞的絲綢和瓷器，而將東南亞的調味料和香料銷往明朝，也能大賺一筆。

在巨大財富的誘惑下，葡萄牙人還是先禮後兵。一五一七年，托梅．皮雷斯作為葡萄牙使者趕赴廣州，請求與明朝建立正式的外交關係。一五二〇年，皮雷斯想盡辦法疏通關係後，終於在南京覲見了明朝的正德皇帝。這位葡萄牙使臣應該讓正德皇帝很滿意，之後，皮雷斯隨同皇帝一同前往北京。沒想到，正德皇帝很快就一命嗚呼，而麻六甲國王的使節也抵達了明朝，控訴葡萄牙人攻占麻六甲的暴行，皮雷斯被捕捉下獄，沒收財產。與此同時，一位葡萄牙船長以屯門島為基地構築要塞，捕捉沿海居民當勞力，並襲擊和搶劫進出廣州灣的明朝船隻，完全是把葡萄牙在南亞和東南亞的強盜行徑如法炮製。這一連串事件激怒了明朝政府，明軍攻擊屯門島，葡萄牙人在彈盡糧絕後被迫敗走。

雙方展開正常的朝貢貿易已無可能。葡萄牙商人決定違抗明朝的海禁政策，在浙江、福建到廣東沿海地區從事走私貿易。他們在福建的月港、浙江的雙嶼設立據點，與從事走私貿易的華商聯手，把中國的絲綢、瓷器等產品運到麻六甲，賺取利潤。

走私貿易的風險很高，貨物量也得不到保障，因此利潤總額很難提升。於是，葡萄牙還是想獲得明朝朝廷的貿易許可。一五五二年，葡萄牙王室艦隊駛入廣州灣，擊垮了葡萄牙民間商人和華商的走私船隊，公開表明葡萄牙王室與走私商人劃清界限，希望以這種方式來獲取明朝的信任。然後，艦隊司令賄賂了當地官員，以船隻觸礁，需要晾曬貨物為由，提出登陸需求，然後他們在位於廣州灣入口的澳門半島上岸，就此賴在島上不走了。幾年後，明朝官員決定睜一隻眼閉一隻眼，允許葡萄牙人「暫時」居住，葡萄牙人開始在澳門修建要塞和房屋，把那裡改造成東亞海域的據點。

一五七三年，明朝終於正式承認葡萄牙人在澳門的居留權，但前提是，每年繳納五百兩白銀作為地租。這一點錢對於志在東亞做大生意的葡萄牙人來說，就是一點小零頭。需要指出的是，當時的澳門並不是明朝割讓給葡萄牙作為殖民地的，只是租給葡萄牙人居住而已。澳門正式成為葡萄牙的殖民地，是在三百多年後的一八八七年清朝後期的事情了。

假如當時的明朝和日本幕府沒那麼固執，能夠開放海禁做貿易，葡萄牙人恐怕也不可能把海洋貿易網絡玩得這麼大，更不可能在東亞賺大錢。誰教明朝政府把賺錢的機會拱手送人呢？再往遠處說，明朝空有鄭和龐大的遠洋船隊，卻沒有開闢出如葡萄牙這樣的遠洋貿易網絡，而是用鄭和船隊運回來的香料沖抵官員工資，這只能從自己的思維和體制上找原因了。

看到一船又一船的香料繞過好望角運到歐洲，威尼斯人坐不住了。一五二一年，威尼斯人為了恢復昔日對香料貿易的壟斷地位，曾主動提出購買葡萄牙的所有進口香料，但被葡萄牙人一口回絕。「開什麼國際玩笑？現在賣多少香料，我們葡萄牙人說了算！」在葡萄牙人打破威尼斯人對香料貿易的壟斷後，鄂圖曼土耳其人向東歐的擴張，也直接削弱了威尼斯人的勢力。威尼斯不可救藥地滑向了衰落。

歐洲人餐桌上的美味香料，如今改由葡萄牙人提供了。一個歐洲西南角的小國，竟然捏住了全歐洲人的舌頭，這讓那些大國情何以堪！歐洲的大國紛紛開始動腦筋了，他們要動葡萄牙人的香料。

對了，我們前面不是提到了佛羅倫斯天文學家的一封信嗎？這封信將掀起多大的海上狂潮呢？

〔第2章〕

黃金砸暈西班牙人的頭

「人們都說西面的大洋是不可逾越的。」

西班牙伊莎貝拉女王略帶威嚴的聲音在宮殿裡迴響著，這一刻，陽光似乎都停滯了。這裡是格拉納達（Granada），曾經是摩爾人在伊比利亞半島上的最後據點。在圍攻這座石頭城堡達十年之後，女王率領西班牙軍隊終於攻克此地，把摩爾人趕回了非洲老家。

女王現在有時間打理一些瑣碎之事了，比如面前這個熱那亞的寒酸傢伙曾經多次請求拜見她，這個人叫作克里斯多福·哥倫布（Cristoforo Colombo）。

不可靠的計畫和非主流的航海家

哥倫布早年籍籍無名，所以後世對於他的國籍有了爭議。一般認為，哥倫布出生於義大利的熱那亞。又是一位熱那亞人！前一篇我們已經介紹了熱那亞人對葡萄牙航海事業的影響，現在，熱那亞人又要影響西班牙了。

熱那亞人注定要當遠航的水手，哥倫布也不例外。年輕時期的哥倫布就隨著船隻東飄西蕩，甚至還曾經遠航到西非地區做生意，那裡是葡萄牙新開闢的貿易區。

哥倫布並不是航海學校或某所大學的科班出身，沒有金光閃閃的畢業證書，但他有極大的學習熱情，除了在船隻上學習實際的航海經驗外，他還找了能找到的各種航海相關書籍來讀，其中也包括古希臘的一些著作，由此，他接觸到古人對地球尺寸、海陸分布的一些知識。對於這類自學成才的民間科學家，其精神值得褒獎，但自學成才者往往在知識結構上會有一些缺陷，哥倫布讀了許多書，結果正確的觀點和錯誤的觀點都在他的頭腦中扎下了根。比如他相信地球是圓球形的，這是正確的觀點；但哥倫布頭腦中的地球大小，明顯比實際地球的尺寸要小。

其實，古希臘時期的學者艾拉托色尼（Eratosthenes）利用同一時間不同地點的太陽高度角的差值，已經得出了地球周長的正確資料：大約四萬公里。但是，正確的觀點往往被淹沒在許多錯誤的觀點裡。一位古羅馬學者也計算過地球周長，結果比艾拉托色尼的資料少了一萬多公里，這個學者還宣稱，從歐洲向西航行前往印度，只要一萬公里的路程。這個錯誤觀點印在了哥倫布的腦袋裡。

更讓哥倫布熱血沸騰的觀點來自托斯卡內利，就是上一篇談到的寫信給葡萄牙國王，提出向西航行到達中國的那位天文學家。在托斯卡內利的地圖上，中國比印度更靠東邊，而日本這個傳說中的遙遠島國則在亞洲東邊的大海中，這些觀點倒也沒錯。錯的是，托斯卡內利也認為地球很小，而日本這個島嶼很大，並向東方延伸了很遠，而且他繪製的日本的位置比實際位置更靠近赤道。

因此，在這張地圖上，從歐洲西海岸向西到達亞洲東海岸的一些島嶼，並不需要很長的航行距離。托斯卡內利把給葡萄牙國王的信也抄了一份，寄給哥倫布。

激情澎湃的民間科學家哥倫布，全盤接受了托斯卡內利的觀點，堅信向西航行到達印度和中國是絕對可行的。他開始遊說各國的國王，希望能獲得國王們的資助，向西開闢到達印度——香料之國的航線。葡萄牙是當時的航海第一大國，自然是哥倫布的首選遊說國。然而，他的計畫與托斯卡內利的一樣，都遭到了葡萄牙國王的無情拒絕。

被拒的原因可能有兩個：首先，葡萄牙水手已經接近發現非洲最南端了，他們很熟悉這條繞過非洲的航線，比起向西的未知航線，向南繞過非洲的航線看起來更容易成功；其次，葡萄牙人的航海知識是當時世界上最領先的，葡萄牙那些經驗豐富的航海家立刻看出，托斯卡內利和哥倫布的這個計畫在地理學上漏洞百出，根本就不可靠。

碰壁後的哥倫布輾轉多國，最終來到了西班牙伊莎貝拉女王面前。

面對女王的質疑之聲，哥倫布頗為機智地反問道：「人們以前是怎麼說格拉納達的呢？」女王不禁會心地笑了：「說它是不可征服的……」

哥倫布機智的回答給女王留下了不錯的第一印象。在女王的授權下，一個由海員和學者組成的委員會成立了，對哥倫布的向西航海計畫進行仔細的論證和研究。

西班牙航海家也是有點真東西的，他們也看出了哥倫布計畫中的漏洞，哥倫布顯然是個不太可靠的航海家。於是這個委員會的報告斷言，哥倫布的航海計畫根本不切實際！

看樣子哥倫布又要碰壁了，好在此人有不放棄的精神，一番糾纏後，居然勸動女王又成立了一個新的委員會再次審議計畫。當時，女王的權勢如日中天，再次成立審議委員會，這意思還不是明擺著嗎？通過就通過了，不通過也得通過。委員會成員只好通過了哥倫布的航海計畫。

不過，史書記載，委員會和哥倫布之間並不是單純的評判和被評判的關係，實際上，那些海員和學者與哥倫布的相處十分融洽，他們一起討論計畫中的細節，幫助哥倫布完善了自己粗糙而狂野的冒險計畫，在審議完成時，哥倫布的計畫看上去好像可靠了一些。

根據委員會的第二次審議，伊莎貝拉女王決定資助哥倫布完成探險的壯舉。西班牙剛剛打完與摩爾人的戰爭，經濟上並不寬裕，為了籌措這一筆航行經費，據說女王甚至賣掉了自己王冠上的珠寶。

伊莎貝拉女王為何執意支持哥倫布呢？

葡萄牙憑藉對非洲的探險而獲得的利益，可能早就讓西班牙女王眼紅了。一四八八年，迪亞士發現了非洲最南端，這個消息不脛而走，震驚了全歐洲，葡萄牙人似乎很快就要摸到香料口袋了，作為鄰國且比葡萄牙強大的西班牙，明顯感受到了威脅。這也許是伊莎貝拉女王甘願冒險，資助一位非主流的航海家去嘗試一次不可靠的航海計畫的原因。

一紙契約締造一代強國

就在啟程之前，膽大妄為的哥倫布做出了一件出格的事情，他要求和女王訂立一個契約。

哥倫布提出，如果他發現了新的陸地，國王與王后對發現的新大陸擁有宗主權，但要冊封他為貴族暨大西洋海軍元帥，准許他擔任未來所發現的島嶼和陸地的總督，而且這些頭銜都必須世襲；新發現的土地上產品的十%歸他所有；他可以參與新土地上所有的商業活動，投資和獲取利潤占總額的八分之一；他對前往新大陸的經商者可以徵收十%的稅，而對自己運往西班牙的貨物實行免稅……

在東方各國的君主看來，哥倫布的要求哪裡是為了國王和國家開疆拓土，分明是要自己成立一個獨立王國！在古代東方人的眼中，哥倫布的想法既目無君主又得寸進尺。

然而，伊莎貝拉女王竟然同意了哥倫布的要求！她與哥倫布簽署契約，明確寫出所有的條款。這是一位尊貴國王和一位落魄航海家以平等姿態簽署的、具有法律效力的契約。

不必驚訝，近代歐洲君主與臣民之間簽署契約的行為，其實是一種普遍現象。

簽訂契約本不是新鮮事，在人類文明早期，商人之間就會簽訂類似合約的文本，確立買賣雙方責、權、利的分配。但是，由一國之君與一介平民簽署契約，比如伊莎貝拉女王與哥倫布之間的契約，還是和商業契約不太一樣的。

在歐洲當時的君主的頭腦中，要讓他人為自己服務，就要給他人足夠的利益，這樣才能激發他人的積極性，這種觀念與當時東方國家中流行的君主至高無上、臣民必須無限盡忠的思維區別很大。

這份於一四九二年年初簽署的契約，給哥倫布提供了強大的精神和物質動力，讓他一往無前地向西航行，徹底改變了世界歷史的走向。

一四九二年八月，哥倫布率領三艘船駛離西班牙，向西駛入了茫茫的大海。從地理學上講，葡萄牙和西班牙的那些航海家是正確的，亞洲沒有哥倫布以為的那麼近。但有時上帝就是喜歡垂青犯錯誤的無畏者，他創造了一大塊美洲大陸，橫亙在太平洋和大西洋之間，等著熱情而魯莽的哥倫布一頭撞過來。

美洲就這麼被發現了。哥倫布船隊最初到達的島嶼，是巴哈馬群島的聖薩爾瓦多島。

但哥倫布的初衷可不是發現新大陸，他夢寐以求的是發現黃金，窮小子要一夜變巨富。發現美洲並不表示就發現了財富，哥倫布目光所及的美洲動植物，都沒什麼經濟價值。哥倫布看到當地原住民的服飾上掛著小片的黃金，立刻兩眼放光，向原住民打探黃金的來源，得知是來自更遙遠的地方。於是，哥倫布搶了一些黃金小玩意先回到西班牙，向伊莎貝拉女王吹噓美洲是個金礦豐饒的地方，一定可以成為西班牙取之不盡的寶藏。

哥倫布還提議，從美洲發現的黃金的一半，應該歸屬國王所有。對於這個提議，女王自然要欣然笑納。這相當於女王對來自美洲的黃金徵五十%的稅，如此高的暴利，即使是尊貴的國王也無法抵擋誘惑。

新大陸的發現令西班牙人如同闖入了一座寶庫，懷抱發財夢想的西班牙殖民者迅速啟程，前往美洲。許多人和國王也簽署了類似當年哥倫布所簽的契約，只不過，對於契約規定的土地產品收入、商業徵稅等條款，這幫冒險家根本沒興趣，他們渴望獲得的是閃亮的黃金。哥倫布搶回來的那點微不足道的黃金，足以晃花無數人的眼睛。

最初的冒險家的確發了大財，因為他們獲得黃金的方式成本很低——搶！

面對戰鬥力微弱的美洲原住民，西班牙人很容易就掠奪走了他們所擁有的黃金。西班牙冒險家打敗了美洲大陸上印第安人建立的印加帝國和阿茲特克帝國，把他們的黃金劫掠一空。雖然搶來的黃金中，五十%要歸王室所有，但剩下的那五十%也足以讓人暴富。

可是，當印第安人的黃金被搶光後，麻煩就來了。若想要繼續獲得黃金，就必須在美洲尋找和開採金礦，得要付出很大的成本，此時王室要抽五十%的稅，這買賣就沒法做了。實際上在王室抽稅稅率為五十%的時期，美洲新發現的金礦沒有一個動工開採，印第安人原有的礦山甚至也停止開採，就是因為高稅收讓礦主根本無利可圖，不如不幹。這就是國家稅率的經濟奧祕——稅率升高，會抑制社會經濟活動；稅率降低，會鼓勵社會經濟活動。

不久之後，西班牙王室一看收不到稅，就把美洲金稅下降了三分之一，然後再減到五分之一，甚至更低。而西班牙王室抽取的美洲銀稅，則長期定在五分之一。

稅率的大幅下降，終於讓礦山開採有利可圖了，西班牙殖民者強迫印第安人為他們開挖礦山，源源不斷的黃金、白銀從美洲大陸運出，抵達西班牙。借助從美洲掠奪來的財富，這個伊比利亞半島上的歐洲中等國家，一躍成為歐洲最富強的國家。

在一五三〇年代之前，來自美洲的金銀進口量還很小，但從一五四〇年代至一五九〇年代，進口量由一百萬達克特（一達克特接近三．五克黃金），逐年增長至八百萬達克特。這個數字還僅僅指合法交稅的黃金進口量，非法進口量差不多有相等的規模。

不要對非法走私黃金大驚小怪，歷史無數次證明，進口稅導致兩地商品之間出現差價，只要差價大到一定程度，冒險走私就變得有賺頭了。有多麼高昂的進口稅，就有多麼瘋狂的走私者！

西班牙王室的銀礦

美洲大陸的發現，特別是美洲黃金白銀的大量開採和輸出，對於歐亞非三大洲構成的「舊大陸」經濟體系來說，是一個爆炸性的事件。

一五四五年，西班牙人在安地斯山中，即現今玻利維亞的波托西（Potosí）發現了一座巨大的銀礦山。由於該礦所在地海拔非常高，自然條件十分艱苦，因此招募必需的勞動力成為開礦的主要問題。即便如此，在巨大的利益誘惑下，波托西銀礦山總人口一度達到了約十六萬，成為西屬美洲人口最稠密的地方，也是當時世界人口密度較高的地區之一，除了中國的江南地區。

在十六世紀的第一個二十五年裡，美洲貴金屬的年均產量折算成白銀，約為四十五噸；在第二個二十五年裡，升至一百二十五噸；在第三個二十五年裡，進一步升至兩百三十噸；在最後一個二十五年裡，提升到了兩百九十噸。產量如此大幅增長，出口量也隨之大增。

西班牙殖民者從波托西銀礦中賺到巨額的財富，這首先歸結於他們搶占了印第安人的地盤，強迫印第安人為自己勞動。但是從全球經濟體系看，西班牙人能夠賺到財富，還要感謝一個遙遠的東方國度——中國，特別是人口密度不遜色於波托西的江南水鄉。

經濟學的基本規律之一是，沒有需求，供給也就沒意義了。西班牙人的白銀能夠在全世界「賣上價錢」，與中國明清時期實行的稅收政策直接相關。

明朝嘉靖年間，為了簡化稅制，方便徵收稅錢，在首輔張居正的大力推動下，實行了「一條鞭法」，地方上的田賦改為繳納白銀。白銀成為明朝乃至後來的清朝財政的基本貨幣，從政府到民間，各種經濟活動基本上都以白銀作為交易貨幣。白銀逐漸成為價格儲備、大宗交易的貨幣計量單位和政府的支付手段。按照經濟學的說法就是：明清時期中國實行銀本位制。

明清時期的中國是一個巨大的經濟體，稅收政策的調整使得中國對於白銀有了巨大的需求，古代中國的經濟迫切需要大量的白銀來維持運轉。偏偏中國境內缺少銀礦，產出很少，絕大多數白銀都需要進口。這種對白銀旺盛且持久的需求，推高了白銀的價格，使得在遙遠的美洲大陸的波托西山上開採白銀，變得十分有利可圖。

如果對比美洲大陸和古代中國，我們就會清楚，西班牙人手中的美洲白銀正是他們的一種「優勢產品」，他們能夠比全球其他地方的人們更廉價地生產白銀。憑藉這種產品，西班牙人可以交換中國的「優勢產品」，比如絲綢和瓷器。

沒有經濟富庶的中國江南地區對於白銀的旺盛需求，就不會有波托西銀山上熱火朝天的開礦盛況。從這個角度講，西班牙人要感謝中國人。而如果我們換個角度來說，持續輸入中國的美洲白銀，也有利於明清經濟的繁榮。所以，明、清兩個王朝同樣也應該對西班牙人表示感謝，感謝後者提供了大量的貨幣。這就是經濟全球化帶給距離遙遠的人們的好處。

美洲的各種農作物甚至先於美洲金銀影響了全世界。與西班牙探險家艾爾南·科特斯（Hernán Cortés）一起橫掃阿茲特克人都城特諾奇提特蘭（Tenochtitlan）的殖民者還沒離世，遙遠的中國上海附近的沙質土壤裡，就如火如荼地種了來自美洲的花生，中國南方的山坡上則種著綠油油的玉米，而美洲甘薯正日益成為福建窮人的主食。這些農作物對於近水樓臺的歐洲當然也意義非凡。

所以，經濟全球化並不是一個很新穎的現象，至少在大航海時代開啟後，歐亞非的「舊大陸」和美洲「新大陸」的經濟就緊密地聯繫在一起了。地球一端「蝴蝶搧動一下翅膀」，地球另一端就會「刮起風暴」。

窮是自找的

十六世紀的西班牙是歐洲各國君主「羨慕忌妒恨」的對象。透過王室聯姻，西班牙王室的國土不僅包括了伊比利亞半島，還包括了中歐的一部分，地中海的薩丁尼亞島、西西里島，以及羅馬以南的整個義大利，當然了，廣闊的美洲殖民地也是帝國神聖而不可分割的一部分。

美洲黃金白銀滾滾而來，國土富饒遼闊，西班牙一定是那時歐洲的人間天堂吧？窮！西班牙從上到下都窮！這怎麼可能呢？

很簡單，一個人有錢還是沒錢，不僅取決於這個人賺多少錢，還取決於這個人花多少錢。西班牙從美洲掠奪了大量的財富，但它花掉的錢比掠奪的財富還多。

讓我們來細數一下西班牙當時都花了些什麼錢吧。

西班牙王室有很濃厚的宗教情結，有了美洲黃金做後盾，西班牙的國王都把以天主教統治全歐洲作為己任。比如當時的西班牙國王查理五世，他是伊莎貝拉女王的外孫，在位三十六年。西班牙海外殖民帝國的建設，僅占用了查理五世非常少的思考時間，殖民地的主要用處是為查理五世在歐洲的野心提供資源，源源不斷運來的金銀並不是直接用於國家財政支出，而是先抵押給歐洲的一些大銀行家，比如德意志奧格斯堡（Augsburg）的大銀行家富格爾（Fugger）家族，以借到更多的錢，支持西班牙的歐洲稱霸偉業。

有了充足的金錢，查理五世在地中海和匈牙利向咄咄逼人的鄂圖曼土耳其發動反攻，在陸地和海洋上遏制住了土耳其人的擴張勢頭，捍衛了基督教歐洲的疆域。

特別值得一提的是一五七一年的勒班托海戰（Battle of Lepanto），這場大海戰的一方是以西班牙艦隊為主力，整合了威尼斯和教宗國力量的艦隊，另一方則是鄂圖曼土耳其的艦隊。在這場爭奪地中海霸權的搏殺中，財大氣粗的西班牙率領歐洲聯軍大敗鄂圖曼海軍，振奮了被鄂圖曼土耳其陰影籠罩的歐洲各國的士氣。西班牙著名文學家米格爾・德・塞凡提斯（Miguel de Cervantes）曾經參加這場大海戰，他在名著《唐吉訶德》（*Don Quijote de la Mancha*）下卷的序言中談到自己的傷殘時寫道：「我的手臂不是在酒館裡跟人鬥毆失去的，而是在千載難逢、空前絕後的一樁最崇高的事業中失去的。」顯然，在塞凡提斯看來，能夠參與這次海戰，是自己一輩子的榮光。

應該說，西班牙花錢擴充艦隊，與鄂圖曼土耳其進行海戰的行為是無可厚非的，畢竟君士坦丁堡陷落之後，整個歐洲都有被土耳其人併吞的危險。保衛家園，維護信仰，錢花得很值得！

但接下來，財大氣粗的查理五世就開始忘乎所以了，他似乎是想和歐洲所有列強為敵，鎮壓了信奉新教的德意志勢力，還與法國的瓦盧瓦王朝（Maison de Valois）為敵，爭奪義大利和荷蘭等地的控制權……

沒有哪個國家能夠承受連年戰爭的巨額費用，何況後來的一連串戰爭打下來，西班牙竟然連連敗退。一五五六年，查理五世心力交瘁，宣布退位。

當時西班牙的國王們不僅熱衷於宗教戰爭，對宏偉建築和奢華宮廷生活也有著狂熱的嗜好，花費鉅資興建宮殿。結果，那些年裡，西班牙王室的財政總支出過於龐大，總是比財政總收入還多。別忘了，西班牙財政收入大都是從美洲金銀裡抽的稅，這些意外之財都不夠王室揮霍的。

為了平衡開支，西班牙國王屢屢借債，主要是向歐洲的各大銀行家集團借款。借款是以未來的收益做抵押的，利滾利的結果是西班牙自從一五四四年開始，每年正常的財政收入就有三分之二用於還貸。八年之後，西班牙王室連債都還不起了，乾脆宣布不還了，賴帳！這就是通常所說的「國家破產」，類似於當今世界金融危機發生時，一些國家的賴帳行為。自從這次破產之後，西班牙在此後的近一百多年中，竟然又發生過七次王室破產！

平均十幾年就破產一次，連信譽都賠光了的西班牙王室，究竟是富還是窮呢？

縱然王室破產，但如果西班牙本國經濟有足夠的實力和活力，那麼這個國家還可以重新振作起來。尤其是，如果能夠好好利用美洲金銀作為資本，發展本國優勢產業，西班牙依然有躋身歐洲一流強國的實力。

可惜，西班牙王室在發展國內經濟上錯招頻出。

在西班牙攻占伊比利亞半島大片土地之前，那裡的主要居民是阿拉伯人和摩爾人，他們是優秀的園藝家和農民，在提高農業生產效率方面很有心得，並且大幅提高了土地的灌溉水準。西元十一世紀，歐洲最大的城市居然是科爾多瓦（Córdoba），位於現今西班牙的南部，人口約為四十五萬。當時的倫敦只有兩萬五千人，巴黎則更可憐，只有兩萬人口。科爾多瓦就是摩爾人建立起來的，是當時重要的貿易中心。

但當西班牙人統治這些地區後，在宗教狂熱的影響下，西班牙王室先是要求摩爾人、猶太人這些異族必須改信天主教，否則就驅逐出境，導致大批有手藝的農民逃亡。後來，西班牙乾脆頒布驅逐令，把這些異族全部驅逐出去。科爾多瓦這座六百年來歐洲最繁華的城市的人口規模，銳減到從前的七分之一。

結果，雖然城市和土地落入了信奉天主教的西班牙人手中，可是繁榮的貿易、複雜的灌溉技術，以及摩爾人農業高產的技術，也全都流失了。

在十六世紀的西班牙，大片土地集中在貴族和教會手中，後者是最大的土地所有者。但他們又都甩手給地主們，地主透過管家或其他仲介者，將土地分成小塊，出租給用穀物交租的長期佃農和短期佃農。這些佃農既缺乏資金又沒有動力去改造不屬於他們的土地，因此根本無法保留摩爾人優秀的農業傳統，農業生產率很低。

更加令底層西班牙人雪上加霜的是美洲金銀的流入，導致國內各種商品價格暴漲。糧食這樣的基本必需品價格暴漲，有時是會要人命的。底層西班牙人沒有分享到美洲黃金帶來的財富，也沒有自己的土地，不能享受到糧食漲價帶來的好處，生活一年不如一年，許多農民淪落至靠勞役償債的地步，近似於農奴。

受到糧食漲價的激勵，在西班牙的許多地區，不管是土壤肥沃的河谷還是貧瘠的山地，都開始種植穀類作物。就在這時，西班牙王室「順應民意」，頒布了對於糧食的限價令，不允許糧食隨著市場供需關係而漲價。看起來這是對底層民眾的保護，但由於糧食價格低，種糧食無利可圖，於是西班牙的農民和農場主減少了種糧食的田地，改作其他用途。

這樣一來，西班牙國內的糧食短缺更加嚴重了。為了應對短缺，西班牙王室又對進口糧食減免徵收關稅，依靠從外國進口糧食來緩解短缺狀況，導致外國廉價糧食衝擊西班牙國內市場，西班牙的農場主和農民備受打擊，種糧食的積極性蕩然無存。

結果，原本是農業繁榮之地的西班牙，經過實施一系列錯誤的政策後，本國糧食產量遠遠不能滿足自身需求，這個國家越來越依賴進口小麥和其他穀物來養活人口。

與農業的遭遇類似的還有紡織業。在剛剛發現美洲大陸的時候，西班牙的紡織業在歐洲還很有優勢，屬於紡織品的出口國。隨著美洲金銀湧入國內，刺激了紡織品和生羊毛的消費，而生產暫時跟不上來，於是紡織品價格上漲。

為了「順應民意」，打壓國內紡織品價格，西班牙王室取消了外國紡織品的進口關稅，並禁止國內紡織品出口國外。這樣的經濟政策嚴重打擊了本國的紡織業，使得原本還算是優勢產業的紡織業落後於其他歐洲國家，西班牙喪失了國外的市場，自己則變成了紡織品進口國。

那麼，從經濟規律上講，當時的西班牙該如何做，才有利於自己的經濟發展呢？

美洲金銀湧入，等於是增加了貨幣供應量，在商品供應量不變的情況下，必然推動商品價格上漲，因此，農產品和紡織品的漲價是必然的。而漲價會刺激人們更多地生產這些商品，以及改進技術，一段時間後，市場會在新的供需關係上達到平衡，這些產業仍然是充滿活力和有競爭力的，並能提供更多的工作機會。西班牙執行的限價令，扭曲了市場供需關係，失敗是必然的。當然，一時的物價快速上漲，的確會衝擊很多人的生活，西班牙王室應該做的是用美洲金銀來扶助弱勢群體和本國產業度過陣痛期，而不是一毛不拔，卻透過價格管制和關稅調節，妄圖宰割本國農場主和企業主的利益，來安撫底層民眾，最終只是摧毀了本國產業，也摧毀了底層民眾的工作機會。

西班牙的殖民地有金山銀山，可是在殖民地經濟運作上，西班牙王室的做法更是不妥當。以西班牙王室對太平洋西部僅有的殖民地菲律賓群島採取的經濟政策為例，在西班牙殖民者的統治下，島上的菲律賓人和中國、日本等其他亞洲國家互通貿易。但殖民地與歐洲的貿易，就受到西班牙王室的嚴格限制，凡是與歐洲的貿易都是間接進行的，貿易管道必須經過墨西哥和西班牙本土。

此外，西班牙王室規定，每年只能有一艘商船，也就是著名的馬尼拉大帆船，裝載著秘魯和墨西哥的銀器，從墨西哥的太平洋港口「阿卡普爾科」（Acapulco）出發，駛向菲律賓，然後船在馬尼拉過冬，裝上東南亞香料和中國絲綢、瓷器，以及東方的其他奢侈品，再返回墨西哥。貨物在墨西哥和秘魯的市場兜售，未售出的商品經由陸路運往墨西哥的大西洋港口「維拉克魯斯」（Veracruz），然後再搭載商船運回西班牙。

這條貿易路線繞了大半個地球，而且中途還要走墨西哥的一段陸路，時間成本、運輸成本高得離譜。此外，西班牙在墨西哥的絲綢業，被中國絲綢打擊得體無完膚，必須使用進口的中國生絲才得以生存下去。

應該說，大帆船貿易路線還是有賺頭的，否則也不會一直持續到一八一五年才結束使命，但是西班牙本該做得更好。

比如，他們可以允許大量馬尼拉大帆船展開海上貿易，利用規模效益來賺錢，也可以考慮向東的貿易路線，積極參與亞洲海上貿易網絡。但是，西班牙王室為了完全控制殖民地，更重要的是完全控制殖民地的稅收權，就想出了捨近求遠、限制規模的餿主意。其結果是，許多東方商品經過一番胡亂折騰後，價格奇高無比，在歐洲市場上缺乏競爭力，西班牙坐擁亞洲殖民地，卻不能透過遠洋貿易獲得可觀利潤。

窮，很多時候是自找的。

無敵艦隊海底撈

比起自己旁邊縱橫四海的小弟——葡萄牙，西班牙王室的「理財智商」真是夠低的。與宗教狂熱的西班牙相比，先行一步的葡萄牙人實際多了，起碼在經營殖民地的能力上要略高於西班牙人。

就在哥倫布發現美洲之後，葡萄牙人和西班牙人為了美洲大陸該歸屬誰起了爭執，最終在羅馬教宗的調停下，兩國坐下來談判，在里斯本郊外的一個小鎮簽署了條約：以大西洋上之維德角（Cabo Verde）群島以西兩千兩百古海里處的「教皇子午線」為界，界東屬葡萄牙，界西則屬西班牙。這就是巴西歸屬葡萄牙，而拉丁美洲其他地域都歸屬西班牙的法定原因。一五二九年，為了瓜分在亞洲的利益，西班牙、葡萄牙再次簽訂條約，規定以通過摩鹿加群島東部十七度的子午線為終止界線，界線以西的地區屬葡萄牙，以東的地區則屬西班牙。

上一篇我們已經談到，葡萄牙人熱衷於香料貿易。在這類遠洋貿易中，印度西海岸的果阿是貿易的東方終點站，而葡萄牙首都里斯本則是西方的終點站。葡萄牙商人在整個印度洋和香料群島採購香料，運到果阿，然後在王室官員的監管下，裝上返航的船隻。由於葡萄牙本土的產品在東方沒有市場，因此，出航的船隻大多裝載的是金銀，以及一些軍火。

雖然香料貿易並沒有振奮葡萄牙國內的產業，它的農業水準和西班牙不相上下。不過，香料貿易的利潤還是讓葡萄牙王室富甲一方。但葡萄牙的致命問題在於本土狹小且國民人數過少，經不起重大打擊。

據統計，在十六世紀，前往海外的葡萄牙人約有十萬人，占了其總人口的十%，如果只看男性的話，這一比例更是高達三十五%。漂泊海外的這些葡萄牙人，大部分都由於各種原因死在異國他鄉。如果按照人口比例來計算的話，每個年齡層的男性都有七%至十%在海外去世。葡萄牙人在海外貿易上的「奇蹟」，便是以巨大的人員犧牲為代價。

整個十六世紀，不論何時，服役於東方海域的葡萄牙強壯男性，極有可能不超過一萬人。為了彌補人口數量不足，葡萄牙不得不招募歐亞其他國家的人員，來充實本國的船員和兵員。

怕什麼偏就來什麼，一五七八年，北非摩洛哥起了內亂，葡萄牙看到有機可乘，大舉興兵攻入摩洛哥。別看葡萄牙海軍能夠在萬里之外揚威碧海，以貴族子弟為班底的葡萄牙陸軍卻是不堪一擊。在這場被稱為「三王之役」（即葡萄牙國王及其支持的摩洛哥廢王，對戰摩洛哥新王）的戰役中，葡萄牙軍隊幾乎全軍覆沒，八千人陣亡，一萬五千人被俘，國王都在戰爭中陣亡了。這一仗讓葡萄牙元氣大傷，西班牙國王腓力二世藉口自己有一半葡萄牙血統，於一五八〇年併吞了葡萄牙，使一代海上強國暫時退出了歷史舞臺。

外強中乾的西班牙也沒風光多久，由於英國女王伊莉莎白一世支持新教，鎮壓國內天主教勢力，自詡為天主教保護者的西班牙王室自然對英國看不順眼。而且，當時英國女王還縱容英國人組成的私掠船，搶劫來往於美洲和歐洲之間的西班牙船隻，嚴重干擾了西班牙王室的現金流，於是腓力二世怒火中燒，對英國宣戰，派出龐大的「無敵艦隊」，試圖征服英國。

這一場大海戰的具體過程，本書就不詳述了。其結果是，擁有一百多艘大戰艦和三萬多名兵力的「無敵艦隊」，被不到萬人的英國艦隊打敗。史書上都把無敵艦隊的覆滅視為西班牙由盛轉衰的標誌。但正如我們前面所指出的，早在一五八八年這場大海戰之前，西班牙王室就已經多次破產了，而且其國內經濟孱弱不堪的局面，一直沒有得到改善。

讓我們來關注這場戰爭中的一個細節——木桶。

在西班牙海軍還未集結的時候，英國船隊在法蘭西斯·德瑞克爵士（Sir Francis Drake）的帶領下，「將在外，君命有所不受」，不等伊莉莎白女王下達攻擊令，就主動襲擊葡萄牙海岸，摧毀了大批的製桶材料。由於當時海船上所有鹽醃的食物、酒和水都要用桶裝，所以這個損失非常致命。西班牙花費了大半年的時間，才補充了兩萬個木桶用於戰爭。國內木桶製造業不景氣，使得西班牙從這次事件中恢復得過於緩慢，給了英國人足夠的備戰時間。而二次大戰時期，美國在被日本偷襲了珍珠港之後，能夠迅速恢復海軍力量，重新奪取太平洋海上的主動權，與當時美國國內強大的工業製造能力是分不開的。

在歐洲人開啟大航海時代，乃至此後的海洋爭霸中，淡水補給是所有艦隊的生命線。船上裝載的淡水很容易汙染變質，無法飲用。古代航海家登上任何一片新發現的土地，首要任務就是看看有沒有淡水資源。船員們往往以含有酒精的啤酒、葡萄酒來代替淡水，因為酒的保存期限更長。直到十五世紀，歐洲航海家才改進了自己的木桶，能夠讓淡水保存期限更長。正是木桶製造技術的進步，才讓達伽馬的船隊能夠安全抵達印度海岸線，也讓著名的航海家斐迪南．麥哲倫（Fernão de Magalhães）的船隊在一五一九年至一五二二年實現了人類的第一次環球航行。

襲擊西班牙海港的德瑞克出身貧苦，年少時，家人一度生活在泰晤士河上的舊船裡，他很早就在小商船上當學徒。二十三歲那年，他參加了前往美洲的航行並嶄露頭角，逐漸成長為英國皇家「海盜」頭子之一，以劫掠西班牙那些運送金銀的船隻為生。

我們都知道麥哲倫是環球航行第一人，其實麥哲倫並沒有回到出發地西班牙，他在菲律賓捲入原住民紛爭，被毒箭射死了。德瑞克是全程完成環球航行的第一人，他從英國出發，又繞回了英國。更為傳奇的是，他的這次環球航行，一路搶劫西班牙的美洲金銀，總計三十六公斤黃金和二十六噸白銀，創造了從古到今海盜單次搶劫的最高紀錄。為了躲避西班牙軍艦的追捕，他從南美洲最南端的火地島的南面海峽穿過進入太平洋，使得這個南美洲和南極洲之間的海峽首次被歐洲人發現了，命名為「德瑞克海峽」。德瑞克認為，既然美洲大陸可以從南面繞過去，那麼也應該可以從北面繞回來，於是率船沿著美洲大陸西岸一路北上，最終受阻於加拿大西海岸的冰面，他又折向西，經由東南亞和非洲好望角，帶著巨額財富勝利繞回了英國，全程五萬八千公里，相當於繞赤道一圈半。

這樣半官方、半海盜的有組織打劫，是工業革命之前英國等國家發財的重要方式之一。西班牙憤怒地指責德瑞克的海盜行為，要求英國將其繩之以法。但英國伊莉莎白女王不僅置若罔聞，甚至還登上戰船，親自為德瑞克封爵，以示褒獎。

德瑞克先發制人的襲擊，還發揮了一個意想不到的效果，在西班牙準備木桶的那段時期，他們經驗豐富的海軍宿將——克魯斯侯爵阿爾瓦羅．德．巴贊（Álvaro de Bazán）突然病逝，腓力二世派了一位高貴的公爵來指揮「無敵艦隊」。這位公爵指揮海戰的能力如何不好評價，但他暈船卻是事實。這樣的角色怎麼會是以德瑞克為代表的彪悍英國皇家海盜的對手呢？

雖然「無敵艦隊」戰敗了，但仍有六十多艘船和一萬名水手逃回了西班牙。因此，這次大海戰中，西班牙損失的許多戰船和水手，也就相當於葡萄牙「三王之役」中的損失而已。西班牙論國土、人口，比葡萄牙龐大很多，又併吞了葡萄牙，所以「無敵艦隊」的這次損失，並不是多麼致命。

其實，英國海軍雖然在戰爭中損失很小，但是勝利後，卻有六千到八千名水手因為疾病、飢餓而死亡，相較於本國海軍總數來說，英國的人員損失更為嚴重。

很少有人知道的是，就在「無敵艦隊」覆滅的第二年，趾高氣揚的德瑞克組織了一支龐大的英國反擊艦隊，開往西班牙，卻被西班牙裝載了新式重炮的艦隊擊退。英國和西班牙的這場大戰一直打到一六〇四年，英國除了第一仗勝利之外，後面的戰鬥非平即負，不論海上還是陸地，英國都沒有占到絲毫便宜。

但西班牙還是無可奈何地衰落了，這是什麼原因呢？

戰爭，特別是慘烈的戰爭，往往是雙輸的結果，而決定最終勝負的關鍵，是看哪一方的經濟能夠挺住，並率先恢復過來。在當時，論軍事實力，西班牙比英國強大許多，但論經濟恢復能力，西班牙不比英國強。對於一個每年財政捉襟見肘、靠借錢度日的國家來說，一次不大的損失就可能成為壓垮駱駝的最後一根稻草。

反觀當時的英國女王伊莉莎白一世，她的座右銘是「明察無言」，說得直白一點就是，「我什麼都看著，但我就是不說」。她在近半個世紀的國王生涯中，只授予了九個貴族頭銜，最高的一個才是伯爵。此舉嚴格控制了王室和貴族階層的規模與開銷，相較於西班牙王室的揮霍無度，伊莉莎白一世領銜的英國王室的財政狀況要好得多，也更容易從戰爭中恢復元氣。英國的國內經濟也比西班牙的更景氣，此事我們在後面的篇章中會詳述。

西班牙更大的損失是信譽層面的。揮舞著從美洲滾滾而來的黃金白銀，西班牙國王讓全歐洲的君王都退避三舍，避其鋒芒。格瑞福蘭海戰（battle of Gravelines）之前，伊莉莎白女王希望本著睦鄰友好的原則，和平解決兩國在海上的爭端，一直不願開戰，就是覺得自己實在沒有勝算。西班牙的那些黃金白銀，曾經讓全歐洲的銀行家都以為，這個國家是有償還能力的，因此願意借錢給西班牙。但是大海戰之後，「無敵艦隊」不可戰勝的神話破滅了，西班牙具有無限償還能力的神話也破滅了。

西班牙的太陽已經落山，英格蘭的太陽則剛剛升起。

〔第3章〕

海上馬車夫的世紀輝煌

三十二萬五千七百三十三磅的麻六甲胡椒；二十九萬七千四百四十六磅的丁香；二十九萬二千五百二十三磅的硝石；十四萬一千二百七十八磅的靛青料；四十八萬三千零八十二磅的蘇木木材；二十一萬九千零二十七件明朝青花瓷器；五十二箱的韓日陶瓷；裝在七十五個大瓶罐裡的糖果，裡面大多添加了薑汁香料；六百六十磅的日本銅；二百四十一件上乘的日本漆器；三千九百八十九塊未加工的大克拉鑽石；九十三箱珍珠和紅寶石；六百零三捆波斯絲綢和羅緞；一千一百五十五磅的中國生絲；十九萬九千八百磅未精煉的康提糖……

上面這些是一六三四年六月二十七日荷蘭阿姆斯特丹港口船隻卸下的貨物統計情況。這些貨物來自遙遠的亞洲和非洲的許多角落，數量巨大、種類繁多，它們在同一天相聚在西歐的阿姆斯特丹港，從船上被搬運下來，即將送往歐洲的千家萬戶。

這樣一份貨物統計單，反映了十七世紀荷蘭海洋貿易的繁榮與旺。荷蘭原本只是西班牙的一塊低窪的屬地，為何能夠接替開啟大航海時代的葡萄牙和西班牙，成長為一代海上霸主呢？

鯡魚公車

從荷蘭的英文名稱「Netherlands」來看，我們稱呼它為「尼德蘭」更為合適，狹義的荷蘭其實指的是荷蘭在經濟和政治地位上最重要的兩個省：北荷蘭省和南荷蘭省。而歷史上的尼德蘭，包括了現在的荷蘭、比利時、盧森堡和法國北部，由於地勢低窪，所以也被稱為「低地國家」。

近代早期的荷蘭人以大量捕撈鯡魚而聞名於世。由於西臨鯡魚資源豐富的北海，那裡的漁場成為荷蘭人馳騁的舞臺，荷蘭人利用被稱為「鯡魚公車」的大型漁船，就像水上工廠一樣，在船上就完成取出內臟、醃製、包裝等工序。因為在那個沒有冷藏設施的時代，捕撈上來的鯡魚很容易就腐壞變質，必須盡快對鯡魚進行處理，使其能夠長時間保鮮。當時，荷蘭一個名叫威廉姆的漁夫發明了一刀切的處理方法，把鯡魚的肚子剖開，把內臟取出，把頭去掉，然後把鹽放在裡面，這樣處理過的鯡魚可以保存一年多。這個被稱為「荷式保鮮」的發明，讓荷蘭的漁船可以放心大膽地在海上長期作業，深入更遠的海域，大量打包和運輸醃製的鯡魚，大批量出口到其他歐洲國家。

在鯡魚捕撈業繁榮的十七世紀上半葉，荷蘭共有一千五百條漁船、一萬二千名漁民從事此行業，每次出海可捕獲三十萬桶魚。荷蘭人甚至跑到英國的海岸線去捕撈，並把加工好的鯡魚擺到英國的港口，進行競爭性銷售，此舉令同樣毗鄰北海的英國人非常憤怒，卻又無可奈何，因為英國的鯡魚捕撈業雖然盡力追趕，卻始終無法與荷蘭抗衡。

有人總結說，一把特製的小刀奠定了荷蘭人對於鯡魚貿易的壟斷地位。其實不然，特製的小刀並不是多麼高精尖的技術設備，別的國家一樣可以仿製並應用到鯡魚加工上。真正讓荷蘭人能夠打敗包括英國在內的北海沿岸國家，獨占鯡魚貿易鼇頭的決定性因素，其實是船。

同樣類型的船舶，荷蘭人的造價要遠低於其他國家，首先是因為他們靠近當時歐洲的木材最重要產地——北歐的斯堪地納維亞半島，由於地理上的優勢，荷蘭人比其他歐洲航海國家獲得木材更容易，成本更低，這是荷蘭造船業發達的基礎。

與此同時，土地狹小且低窪的現實，迫使荷蘭人大多依靠從海洋中討生活，因此更加重視造船技術的提升。當時，荷蘭製造的船隻有兩個明顯特點，一是造價低廉，二是商業化設計。荷蘭造船工匠技藝高超，在使用材料上還能節省資金。他們常用冷杉木替代昂貴的橡木，在船塢，他們也常運用一些節約人工勞動力的設備，例如絞車、吊車、風力鋸木機之類。他們進行大量的標準化生產，還可以批量購買材料。當時的法國人曾估算，荷蘭船隻的造價比法國要低一半。

十六世紀中後期開始，荷蘭人發明出一種「飛船」，這種船隻船底低平，長寬相當，吃水線下寬於吃水線上，因此載貨容量大。但其速度慢、不敏捷、難以防衛，因而只適合在北海、波羅的海的和平時期航行，在地中海和大西洋上比較少見。荷蘭人之所以設計出這種商船，就是為了實現貨運能力的最大化，以及勞動力成本的最小化，賺取最大利潤。代價則是犧牲航速，為了減少水手人數和運輸成本，在船體設計上也不再裝備火炮。當時的英國人計算後發現，一艘普通的荷蘭商船只需九至十名船員，而英國船則要三十名水手，因此在航程中，荷蘭商船就節省了二十個人左右的食物和工資，這又降低了很大的一部分航海成本。

荷蘭商船的劣勢也很明顯，那就是沒有海戰能力。在炮艦橫行的野蠻海洋世界裡，荷蘭商船豈不成了待宰的羔羊？

荷蘭人的解決方案是組建海軍護衛隊，在危險海域航行的時候，由海軍護衛隊來保障商船的安全，也就是軍艦和商船出現了分工合作。相較於當時其他國家軍商不分、裝配沉重又昂貴武器的船隻——武裝商船，荷蘭人讓船隻專業化分工的做法，其實更有優勢，商船在經濟效率上更高，軍艦的作戰能力也更強。

十六世紀、十七世紀的兩百年裡，荷蘭人的船運總量增長了將近十倍。

在一六五〇年前後，荷蘭每年能製造出二百五十至三百三十艘新船，這些新造的船隻既可以替換掉本國的舊船隻，又可以出口給其他國家。到了一六七〇年，荷蘭擁有的船隻總噸位達到五十六萬八千噸，超過了同時期西班牙、葡萄牙、法國、英國和德意志等國船隻噸位總和。

十七世紀後期，雖然英國的航運業已經在蓬勃發展，但其擁有的船隻噸位與荷蘭相比，仍然差距很大，而且不能不提的是，當時大約四分之一的英國船隻其實是由荷蘭建造和出口的。荷蘭人「海上馬車夫」的美譽不脛而走。

憑藉造船技術這個絕對優勢，荷蘭人開啟了屬於自己的黃金時代。

荷蘭人的時代必然是和海洋貿易密切相關的，壟斷鯡魚捕撈業只是他們在自家門口的一個「小目標」，他們還成功控制了歐洲北部波羅的海的運輸業。從西歐的北海繞過丹麥半島，進入北歐波羅的海的貿易航線，就是荷蘭人開闢出來的，當時這條航線上的主要商品，包括穀物、木材、鹽、鹹魚、呢絨、毛皮，以及亞麻、大麻、鐵、銅之類。波蘭的糧食、芬蘭的木材、瑞典的金屬，都是荷蘭人的主要貿易種類，其中尤以穀物最為大宗。穀物貿易吸收了荷蘭流動資金的一半甚至更多，每年占用船隻達到八百艘之多。僅一六一八年，荷蘭人就從波羅的海運出兩億多公斤的穀物。阿姆斯特丹也一躍成為歐洲最大的小麥集散港，享有「歐洲糧倉」的美譽。

寫出《魯賓遜漂流記》（*Robinson Crusoe*）的英國作家丹尼爾．笛福（Daniel Defoe）曾經略帶譏諷地評價荷蘭土地貧瘠，當地出產的糧食「**不夠用以餵養公雞和母雞**」。但憑藉強大的海路運輸能力，荷蘭人不僅餵養了自己，甚至餵養了半個歐洲。笛福也不得不歎服地說，荷蘭人是「**世界的運貨人、貿易的中間人和歐洲的經紀人**」。

荷蘭人不僅壟斷了鯡魚捕撈業，也壟斷了鯨魚捕撈業，靠捕撈鯨魚獲得大量鯨鬚和鯨油，而鯨油是當時重要的工業原料，可用於製造肥皂、燈油，以及用於呢絨加工，由此又促進了荷蘭肥皂業及化學工業的發展。由於本國至少一半的消費用糧都可以依靠進口解決，荷蘭人用自己寶貴的土地種植各種能賺大錢的經濟作物，如亞麻、油菜、花卉、水果等。不僅如此，荷蘭人在製糖業、製革業、啤酒釀造業、伐木業、製磚及石灰業，甚至軍火工業等方面，都不斷獲得發展，並擁有一個當時其他任何國家都不具備的相互配套且關係緊密的一體化工農業生產體系。

就拿農業來說，荷蘭農民的農業模式就與歐洲其他國家的完全不同。荷蘭農民專業化地生產價值更高的產品，特別是家畜和乳製品。飼養家畜需要種植或購買大量的飼料作物，比如乾草、苜蓿等，家畜飼養的專業化也產生了大量的畜糞，可作為土地肥料。荷蘭農業的特點是精耕細作，因此，對肥料有著很大的需求量。當時，一些商人發現收集畜糞是一個有利可圖的專業行業，便大量收集城市夜間馬路上的畜糞和鴿糞，然後一船船或一車車地賣給農民。這個行業使得當時的荷蘭城市比其他城市更乾淨衛生。

可見，荷蘭能夠崛起成為一個海洋大國，首先是因為它努力修練自身，成長為一個技術大國。

首開先河的東印度公司

對於「海上馬車夫」荷蘭人來說，歐洲的海洋不過是一些小的「湖泊」，全世界的海洋才是荷蘭人縱情馳騁的舞臺。追隨葡萄牙人、西班牙人的腳步，到全世界去賺大錢，才是符合荷蘭商人身分的生意。

但是，在駛向大洋之前，荷蘭人有一件事情要先解決。荷蘭與葡萄牙、西班牙這兩個國家有一個明顯的不同，那就是沒有國王。雖然在獨立之前，荷蘭人名義上隸屬於西班牙國王的統治，但是他們與國王之間的關係，最好的時候也只是面和心不和。西班牙以天主教為正宗，打擊新教，這對於新教徒眾多的荷蘭來說，是難以接受的。而在反抗西班牙統治、爭取獨立的「尼德蘭革命」期間，以及完全獨立之後，荷蘭是一個完全沒有國王的國家，各省之間組成了邦聯性質的國家結構，有什麼事情各省坐在一起商量、表決。

葡萄牙和西班牙的海外擴張，有著濃郁的王室主導色彩，葡萄牙的亨利王子親自操刀非洲沿岸探險之旅，西班牙的伊莎貝拉女王則力推哥倫布向西航行。荷蘭這個國家的權力和資本則掌握在各省手中，所以要展開遠洋貿易，就需要建立一個集合各省力量的組織形式，各省單打獨鬥是無法與其他海上強國競爭的。

一六〇二年，一個受荷蘭國家議會特許的公司正式成立，這就是荷蘭聯合東印度公司（Vereenigde Oost-Indische Compagnie，通常稱為「荷蘭東印度公司」）。這家公司的組織結構是荷蘭國家結構的生動表現。公司董事會共有董事十七人，即著名的「十七紳士」。公司資金來自各省，其中阿姆斯特丹出資最多，在董事會中占有八個席位，澤蘭省占四個席位，北荷蘭省和南荷蘭省則各占兩個席位，其他小省共同擁有一個席位。公司總部設在阿姆斯特丹，昭示了阿姆斯特丹的主導地位，董事席位的設置又防止了阿姆斯特丹一家獨大，適當照顧到了其他省的權益。

荷蘭議會授予聯合東印度公司，從非洲最南端好望角以東，至南美洲最南端麥哲倫海峽以西廣大地區的貿易壟斷權，有效期二十一年。除此之外，這家公司還擁有發動自衛戰、築造堡壘和締結條約的權力。這種商業力量和政治勢力相結合的公司形式，可謂荷蘭人的一大發明。

權力如此巨大的公司形式，幾乎等同於荷蘭設立了一個海外分支政權，它和現代社會裡和氣生財的公司形式有著很大的差別。荷蘭創造的這種公司形式，應該說是符合當時的海洋貿易環境的。當時的大洋海面完全是弱肉強食的戰場，要是沒有武力作為後盾，就不會有貿易路線的安全和盈利。荷蘭聯合東印度公司也必須手握刀劍做生意。

荷蘭人在遠洋貿易中的表現，可以用青出於藍而勝於藍來形容，他們比葡萄牙、西班牙更擅長在全球做生意，特別是在亞洲地區。

在聯合東印度公司成立前的一五九四年，一群阿姆斯特丹商人就曾向亞洲海域派遣了一支由四艘船組成的艦隊，總計裝有一百門以上的大炮、十萬荷蘭盾以上的銀幣和大量貨物。雖然有前輩葡萄牙人的航海經驗可以借鑑，但是荷蘭艦隊在途中還是遇到很多危險，航行十五個月才抵達東南亞的爪哇島港口城市：萬丹。在回程途中，艦隊損失許多船員，不得已放棄了一艘船隻，剩餘的三艘船隻於一五九七年返回荷蘭，船員從出發時的二百四十人減少到八十七人，損失了約三分之二。所幸艦隊帶回大量胡椒，使得這次首航東南亞在經濟上沒有虧損。

一五九八年，又有兩支共包含二十二艘船的艦隊離開荷蘭遠赴東方，其中一支艦隊回國時還剩八艘船，但帶回的香料足以獲得四〇〇%的利潤，這讓阿姆斯特丹敲響了喜悅的鐘聲，人們評價說：「自荷蘭建國以來，還從來沒有裝了如此多財富的船隻。」

荷蘭聯合東印度公司成立前的一年，渴望更多利潤的荷蘭船隻大批出動，共有六十五艘船前往亞洲採購香料。結果讓荷蘭人有些沮喪的是，巨量採購刺激了亞洲原產地香料價格的急速上漲，幾年內就上漲了一倍多。回到歐洲的大量傾銷，又使得歐洲市場上香料價格明顯下跌，香料貿易利潤大幅縮水了。

這個經濟教訓讓荷蘭人意識到，香料之路早期的暴利時代已經過去了，亞洲原產地和歐洲消費地之間的價格差越來越小，利潤率也越來越低。若要繼續在香料之路上獲取豐厚的利潤，就必須採用兩個手段：高端和壟斷。

所謂高端，就是低檔香料貿易市場已經是一片紅海了，沒什麼賺頭，只有控制了高端香料，才能發財。至於壟斷的含義，我們就不多做解釋了。捷足先登東南亞的葡萄牙人，只是控制住一些戰略位置，在那裡建立軍事據點兼貿易站，依靠武力控制香料貿易。荷蘭人的野心則更大，不僅要控制香料貿易路線，還想要控制肉豆蔻、丁香、桂皮等高端香料的產地，而摩鹿加群島成為荷蘭人最想爭奪的地區。

摩鹿加群島位於現今的印尼東北部，蘇拉威西島和巴布亞紐幾內亞島這兩個較大的島嶼之間，盛產高端香料。早在一六〇〇年，荷蘭人就在當地一個叫安汶的地點建立堡壘，並且與當地原住民統治者締結條約，取得丁香的壟斷經銷權。一六〇九年，在另一個叫班達的地點，荷蘭人也建立起堡壘，並與當地人簽訂了香料壟斷協議。

一旦摸清了東南亞地區的路數，荷蘭人就圖窮匕見了。為了達到壟斷高端香料貿易的目的，荷蘭人也以刀劍開路，東印度公司採取武力手段，攻克了許多東南亞原住民勢力的據點。在班達島，荷蘭人幾乎將原住民居民斬盡殺絕。到了一六三六年，島上的原住民居民只剩下五百多人，需要勞動力的東印度公司不得不從鄰近的孟加拉輸入奴隸。

為了有效地壟斷高端香料，東印度公司採取了限制種植範圍的方法，以維持壟斷價格。所有的丁香樹都集中到安汶地區種植，而班達則專門生產肉豆蔻，錫蘭（今為斯里蘭卡）生產桂皮。與此同時，其他各島的丁香樹全部拔掉，班達島上的其他作物也全部摧毀，錫蘭的桂皮種植園也限定在很小的面積內，以便控制產量、抬高價格。

壟斷了高端香料後，荷蘭人在融入亞洲貿易網絡方面可謂遊刃有餘，他們先將摩鹿加群島出產的香料賣到印度和西亞等地，用賺來的錢購買印度的紡織品，賣到東南亞地區，然後在東南亞購買胡椒，賣到中國去，再從中國購買絲綢，連同從波斯、越南購買的絲綢一起賣到日本，最後在日本購買當地的白銀和銅，再賣給中國、印度以及東南亞各地。

為了賺取高額壟斷利潤，荷蘭殖民者簡直到了「六親不認」的程度。他們不僅對原住民殘酷無情，面對同樣來自歐洲其他國家的殖民者也毫不手軟。當英國殖民者也滲透到摩鹿加群島謀取香料貿易利益的時候，荷蘭東印度公司的總督揚·彼得生·庫恩（Jan Pieterszoon Coen）決定，必須在英國人壯大之前將其消滅，於是先發制人，一六二三年，荷蘭人在安汶屠殺了十一名英國商人和他們的十名日本傭兵，這就是駭人聽聞的「安汶島慘案」。當時的英國殖民者還無法與荷蘭殖民者在東南亞爭鋒，不得不忍氣吞聲地撤往南亞的印度，重點經營印度地區的貿易。

老牌的遠洋貿易國葡萄牙，也被荷蘭人打得東逃西竄。一六三八年，荷蘭東印度公司與錫蘭當地的康提（Kandy）結盟，發動奪取葡屬錫蘭的戰爭。一六五六年，荷蘭占領可倫坡，此役荷蘭軍團投入了兩千多人，並得到僧伽羅人的援助。一六五七年，荷蘭又拿下賈夫納（Jaffna），併吞了盟友康提的領地，使公司一舉壟斷了桂皮這種貴重香料的生產和貿易。

一六四一年，荷蘭人從葡萄牙人手中奪取了麻六甲，雖然麻六甲那時已經不算是「威尼斯的喉嚨」，但仍然是香料貿易的重要據點。一六六〇年代前期，荷蘭東印度公司的軍隊占領了葡萄牙在印度沿岸的堡壘和貿易站，其中包括一六六三年占領的柯欽（Cochin，今名為科契〔Kochi〕）。至此，曾經的遠洋貿易大國葡萄牙手中只剩下果阿、澳門、帝汶島和索洛群島，澳門其實還險些失手。一六二二年，葡萄牙人奮力頂住了荷蘭人對澳門的攻擊。此後，一直到一九九九年，澳門才從葡萄牙手中回歸中國。

荷蘭東印度公司最能幹、冷酷無情的庫恩總督曾公開宣稱：「我們不能脫離貿易而進行戰爭，同樣也不能脫離戰爭而進行貿易。」荷蘭人是這麼想的，也是這麼做的。

當荷蘭人進入東亞海域時，遇到了與葡萄牙人一樣的問題，東亞兩強中國和日本都不是荷蘭這樣的人口小國能夠擊敗的政權，而東亞內部的海洋貿易又金光閃閃，讓商人們垂涎三尺，荷蘭商人也不例外。

雖然沒能攻下澳門，但荷蘭還是一度在東亞獲得了據點——臺灣島。就在荷蘭與葡萄牙為了澳門大打出手時，西班牙人的船隊駛入臺灣島的基隆，在那裡修建城堡，開採硫黃，經營鹿皮出口，甚至還修建了教堂。一六四一年，立足臺灣島南部的荷蘭人，為了打擊宿敵，獨霸臺灣島，向臺灣島北部進軍，攻打西班牙人的城堡，寡不敵眾的西班牙人被迫投降，結束了在當地十六年的殖民統治。至此，荷蘭人的勢力擴張到臺灣島北部。

與宗教情結濃厚的葡萄牙人、西班牙人不同，荷蘭人更看重貿易利潤，為了賺錢，他們可以在其他方面妥協。比如，荷蘭在日本建立了平戶商館，貿易利潤十分豐厚，在一六三七年荷蘭東印度公司的利潤總額中，平戶商館的貿易額所帶來的利潤竟占到七成以上，可見東亞海洋貿易十分賺錢。

但是，在一六四〇年，日本德川幕府發現荷蘭人修建的倉庫石牆上，所刻的西曆建造年份和天主教有關係，勒令荷蘭人必須拆除石牆，平戶商館照辦。第二年，德川幕府又命令荷蘭人把商館從平戶遷移到長崎，荷蘭人也遵命。接著，德川幕府又命令荷蘭人搬到長崎的一個人工小島——出島，並原則上禁止他們外出。面對如此苛刻的限制，荷蘭人還是接受了。如此恭順的態度，與荷蘭人在歐洲突破幾大強國圍攻的頑強精神形成了巨大的反差。這可能正體現了荷蘭人的商人本色，只要在東亞有錢賺，面子並不重要。

駐日荷蘭商人還在無意中影響了歐洲繪畫藝術的走向。一些荷蘭商人本著賺錢的目的，在日本購買了很多當地的「浮世繪」畫作，把這種具有東方情調的藝術品，賣給喜歡新奇的歐洲人。日本浮世繪流入歐洲後，引起了歐洲畫家的強烈關注，特別是印象派大家如馬奈、莫內、竇加、梵谷等人，對這種東方繪畫風格大加讚賞，深入研究並深受影響，比如梵谷就用油畫顏料臨摹浮世繪，從其筆法、構圖、色彩中吸取靈感。這算是荷蘭商人進行海外貿易的一個意外收穫。

荷蘭人被鄭成功的大軍趕出臺灣島後，無法派遣船隻前往中國採購，但他們敞開胸懷，接納各路中國船隻到自己的東南亞殖民據點——巴達維亞（今印尼首都雅加達）來做生意。從一六九〇年到一七四〇年的五十年間，是中國商船在巴達維亞進行貿易的鼎盛時期。中國船隻不僅運來價值不菲的中國產品，還把大批中國移民送到巴達維亞。實際上，從巴達維亞開始建設城市起，華商、華人勞動力、華人手工業者就不斷地移居到那裡。在巴達維亞周邊地區，人們開闢出種植甘蔗並生產蔗糖的農場，這些農場大部分由華人經營，生產也由華人勞工承擔。蔗糖是荷蘭東印度公司販賣到日本和西亞的重要商品，但生產卻凝聚著華人移民的辛勤勞動。

另外，在爪哇島上，荷蘭東印度公司獎勵當地人進行水田耕種。在荷蘭人來到這個島嶼之前，當地人普遍採用落後的刀耕火種，正是荷蘭人把更為先進的農業技術傳播到爪哇島及其周邊島嶼。當地人還被公司組織起來，從事咖啡等經濟作物的種植，公司賺了大錢，投身其中的農民也過著相當不錯的日子。

從這些事例中，我們可以看出荷蘭人與葡萄牙人有著本質上的不同，葡萄牙人是貿易商人的角色，利用各地已有的商品，以低買高賣獲取差價。荷蘭人當然也是貿易商人，但同時也經營農場、種植園，利用東南亞的自然環境和人力資源，更為重要的是，把本國累積的先進農業技術移植到東南亞地區，生產出大量的產品。因此，荷蘭人不僅是商人，還是創造財富的實業家。

增強公司的力量

從經濟上講，荷蘭東印度公司真的很能賺錢。公司每年都要花費大筆的錢在軍事上，但公司回報給股東的紅利仍然相當高。

從一六〇二年到一七八二年的漫長時間裡，荷蘭東印度公司向股東發放的紅利，相當於原始股本的三十六倍。僅僅從成立到一六五〇年，公司支付的紅利就達到了原始股本的八倍。荷蘭東印度公司的股票，可以在阿姆斯特丹市場上交易，所以股東是經常變化的，但有一位股東一直持有公司股票到一六五〇年，平均算下來，他的東印度公司股票的年回報率是二十七％，這麼高的回報率已經超過了當代股神巴菲特（Warren Buffett）的長期投資回報率。

整個十七世紀，是荷蘭人風光無限的一個世紀，從經濟上講，則是荷蘭東印度公司輝煌燦爛的一個世紀。在那個世紀裡，東印度公司經營的殖民地香料的年平均產量是：肉豆蔻三十萬磅、肉豆蔻乾皮十萬磅、丁香三十萬磅……這些高端香料的利潤極其豐厚。

到了一六六九年，荷蘭東印度公司成長為一個史無前例的經濟巨獸，擁有一千五百艘商船、四十艘戰艦、五萬名員工、一萬名水手。強大的海上實力，讓這家公司不僅控制了歐洲與亞洲及美洲的大部分遠洋貿易，而且壟斷了東南亞的香料經營。西歐其他國家的殖民地產品，尤其是香料，也主要由荷蘭船隻轉運到西方各國。十七世紀的阿姆斯特丹是當之無愧的歐洲貿易中心，也是東方香料和歐洲穀物、油料、木材等的集散地，港內停泊的商船經常超過兩千艘。

所以，荷蘭的成功，從經濟的角度說，是荷蘭人創新的公司制度的成功，超越了先走一步的葡萄牙和西班牙。

葡萄牙、西班牙在征服世界的過程中，派往海外的遠征隊與本國王室有著契約關係，能夠為了發家致富而奮戰。但本質上，這兩個國家的王室總是意圖完全控制海外殖民地和派出的人員，壟斷各種經濟活動，這就限制了海外殖民地的經濟活力，那些派駐海外的官員從自身利益出發，往往採取以權謀私的方式來賺錢，傷害了國家從殖民地中獲得財富的能力。

比如，一五四八年，在葡萄牙控制的非洲據點索法拉，就發生了一件怪事。壟斷象牙出口的王室機構找遍了索法拉，竟然沒有找到一根象牙。象牙到哪裡去了？原來，派駐當地的官員——索法拉將軍——出於自己的利益，把大量象牙都裝在自己的走私船裡，這就叫監守自盜。無獨有偶，在印度的馬拉巴爾，葡萄牙當地官員是本國派駐當地收繳胡椒的管理者，他們給胡椒種植者的出價非常低，很難收到品質好的香料。同時背地裡，他們又以私人的身分，用高於官方收購的價格來收購當地胡椒，中飽私囊，使葡萄牙的香料貿易利益受到了損害。

反觀荷蘭的東印度公司這種企業制度，則激發了本國商人開拓市場的雄心壯志，荷蘭政府也全力支持並保護商人的經營活動，產生了國強民富的效果。

這種企業制度當然也不是憑空創造出來的，在此之前，歐洲海商的一種常見經營模式是，幾個有錢的金主湊一筆錢，購買船隻和貨物，雇用一些水手，展開一次遠洋貿易，船隻帶著交易或掠奪的異國貨物回來後，賣掉貨物賺到的錢則按照最初投資的比例，分給金主們作為回報，這次海洋貿易活動就算結束了。

荷蘭東印度公司脫胎於這種早期的合股制度，但是在面對航線漫長、競爭激烈的東方貿易，尤其是香料貿易時，維持貿易所需要的軍事成本和經營成本直線上升，「幹一票算一票」的零星經營方式已經不合適了，取而代之的就是東印度公司的經營模式——公司股東的投資要長期放在公司營運裡，賺到的利潤也要分出很大一部分留作流動資金，以增強公司的軍事和經濟能力；所有的金主在投資公司時，要有足夠的耐心，雖然他們是公司的股東，但是無權隨意撤資、解散公司；同時在公司之外，也有一個運轉良好的股票市場，那些對公司運作不滿意或者著急用錢的金主，可以把自己的股份拿到股票市場上，出售給有興趣接手的金主。這樣的機制確保了公司能夠長期保住大量的營運資本，以及把賺到的利潤再投資，擴大公司業務，形成正回饋的效果，不斷增強公司的力量。

這就是荷蘭人能夠青出於藍而勝於藍的經濟祕密。

對於荷蘭人在經濟制度方面的創新，我們還必須要注意的一點是，它們是歐洲人針對海外市場的一種創新，是東西方互動的產物。雖然荷蘭人的東印度公司充滿了武力的味道，跟當今世界和平發展的公司有所不同，但從經濟角度講，已經非常接近現代意義上的公司了。這種公司形式能夠被創造出來，正是因為荷蘭人想要搶占海外市場，特別是亞洲的香料貿易。如果沒有香料貿易的誘惑和刺激，荷蘭人可能不會創造出東印度公司這種新鮮事物。

歐洲人是現代公司制度的發明者，但如果沒有大航海時代的亞洲貿易網絡，也不會有現代公司制度的誕生，至少在荷蘭人稱雄的十七世紀的歲月中不會出現。東印度公司的出現，可以讓我們一窺當時那個充滿關聯性、奇妙的全球經濟世界。

尼德蘭革命：金錢對壘強權

沒有強大的經濟基礎，就沒有強大的荷蘭。我們驚歎荷蘭人在一百多年中取得海上經濟奇蹟的時候，更應該驚歎出現這些經濟奇蹟的大背景，是荷蘭人與周圍歐洲列強艱苦拚殺的壯烈歷史。

正如本篇開頭所言，荷蘭原本是西班牙的一塊低窪屬地。在十六世紀上半葉，西班牙的國王查理五世由於出生於荷蘭地區，所以對荷蘭人有較深的感情，在他的統治下，荷蘭人獲得了自由貿易的權利，發展很好。然而，到了一五五六年，西班牙的王位由腓力二世（Felipe II）繼承，這位國王出生於西班牙並在西班牙長大，對荷蘭毫無感情。更要命的是，腓力二世還是個狂熱的天主教徒，對荷蘭地區大量的新教教徒充滿了輕蔑。

一年之後，由於腓力二世不能支付荷蘭地區的駐軍軍餉，西班牙士兵發動叛變，並搶劫了安特衛普（Antwerpen，位在今比利時），殺害了七千名普通民眾。荷蘭人和西班牙王室之間就此徹底決裂，荷蘭人拿起武器，趕走了西班牙駐軍。

在當時歐洲人的心目中，國家是需要有個君主來保衛的，因為從中世紀以來的傳統是，國王和貴族專門負責打仗，這是他們的職業。西班牙國王已經不配做荷蘭的君主了，那麼誰合適呢？一五八八年，荷蘭各省聯邦因為缺乏自衛能力，曾經試圖將本地區的統治權交給法國或者英國，透過效忠新的國王來獲得保衛，但是並沒有成功。

於是，在萬不得已的情況下，荷蘭人竟然開啟了沒有國王的新興國家形式——共和國。各省共同組成邦聯，並建立一個統一的國家議會來管理這個沒有君主的國家。種新的政治制度在荷蘭人的手中誕生了，他們以自己的經歷向世界證明，「國王」這個職業不是國家必需品。

為了贏得獨立，荷蘭與昔日的宗主國西班牙打了八十年的戰爭，史稱「尼德蘭革命」。荷蘭與葡萄牙有類似的弱點，那就是與其他歐洲列強相比，人口數量處於劣勢，其人口數量在一百萬至二百萬。在近代早期的歐洲，各國武器裝備都比較落後且差距不大，軍隊人數就成為決定戰爭勝負的重要因素，甚至有時是最重要的因素。

在戰爭中，荷蘭人唯一可以扭轉人口劣勢的東西，就是錢。有了錢，就可以徵集更多的士兵作戰，除了本國民眾之外，甚至可以雇用其他國家的軍隊來幫自己打仗。

為了對抗數量龐大的西班牙軍隊及其聯軍，荷蘭每年需要花掉巨額軍費。一五九一年，荷蘭軍費開支為三百萬弗羅林（一種歐洲金幣，荷蘭盾的前身），到一六〇七年軍費升高了三倍。到了一六二一二年，軍費開支達到一千三百萬弗羅林，一六四〇年高達一千九百萬弗羅林。戰爭的另一方西班牙的軍費一樣耗費巨大，「尼德蘭革命」使西班牙背上了難以償還的巨額債務，就算有從美洲搜刮來的真金白銀做抵押，向歐洲銀行家貸款，也不得不寅吃卯糧。

最終決定這場勝負的關鍵還是錢。荷蘭自身的經濟實力比西班牙要強，而且坐擁阿姆斯特丹這個當時的歐洲金融中心，荷蘭的軍費可以從金融市場上借到，以國債的形式從本國民眾那裡得到錢，並為本國民眾作戰。但西班牙國內沒有這樣的金融中心，本國經濟實力不濟，只能向縱橫於歐洲的金融家族借錢，但這些金融家族都是「無利不起早」的人，看到苗頭不對，就不會借錢給西班牙。

一六〇九年，無力再打的西班牙終於坐到談判桌旁，與荷蘭共和國簽訂了十二年的停戰協定，此時的荷蘭實質上已經是一個獨立的國家了，停戰協議意味著這是兩個對等的國家之間的條約。不過，到了一六一八年，歐洲爆發了慘烈的「三十年戰爭」，各國都捲入其中，荷蘭也不例外。一直到三十年之後的一六四八年，交戰各國簽署了《西發里亞和約》（Peace of Westphalia），歐洲列強都承認了荷蘭，這才標誌著荷蘭最終贏得了獨立。

沒有君主又怎麼樣？金錢戰勝了強權，共和制戰勝了君主制。

上帝恩賜給荷蘭做海洋貿易的地理優勢，也賦予荷蘭人發家致富的經濟頭腦，但是也給荷蘭安排了一個十分糟糕的地緣政治格局，荷蘭的四周都是強鄰，西邊隔海與英國相望，南面緊鄰法國，東方是與西班牙有著千絲萬縷關係的哈布斯堡王朝（Haus Habsburg），列強都對荷蘭人的錢包忌妒得眼睛發紅。致力在世界做貿易的荷蘭，也就不可避免地與所有列強頻頻發生利益衝突。

一六七二年，法國軍隊和一些德意志邦國軍隊組成了十二萬人的大軍，入侵荷蘭共和國，另有一支由一百四十六艘戰艦、三萬四千人組成的英法大型聯合艦隊，準備在荷蘭海岸登陸。在海陸兩面巨大軍事進攻的壓力下，荷蘭看起來已經瀕臨絕境。阿姆斯特丹的金融市場發生了大崩盤，荷蘭東印度公司的股票價格下跌了一半，全歐洲都以為荷蘭要被列強瓜分了。

荷蘭人不得不殊死一搏，議會找來了開國國父「奧倫治的威廉」（Willem van Oranje）的曾孫「奧倫治親王威廉三世」，授予他陸海軍統帥的職權，領導荷蘭人背水一戰。威廉三世率領荷蘭人不惜焦土作戰，挖開攔海大壩，水淹阿姆斯特丹城外的敵方大軍，並在海面上與英法大型聯合艦隊打成平手，荷蘭武裝船隊還襲擊英國商船，破壞了英國多達七百艘商船。頑強的荷蘭人終於扛住了這次滅頂之災，一六七三年，法國軍隊被趕出荷蘭境內，一六七四年，英國與荷蘭簽訂和約，從此之後英國不再與法國一起夾擊荷蘭，反而經常與荷蘭一起鉗制陸地霸主——法國。

這是一次永載荷蘭史冊的絕地重生！

年輕的威廉三世在荷蘭人的歡呼聲中成為荷蘭執政官，並被授予「護國英雄」的稱號。令所有荷蘭人意想不到的是，這位威廉三世還將迎來自己人生中更輝煌的一次進軍，從而改變了荷蘭和它的鄰國——英國的歷史，世界經濟和貿易霸主的地位，也將因為威廉的所作所為而易主。

〔第4章〕

奴隸貿易是怎麼停止的

世界名著《魯賓遜漂流記》一書中，魯賓遜身旁有個原住民奴僕——星期五，這個人物的出現真是神來之筆，揭露了當時奴隸經濟的陰暗面。

魯賓遜是個奴隸販子

《魯賓遜漂流記》是英國作家笛福的一部作品，書中的主角魯賓遜流落荒島，經過艱苦奮鬥，把荒島改造成適合自己生活的家園。魯賓遜勤奮、節儉、堅韌、有信仰的奮鬥精神，也被標榜為工業革命以來西方社會資本主義精神的真實寫照。

歷史上，許多資本家的確都是白手起家，勤儉節約地打拚，把事業做大，就像魯賓遜在荒島上那樣。但是，在沒有登上荒島之前，魯賓遜都在幹些什麼呢？

如果我們重新閱讀《魯賓遜漂流記》的第一章和第二章，就會看到當時世界上的人做什麼事業最賺錢了。

在書中，魯賓遜的父親要他做個本分人，老老實實地待在英國，努力工作，躋身中產階級。但魯賓遜熱衷於出海闖蕩，搭載別人的船前往非洲幾內亞，初戰告捷，用大約四十英鎊的小玩意，換了五磅多的沙金，帶回英國賣了三百英鎊。

此後歷經波折，魯賓遜居然在巴西開起了種植園，並採收大量菸草。只要再做幾年，不愁有幾十英鎊（這在當時可是一筆鉅款，現今的一千萬頭獎與之相比，只能算是浮雲）的家產。可是魯賓遜依舊不安分，他和鄰居的種植園都缺少勞動力，他希望從非洲買進黑奴過來擴大生產，不過，當時巴西的黑奴貿易被葡萄牙壟斷，要是沒有政府的授權，種植園主不能私自販賣黑奴。魯賓遜發現，販賣黑奴的利潤比開種植園還要大。

就在他猶豫要不要去獲得政府授權的時候，幾個種植園主找到他，希望合夥弄一條船，私自去非洲買一船黑奴回來，每個種植園分一些，就有勞動力了。魯賓遜決定和大家一起幹一票，不幸的是，這次航行途中，船隻遇到風暴，才有了他流落荒島的後續故事。

這本小說出版於一七一九年，我們可以把裡面的情節看成十七、十八世紀世界經濟的寫照。魯賓遜在流落荒島之前的經歷告訴我們，在那個激動人心的大航海時代，單從賺錢角度來講，老實的工作不如去做海外貿易，做海外貿易不如開種植園，開種植園不如販賣黑奴。

而當時最賺錢的行業，莫過於非法走私販賣黑奴。

魯賓遜前往非洲的這一票生意，就是試圖避開政府壟斷，非法從非洲販賣黑奴到美洲的種植園。魯賓遜其實是想當個奴隸販子。

販賣黑奴的利潤有多大？在十七世紀奴隸貿易方興未艾的時期，葡萄牙人從事奴隸貿易的利潤率，據估計高達九〇〇〇%，而同時期做其他商品的遠洋貿易，利潤率遠遠不如奴隸貿易。

正如《魯賓遜漂流記》中所言，大航海時代最早大規模從事奴隸貿易的國家正是葡萄牙。還記得那個致力於航海事業的亨利王子嗎？亨利王子推動本國向非洲西海岸的探索，一方面是為了獲得來自產地的非洲黃金和象牙；另一方面，重要卻不算光采的動機，就是襲擊非洲沿岸居民，捕捉可以用錢贖回的奴隸。後來，當葡萄牙被西班牙併吞的時候，談判條件之一便是葡萄牙人取得了奴隸貿易的壟斷資格。

不過，從歷史上看，販奴貿易並不是歐洲人或者說葡萄牙人首開先例的，這個陰暗的貿易其實由來已久，其中阿拉伯商人可算是販奴貿易的「鼻祖」。

據估計，西元七世紀至十九世紀，穿過撒哈拉沙漠被賣到北非摩洛哥、埃及等地的非洲奴隸有九百四十萬人，而穿過紅海被賣到西亞的阿拉伯半島，以及穿過印度洋被賣到東南亞各地的非洲奴隸，也有五百萬人。這兩個數字相加超過了一千四百萬人，而後來的歐洲殖民者販賣非洲奴隸的資料已經有定論，在十五世紀至十九世紀，經由大西洋奴隸貿易而離開非洲大陸的奴隸有一千一百萬人，其中被賣到美洲大陸的有九百五十萬人。

所以僅從資料看，歷史上被賣到北非和亞洲的奴隸數量，超過了被賣到美洲的奴隸數量，要說最大的奴隸販子，可算是阿拉伯商人，而不是「後起之秀」歐洲殖民者。

客觀地說，非洲在歷史上就是奴隸的來源地，是奴隸貿易的中心，整個非洲的奴隸貿易是多個方向、長期進行的，很多黑人奴隸甚至被賣到了遙遠的印度和中國。一三八二年，爪哇島將男女共計一百零一名黑人進貢給明朝廷。而歷史上廣州的富人們擁有許多黑人奴隸，這些奴隸可以輕鬆背起很重的行李。

與古代中國相比，古代印度由於距離奴隸「產地」更近，使用了更多的黑人奴隸。古代旅行家伊本·巴圖塔（Ibn Battuta）在遊記中寫道，黑人存在於印度全境，大部分成了軍人，其中有些人還成了地方太守或大官官，掌握著巨大的權力。在當時，非洲人大多成了「軍奴」，特別是在果阿和斯里蘭卡，是軍隊裡的重要成員。

這些歷史上的販奴貿易和大航海時代的販奴貿易，有一個明顯的差別，那就是奴隸的使用方式不同。過去那些被賣到北非和亞洲的黑人奴隸，基本上都是從事家務勞動或者低級工種，所以實際上，這些奴隸相當於「僕人」，也有一些人是被買來充當士兵的。而大航海時代歐洲人所販賣的奴隸，主要充當被強制奴役的勞動力，在種植園中做苦工。

最先利用奴隸而興起的種植園，是甘蔗種植園。甘蔗的原產地在東南亞，後來傳入阿拉伯地區，再後來傳入歐洲的地中海地區。成熟的甘蔗高度超過四公尺，甘蔗成熟時，除了田間道路和灌溉用水渠外，整個農場會變成無法穿越的密林。人們需要砍下甘蔗，將其運到工廠粉碎後，再用滾壓機壓出汁。之後要將這些甘蔗汁放在大鍋中煮，並進行提煉，最終得到甜甜的糖。在十九世紀之前，世界各地生產糖的程序都是如此。

大航海時代到來後，特別是發現了大西洋中的各個群島和美洲大陸後，歐洲列強占領了大片熱帶、亞熱帶氣候區，這些都是理想的甘蔗種植地。

在航海史上光芒四射的亨利王子，堪稱種植園奴隸制的創立者，光輝與陰暗集於一身。葡萄牙占據了非洲大陸附近的島嶼後，亨利王子利用來自熱那亞的資本，建立起甘蔗種植園，然後把奴隸驅趕到馬德拉群島上，讓他們在種植園中日夜勞作。亨利死後，新發現的維德角群島於一四六〇年也被專門用於經營糖料種植園，那些從非洲進口的奴隸勞工則是這些種植園賴以生存的基礎。而葡萄牙人繞過非洲好望角則是二十多年後的事情了，因此，如果沒有島嶼種植園上奴隸的勞動，葡萄牙人是否有足夠的資本先繞過非洲大陸南端，還是個未知數。

一四九三年，哥倫布在第二次航海中，最早將甘蔗從加那利群島帶到美洲大陸，很快的，加勒比海的熱帶島嶼上，比如巴貝多島、牙買加島、聖多明哥島、瓜德羅普等，都開闢出甘蔗種植園。南美洲的巴西也成為主要的種植園區域，《魯賓遜漂流記》中描寫，魯賓遜就曾經在巴西經營種植園。

甘蔗種植園需要大量的強壯勞動力，到哪裡去尋找勞動力呢？

從道理上說，當時的歐洲也有很多窮人，雇用他們去種植園裡工作也未嘗不可。在一八〇〇年以前，歐洲的窮人中，很少有人能付得起跨越大西洋的船票錢，所以他們往往採取當契約勞工的方式，預支自己未來多少年的勞動力給船主，搭船到美洲，船主再把這份契約和這些歐洲窮人轉賣給美洲的企業主。

其實，當時購買非洲奴隸比購買歐洲契約勞工更昂貴。但是問題在於，當時即使是歐洲窮人，也受到契約保護，一旦契約期滿，他們就將獲得自由，甚至還能獲得一塊屬於自己的土地。如果種植園主使用歐洲契約勞工，要付出更多的未來成本，所以他們寧願一開始支付稍微多一點的錢，購買一些非洲奴隸來幹活，這些奴隸永遠不會成為自由民，因此長期來看，使用非洲奴隸的成本要比使用歐洲窮人低。

這就是種植園裡的經濟學原理之一。歐洲的窮人就算一文不名，也有基本的契約保障，有法律賦予他們的一點點權利。權利對於歐洲窮人就是價值，而對於種植園主來說，歐洲窮人的這一點權利卻是他們不願意付出的成本。

甘蔗種植園其實也可以考慮使用印第安人當苦工，但是對於西班牙和葡萄牙來說，它們寧願從遙遠的非洲運輸黑人奴隸到種植園，也不願意在美洲大陸上搜捕印第安人充當奴隸。這是種植園裡的又一個經濟學原理。

因為在西班牙和葡萄牙王室看來，販賣非洲黑人奴隸相對可控制，王室可以更容易監視殖民地的經濟活動，並從經濟活動中徵稅；而讓殖民地種植園主在美洲大陸捕捉印第安人，山高皇帝遠，很難控制殖民地的經濟活動。所以，西班牙和葡萄牙王室鼓勵從非洲向美洲輸入奴隸，而限制捕捉印第安人當奴隸的做法，本質上是為了更嚴密地控制殖民地的經濟。

英國的北美洲殖民地也有類似的情況，北美種植園的早期發展，也嚴重依賴黑人奴隸。比如在維吉尼亞，英國殖民者開闢了菸草、水稻和棉花等種植園，需要大量的勞動力進行耕種。有趣的是，種植園主最開始寧可雇用漂洋過海而來的白人當勞工，也不願意花錢買一個黑人奴隸。原因是當時黑人奴隸的死亡率很高，這可能跟黑人對當地疾病缺乏免疫力有關係。但後來，英國本土經濟快速發展，願意移民美洲的白人少之又少，而在美洲衛生條件改善、黑人群體逐漸擁有了疾病免疫力後，黑人奴隸的死亡率大大降低，同時，大規模的奴隸貿易降低了每個黑人奴隸的價格。於是到了一七〇〇年，北美種植園裡已經廣泛使用黑人奴隸作為勞動力，因為黑人奴隸的勞動可以終生被種植園主所占有。

就這樣，非洲黑人成為種植園主最理想的苦工。到十六世紀中葉，美洲出現了擁有一百五十至兩百名奴隸的農場，甚至有些農場的奴隸數量達到了五百人以上。

三角貿易賺大錢

整個十六世紀，大約有二十五萬非洲奴隸被運過大西洋；到了十七世紀，這個數字增加了四倍；而到了十八世紀，平均每二十五年就有將近兩百萬非洲奴隸被運往美洲。十六世紀至十九世紀中期，總共有將近一千萬非洲奴隸被販賣到美洲大陸。

然而，到了一八三三年，大英帝國廢除了奴隸制，美國在一八六五年也廢除奴隸制，其他各國在十九世紀也紛紛跟進，在不同時期廢除了奴隸制，奴隸貿易逐漸銷聲匿跡。這就不禁讓我們迷惑了，既然奴隸貿易很賺錢，白人大老爺們為何放棄了這麼賺錢的買賣呢？

十九世紀，黑人根本沒有足夠的軍事實力、政治實力與白人對抗，在經濟實力上更是孱弱不堪。難道是白人良心發現，在宗教教義和社會道德的影響下，高尚地做出了解放黑奴的人性決定嗎？難道星期五的人品像雞湯一樣，感動了魯賓遜，使魯賓遜幡然醒悟嗎？

笑話！

一五九六年，一百三十名黑人被販賣到荷蘭，準備銷售，一批信奉新教的荷蘭居民高舉道德的人旗，反對奴役黑人的暴行，他們衝進市場，解救並釋放了這批黑人。

但此後，黑人的命運急轉直下。以海外貿易立國的荷蘭，當時最大的敵人莫過於昔日的宗主國西班牙及其「跟班」葡萄牙。雖然荷蘭趕跑了西班牙，獲得了獨立，但兩國一直兵戎相見，在海外貿易上，也是水火不容。一六二一年，荷蘭在成立自己的西印度公司時，就確立了公司的任務，要享有與非洲西海岸和美洲東海岸及太平洋各島嶼進行貿易的壟斷特權，搶奪西班牙人的海外貿易占有率。

在西班牙忙於歐陸戰爭的時候，荷蘭開始襲擊南美洲，荷蘭人把攻擊目標選定在巴西——葡萄牙的殖民地，當時葡萄牙已經和西班牙合併，因此襲擊巴西就是打擊西班牙。荷蘭人的算盤打得很好，他們希望巴西那些被西班牙欺凌的印第安人和非洲黑奴揭竿而起，配合自己一起攻擊西班牙，同時還能奪取巴西種植園，一舉兩得。

攻擊很成功，荷蘭人順利奪取了一些巴西種植園。但是，西班牙種植園主也很聰明，他們帶著奴隸和財寶逃跑了，只給荷蘭人留下空空的種植園。荷蘭人試圖把本國農民送到巴西開墾種植園，但熱帶種植園的工作太辛苦了，在自己家園做得風生水起的荷蘭農民，都不願意做血汗勞工。「在巴西，沒有奴隸，什麼事都做不成。」荷蘭殖民者在一份報告中悲哀地寫道。為了恢復種植園的生產，為了打敗宿敵西班牙人，荷蘭人也要毫無顧忌地使用黑奴了。

荷蘭人既然鐵了心要做奴隸貿易，就必然要和具有奴隸貿易壟斷資格的葡萄牙人一決雌雄。對付在美洲大陸氣勢洶洶的西班牙人，荷蘭人只能靠「防守反擊」；而對付葡萄牙人，荷蘭人就可以「全攻全守」了。荷蘭軍隊很快就打敗葡萄牙人，占據了幾個非洲沿海重要的奴隸貿易港，把奴隸裝上船後，運送到中美洲加勒比地區的法國和英國殖民地出售，總之，就是不能讓西班牙人和葡萄牙人的殖民地得到奴隸。

荷蘭西印度公司的一大業務是從事奴隸販賣，在相當長的時間內，它是荷蘭奴隸貿易的主要經營者。事實上，西印度公司是所謂大西洋「三角貿易」的開路先鋒。

大西洋三角貿易的運轉方式如下：公司用歐洲的一些商品交換到非洲的奴隸，把奴隸運送到美洲大陸，換取美洲種植園生產的糖、棉花、菸草等貨物，再用這些貨物換取歐洲的白銀（其實也是來自美洲），用白銀採購歐洲的商品，再返回非洲交換奴隸，形成貿易循環。

看到西班牙、葡萄牙和荷蘭靠著奴隸貿易發家致富，在美洲也有殖民地的英國和法國自然是不甘落後的，他們以本國生產的工業品、火槍作為資本，紛紛加入奴隸貿易的「事業」中。比如英國的港口城市利物浦，在一七〇九年，只有一艘販奴船駛向非洲；二十年後，販奴船的數量就增加到十五艘；到了一七七〇年，販奴船竟然達到一百多艘。在十八世紀，靠著奴隸貿易，利物浦每年有三十萬英鎊的純收入；一七〇九年至一七八七年，英國對外貿易的航行噸位增加了十四倍，大多直接或間接地與奴隸貿易有關。

而且，英國和法國加入奴隸貿易後，在歐洲、非洲和美洲之間，也建立起了與荷蘭人類似的三角貿易，即從歐洲裝上酒、軍火、棉織品、裝飾品等貨物，前往非洲與出售黑奴的部落交換奴隸。然後把黑奴運送到美洲各地，交換那裡的礦產和農產品，比如蔗糖、棉花等。最後，帶著礦產和農產品回到歐洲，賣掉貨物。據估計，完成這樣一次三角貿易，商人（奴隸販子）大概需要花費六個月時間，而利潤可達一〇〇%至一〇〇〇%。

英國、法國這些「後起之秀」還建立了另一個三角貿易：把北美洲殖民地生產的蘭姆酒販賣到非洲，換來非洲黑人奴隸，然後把黑人奴隸賣到中美洲加勒比海海島的種植園當苦力，交換種植園生產的糖蜜，運送到北美洲殖民地賣掉，再購買下一批蘭姆酒。這個三角貿易與前面的三角貿易的區別在於，把北美洲殖民地和中美洲種植園連結起來，也就是說，美洲內部也形成了大規模的貿易。

像英國、法國這些在美洲殖民早期沒有找到黃金白銀的國家，能夠實現經濟騰飛，工業革命當然是功不可沒的，但如果沒有奴隸貿易，它們的美洲殖民地就沒有足夠的勞動力，歐洲的工廠也就缺少美洲出產的原材料，各地的消費市場都不足，這些國家的經濟發展必然大打折扣。

人們經常說市場經濟裡有隻「看不見的手」，其實在歐洲資本主義發展的早期，還有一隻「血腥的手」，靠著剝削無數黑人奴隸的血汗和生命，歐洲人實現了野蠻的原始累積。

看不見的手扳倒血腥的手

我們還沒有解答前面講的那個問題「為什麼白人做出了解放黑奴的決定」，現在，我來告訴大家答案。

其實，真正讓奴隸貿易走向衰落的原因，正是我們剛剛談到的經濟上的「看不見的手」。早期的販奴貿易是暴利行業，但就像所有行業都會經歷從朝陽產業到夕陽產業的規律一樣，奴隸貿易的利潤也在逐漸走低。

首先是獲取奴隸的成本增加。我們對清朝末年清軍被英國、法國等列強打得滿地找牙的歷史印象深刻，可能會以為歐洲人在對付非洲原住民部落時也能輕而易舉地拿下，其實不然。清朝軍隊與英國正規軍正式交手是在一八四〇年的第一次鴉片戰爭，那時候英國已經船堅炮利，軍事技術遠勝清朝。但是，販奴貿易最猖獗的時期是在十八世紀，那時候歐洲各國的軍事技術還不像鴉片戰爭時那麼先進，對付冷兵器武裝的優勢是有的，但也很有限。

非洲原住民部落的實力當然不如清軍，但他們有自己的天然優勢，那就是非洲的叢林環境。正如一位白人作家描述非洲時所說：「火炮只能打進內陸一丁點兒的距離。」當時歐洲人的軍事優勢只能在海岸線附近逞強，一旦進入叢林作戰，原住民部落可以把侵略軍當猴子耍。

另一個讓歐洲殖民者頭疼的麻煩是非洲的各種古怪疾病，它們比任何軍事抵抗更能有效地摧毀歐洲殖民者的武裝。侵略軍就算能夠占據非洲的叢林地區，但由於當時衛生水準落後，他們也會被叢林裡的瘴氣、溼熱和各種疾病打敗。比如，一七四二年，有一支英國探險隊前往熱帶叢林作戰，很快就有四分之三的士兵失去了戰鬥力。一位隨軍醫師兼作家寫道：「**那四分之三患病的人死於悲慘的方式，他們的皮膚由於高度腐爛化膿，變成了煙灰色。**」歐洲殖民者的海軍命運也不比陸軍的好多少，畢竟軍艦是非常昂貴的軍事設備，在熱帶海域的損壞速度非常快，為了搶一些黑人奴隸來販賣，就派出昂貴的海軍和軍艦，顯然是賠本買賣，並不理智和值得。

所以，奴隸販子要得到黑人奴隸，最好的方式是與非洲一些部落合作，給這些部落提供軍火，讓他們幫助自己捉奴隸。奴隸貿易剛開始的時候，許多非洲黑人毫無戒備，因此很容易捉到大量的黑人當奴隸，歐洲人支付給每個奴隸的價格也很低。隨著非洲各個部落大打出手，相互捕捉對方，歐洲人購買黑人並運走去做奴隸的消息，也傳遍了非洲大陸，再想捉人就不是那麼容易了，「捉人部落」的成本上升，他們向歐洲人的要價也提高了。

那些幫歐洲人捉奴隸的非洲部落，除了要軍火和一些歐洲的工業產品外，還會要一種特殊的東西——貝殼。在當時非洲的一些地區，貝殼是被當成貨幣來使用的，甚至還可以兌換非洲出產的黃金。

透過貝殼與黑人奴隸的比價關係，我們可以一窺奴隸成本的上升。

在當時非洲大陸流通的、作為貨幣的貝殼，有產自印度洋馬爾地夫群島的寶螺，以及產自尚吉巴等非洲東海岸地區的金環寶螺兩種，其中，產自馬爾地夫群島的貝殼占了較大比重。馬爾地夫的貝殼原來是向東南亞、印度等地，以及波斯灣地區出口，後來也被銷往遙遠的西非。甚至於中國南部的雲南省一帶也使用這種貝殼，直到十七世紀末，人們還將從馬爾地夫群島進口的貝殼當作貨幣，後來那裡被納入中央王朝的政治和經濟版圖，貨貝才被金屬貨幣取代。

當葡萄牙人建立起遠洋貿易路線後，立刻發現了貝殼所具有的貨幣功能。一度控制印度洋的葡萄牙人從印度洋找到這種貝殼的產地，裝滿整船的貝殼，運送到非洲換奴隸。此後，擊敗葡萄牙的荷蘭人，以及再後來擊敗荷蘭的英國人，也都加入貝殼換奴隸的生意中。

剛開始的時候，大約一百二十英擔的貝殼就能買到一整船約五、六百個黑人奴隸（一英擔相當於一百一十二磅，大約為五十公斤）。但隨著捕捉難度加大，以及黑人部落要價提高，一整船奴隸的價格很快上升到了二、三百英擔。十八世紀，一個在西非的奴隸販子抱怨說，購買一個奴隸的價格從一百磅貝殼上漲到一百三十六磅，從十二支槍上漲到十六支，從五包巴西菸草上漲到七包，從二十五匹亞麻布上漲到三十六匹，從一桶（約四十升）法國白蘭地上漲到一桶半，從十五磅火藥上漲到一百五十磅。這只是奴隸販子在不長的時間裡觀察到的成本上升。實際上，奴隸貿易中「採購」奴隸的成本是長期上揚的，吞噬了奴隸販子的一部分利潤。

奴隸販子的運輸成本也不容忽視。有人估算，平均每運送一批黑人奴隸到美洲，途中病死的奴隸竟達五名之多，即使那些抵達美洲種植園的奴隸，也有三分之二在不到三年中死去。而且，不要以為死亡悲劇只會降臨在黑人身上，販奴船上的水手死亡率也相當高，一趟下來，有五分之一的水手過世，都算是計畫內的損耗。從非洲到美洲的販奴船，不僅是黑人奴隸的死亡之船，也是白人水手的死亡之船。黑奴貿易的錢，也不是那麼好賺的。

甘蔗種植園裡的黑人奴隸，固然受到了殘酷的奴役，但這不代表他們的日常成本就可以忽略不計。一七六〇年至一八一〇年，英屬西印度群島購買奴隸的費用，大致相當於當地糖出口收入的四分之一；來自英國本土的進口貨物，約占糖出口收入的二分之一；來自英屬北美的食物和木材，占了剩下的四分之一。後面兩項進口貨物中，當然有種植園主自己消費的東西，但是大部分屬於維持黑人奴隸生計的貨物。這些貨物中最重要的東西就是食物和粗製棉布。法屬西印度群島和巴西的種植園中，成本情況也和英屬西印度群島差不多。

種植園確實是血汗農場和血汗工廠，種植園主也確實賺到錢了，但在缺乏機器設備的時代，種植園經濟的效率並不高，得要付出巨大代價才能獲得不太豐厚的收入及利潤，根本不能與現代的工廠相提並論。

最終給奴隸貿易致命一擊的，不是宗教人士的大聲呼籲，也不是紳士們的慈善之心，而是工業革命帶來的機器設備。

就拿棉花種植園來說。英國的起家行業是紡織業，而大西洋對岸的美國早年則是棉花生產大國，棉花專供英國和其他國家紡織業做原料。在沒有合適機器設備的時候，棉花從種植到收穫，需要大量的勞動力，因此美國南方的棉花種植園對黑人奴隸的需求量一直很大。

一七八二年，美國耶魯大學的畢業生伊萊．惠特尼（Eli Whitney）發明了軋花機，這是一種使種子迅速脫離棉花纖維的機器。人們需要棉花纖維來製作衣服，但是裡面的種子黏在纖維上，如果不去掉，就會「汙染」製成品。如果手工清理棉花，一個勞動力一天只能清理一磅的棉花；可是有了軋花機之後，一個勞動力一天可以把五十磅的棉花清理乾淨，勞動效率提高了近五十倍。

如果種植園的棉花產量不變，那麼軋棉的環節會因為軋花機的出現，減少九十八%的勞動力。但實際的情況沒這麼簡單，機器設備帶來了對勞動力的需求減少，伴隨著種植園面積擴大而增加了對勞動力的需求，兩者抵消，美國對非洲黑人奴隸的需求在相當長一段時間內並沒有下降。美國出口英國的棉花，在一七九二年只有十五萬磅，八年後暴增了十倍；到一八五〇年，總計已經有七千萬磅棉花出口到英國。顯然，隨著英國等歐洲國家對美國棉花的需求量不斷增加，美國的棉花種植園主也在擴大生產規模，他們開闢出更多的土地，建造了更多的種植園來生產棉花。

機器設備在一定程度上改變了黑人奴隸的命運。當種植園需要使用機器設備時，種植園主就得培訓黑人奴隸熟練地使用機器，讓這些過去被認為只是「牲畜」的黑人，能夠發揮他們的聰明才智，而不只是賣苦力。而且，黑人的技術越熟練，種植園主就得對黑人越好一些，這樣才能從黑人身上榨取更大的利潤。

當黑人熟練地操作各種機器設備，並且在各個行業、各個環節高品質地完成工作時，關於黑人智力低下的社會謬論就不攻自破了。所以，機器設備不僅消除了種植園對黑人勞動力的需求趨勢，改善了黑人的工作待遇，而且成功消除了白人社會對黑人的歧視性偏見。宗教界人士和道德家們開始呼籲解放黑人奴隸，他們掀起了聲勢浩大的廢奴運動，許多歐美國家相繼廢除了奴隸制。皮之不存，毛將焉附？奴隸貿易也衰落了。

奴隸貿易給工業革命提供了一隻血腥的助力之手，工業革命則伸出市場那隻看不見的手，最終要了奴隸貿易的命。

從歷史上看，北美獨立戰爭和美國南北戰爭，成為廢除美洲大陸奴隸制的重要推動力。

《獨立宣言》（Declaration of Independence）是北美洲殖民地宣布獨立的重要文件，在解釋為何要獨立時，美國的創立者們開宗明義：「我們認為下面這些真理是不言而喻的：人人生而平等，造物者賦予他們若干不可剝奪的權利，其中包括生命權、自由權和追求幸福的權利。」

既然人人生而平等，那麼北美洲殖民地人民與英國本土人民應該是平等的，當受到不公正待遇時，北美洲人民有權要求獨立，這就是《獨立宣言》中這句名言的含義。當黑人奴隸看到這句話後，自然會質問：既然人人生而平等，那麼黑人與白人是否也應該是平等的？

這樣的思潮在北美洲的北方殖民地十分盛行，推動了解放黑奴的運動。早在一七七四年《獨立宣言》還沒公布時，康乃狄克州、羅德島和麻薩諸塞州就已經通過法律，禁止進口奴隸；在北美獨立戰爭第一槍——「列星頓和康科德戰役」（Battles of Lexington and Concord）爆發前夕，費城人就創立了廢奴協會，成為北美洲第一個此類組織。當獨立戰爭爆發後，紐約和羅德島對解放奴隸、讓奴隸參加大陸軍的奴隸主進行補償，還有一些州讓所有參軍的奴隸獲得自由。一七八〇年三月，賓夕法尼亞州通過了一項逐漸解放奴隸的法令，規定年滿二十八歲的奴隸後代可獲得自由。三年後，麻薩諸塞州高等法院根據該州一七八〇年的《人權宣言》，宣布奴隸制違法。一七八七年費城制憲會議召開之前，康乃狄克州、羅德島、紐約和紐澤西州都通過了禁止或逐漸廢除奴隸制的法令……

但是新生的美國南方各州，卻因為嚴重依賴種植園產業，拒絕廢除奴隸制。在獨立戰爭時期，美國境內大概有五十萬黑人奴隸，而其中維吉尼亞州、馬里蘭州和南卡羅來納州、北卡羅來納州的奴隸人數，占了奴隸總數的八十五%。相對而言，紐約作為北方蓄奴最多的州，只有兩萬五千名奴隸，即奴隸總數的五%。因此，單單北方各州廢除奴隸制，只是解放了一小部分黑人奴隸，大量黑人仍然被禁錮在奴隸制的枷鎖之中。

美國南北戰爭給了美洲大陸奴隸制致命的一擊。

一八六一年四月十二日，南方聯盟的軍隊先發制人攻打桑特堡（Fort Sumter），導致美國內戰爆發。桑特堡失守後，北方的自由黑人立即要求參加聯邦軍隊，但是根據當時的法律，黑人無權參軍。直到一年多後的一八六二年七月，議會終於解除禁令；一八六二年九月，《解放奴隸宣言》（The Emancipation Proclamation）公布後，北方聯邦政府開始大量招募黑人，最終有三十八萬六千人加入北軍，其中十八萬六千萬人進入戰鬥兵團，二十萬人投入各項後援工作。

其中比較有名的全黑人兵團，是麻薩諸塞州第五十四志願步兵團。在一八六三年七月的一場戰役中，麻薩諸塞州第五十四團對重兵把守的華格納堡（Fort Wagner）發起進攻。在戰役中，六百名士兵有一半陣亡。雖然他們未能攻克華格納堡，但是黑人的英勇行為受到北方報紙的廣泛關注與報導，更加堅定了美國社會解放黑奴的決心。

隨著南北戰爭以北方戰勝南方而結束，南方的黑人奴隸也終於迎來了全面解放的一天。雖然種族歧視還會長期存在，但畢竟奴隸制已經煙消雲散了。

非洲酋長們為什麼沒發大財

在我們譴責奴隸貿易這種血腥交易的同時，有個問題值得深思：依靠奴隸貿易，歐洲人累積起工業革命的第一桶金，或至少是那桶金裡的一部分，那麼在非洲大陸這個黑人奴隸「產地」，為什麼販賣黑人奴隸的非洲酋長們沒有借助奴隸貿易，振興本地經濟，走向富強之路呢？

難道是陰險狡詐的歐洲人欺騙了淳樸善良的黑人兄弟，用不值錢的小商品換到了價值不菲的奴隸資源嗎？

考慮到奴隸貿易一開始的確是一個暴利行業，白人欺騙黑人的說法也有一定的道理。但是，當奴隸貿易對於歐洲人來說是暴利行業的時候，對於非洲酋長們來說，這同樣是暴利行業。非洲酋長們只需要帶人去捉一些其他部落的黑人回來，就可以換回槍枝、菸草、酒，還有特殊的貨幣——貝殼。

從經濟角度來講，槍枝、菸草等商品，如果讓非洲酋長自己在非洲生產，成本著實太高昂了，甚至於以他們的科技水準，根本生產不出來。因此，如果非洲酋長們的奴隸捕捉和販賣生意，可以用貨幣來量化的話，毫無疑問，他們從事的交易絕對是暴利行業，其利潤絕對不少於從歐洲來的那些奴隸販子。

而且，對於歐洲人來說，槍枝、菸草、酒也都是好東西，普通人不見得能經常使用或享用，這些絕對不是不值錢的商品。貝殼可以一船一船地從印度洋運來，但也需要運輸成本。這些東西都不能算是不值錢的小玩意兒。

再說，酋長們也會判斷某種商品值不值自己手中的奴隸的價錢。

後來，當歐洲人的奴隸貿易的利潤率下降時，非洲酋長們的利潤率應該也在下降。這主要是因為捕捉黑人奴隸的難度增加了，各個部落都提高了警戒心，打得過就打，打不過就逃，不會輕易被捉。奴隸貿易的成本增加了，整個行業的利潤率就下降了。

非洲酋長沒有發大財、富國強兵，似乎怪不到歐洲人頭上。

真正的原因要從經濟模式上尋找。非洲酋長的經營模式是掠奪式的，搶奪別人的財富（含勞動力）來滿足自己的欲望。從非洲整體角度看，這種經營模式是「零和遊戲」，甚至「負和遊戲」，一個部落財富的增加，是建立在另一個部落勞動力減少的基礎上的，而且捕捉黑人的行動也伴隨著武裝衝突，而有衝突，就會有財產損失和人員傷亡。所以，非洲整體的財富並不會累積和增加，甚至還會降低。

反觀歐洲人，他們獲得了黑人奴隸後，用於種植園和礦山，生產糖、棉花、咖啡等經濟作物和開採礦石，這是一種利用勞動力創造物質財富的過程，而且是一種可以長期經營下去的產業，能夠長久帶來財富。

而且，非洲黑人被販賣到美洲後，只要能夠活下來並繁衍下去，那些種植園主就能夠自己「生產」黑人奴隸，供給增加了，就減少對非洲黑人奴隸的進口量，打擊了非洲酋長們的發財管道，奴隸貿易的利潤率必然下降。

歐洲人也好，非洲酋長也罷，他們能否長久地發財致富，並不取決於販奴貿易的利潤率是高還是低，而是看經營模式是否具有可持續性。從販奴貿易中，我們可以看到，雖然掠奪式的經營模式貫穿了人類的歷史，從遠古的遊牧民族襲擊農耕民族，到後來的海盜旗飄揚四海，再到近現代的許多掠奪戰爭，這種經營模式的確讓某些掠奪者獲益了，但並不會讓掠奪者長久地獲益。

面對近代以來歐美列強的經濟崛起和政治崛起，我們當然要譴責他們用血腥的手段獲得利益的行為，但不要一葉障目，不見泰山，更應該看到他們建立起來的、可以長久創造財富的經營模式。

非洲酋長沒有發財致富，就是因為沒有建立起可持續的經營模式，他們就連歐洲人的經營模式，也沒有照貓畫虎地移植到非洲。

前文已經談到，歐洲人無法適應當時非洲的熱帶環境，又有疾病的威脅，因此才選擇不在非洲本地直接開闢種植園，而是把黑人奴隸運送到美洲大陸。這本來應該是非洲黑人的機會，他們比歐洲人對非洲自然環境更加適應，對非洲的各種疾病的抵抗力也更強，如果當時某個非洲國家能夠引入種植園的經營模式，在非洲種植棉花、咖啡、甘蔗等經濟作物，起碼從勞動力成本的角度說，比起美洲種植園還更有優勢，利潤率也會更高。

如今，非洲大陸遍布種植園，可是時過境遷，那些曾經風靡全球的種植園作物，現在只能算是初級產品，賣不上什麼價錢。

〖第5章〗

視財如命的島民

文學和歷史遵循著不同的「創作」規則，創作文學作品需要想像力，而研究歷史則需要嚴謹的考據和邏輯推導。文學又與歷史有著千絲萬縷的聯繫，從文學中，我們可以看到歷史的影子，比如，美國當代作家喬治．馬丁（George R. R. Martin）的名著《冰與火之歌》（*A Song of Ice and Fire*）中的情節，就與英格蘭的歷史，特別是玫瑰戰爭頗為相似。從古老的俠盜羅賓漢的民間故事中，我們可以一窺中世紀英格蘭的某些祕密，而這些祕密將揭示，歐洲西部不列顛小島上的人們，如何在「不知不覺中，征服並住滿了半個世界」。

羅賓漢們的財產權傳統

羅賓漢（Robin Hood）是英國民間傳說中的一位「綠林好漢」，一些版本的傳說中把他和征戰歐陸的獅心王理查一世和約翰王子連結在一起。理查一世被囚禁在歐陸期間，約翰王子在國內橫徵暴斂，還侵占了羅賓漢的領地，於是，羅賓漢以諾丁漢以北的雪伍德森林（Sherwood Forest）為根據地，帶領反抗的武裝人士與約翰王子周旋，劫富濟貧。

不論是Robin（羅賓）還是Hood（漢），都是那個年代非常普通的姓名，所以羅賓漢的歷史真實性無法考證。不過，從關於他的民間傳說中，我們可以推測他應該是一個下層貴族，因為他有自己的領地，還擅長射箭和用劍，絕非平庸之輩。羅賓漢的傳說，反映了自古以來英格蘭貴族與國王之間的衝突與爭鬥。

而歷史上真實的約翰王子，則是英格蘭數一數二不得人心的國王，他被人戲稱為「失地王約翰」，在他登基後，英格蘭軍隊在歐陸屢戰屢敗，丟掉了大片歐陸土地，為了繼續打仗，約翰王向國內貴族肆意收稅，卻花大筆的錢去謀求教宗對自己的支持。面對吃裡扒外的國王，憤怒的貴族於一二一五年聯合起兵，一舉打敗了約翰王，強迫他簽署並接受歷史上著名的《大憲章》（The Great Charter）。

《大憲章》的主要條款包括：國王徵稅前，必須要與貴族商量並聽取民眾的意見；任何自由民未經合理審判，不得拘捕和沒收財產；倫敦等城市享有自治權；全體自由民享有自由的權利；如果國王違反《大憲章》，將受到剝奪土地、沒收財產的制裁，貴族有武力反抗國王暴政的權利。

很多人認為，英格蘭的《大憲章》拉開了全世界限制王權、法治社會的序幕。實際上，與其說《大憲章》讓英格蘭人把國王的權力關進法治的籠子裡，捍衛了自己的利益，還不如說，《大憲章》是英格蘭人自古以來警惕權力、崇尚獨立的傳統之結果。這種傳統甚至可以追溯到遙遠的盎格魯—撒克遜人的時代，特別是跟古老的財產所有權傳統有關係。

盎格魯—撒克遜人是歐洲大陸的古老族群——日耳曼人的一支，他們是生活在田園小村莊裡的族群，不同於古羅馬壯觀華美的城市化文明，盎格魯—撒克遜人偏愛鄉村生活，大多是牧民或農夫，也喜歡做各種生意。此外，不同於等級嚴格的古羅馬人，日耳曼人的內部較為鬆散，大家都有平等的意識，甚至家庭中也不是父權為大，婦女和兒童也非常獨立。

於是，作為盎格魯—撒克遜人的後裔，英格蘭人對財產所有權的意識，和古代世界許多族群都不一樣。傳統上，英格蘭人財產權的所有者是個人，而不是某個集體。

比如，某隻羊屬於某個人，砍伐某處樹木的權利屬於某個人，等等。在他們的觀念中，無論是家庭權威、宗教權威或者政治權威，都不能強行剝奪一個人的財產權，除非這個人犯了法。這種對個人財產權的珍視，是英格蘭各個階層的共識，大小貴族的腦子裡也都是這樣的思想。

我們以「失地王約翰」為例子。在他之前，英格蘭王室擁有大片的森林，約占整個國土面積的四分之一。王室獲得這些森林的目的是為了滿足打獵的需要，中世紀王室餐桌上的很多美味佳餚，比如鹿肉，就來自王室森林中。森林和森林裡的物產，都是國王的個人財產。

一二〇四年，一個臣民用兩百馬克和一匹馬的價格，從「失地王約翰」手中購買了艾塞克斯森林的採伐權，之後，德文郡的一個臣民出價五千馬克，獲得了整個德文郡森林的採伐權。當貴族們強迫約翰王簽署《大憲章》時，作為懲罰，約翰王也失去了王室森林的權力，他不僅是「失地王」，也是「失森王」。

毫不奇怪，我們會在英格蘭的歷史上頻頻看到類似羅賓漢對抗約翰王子的劇情。貴族們需要一個國王帶領大家征討或防禦敵人，卻不希望國王侵犯自己的財產權，一旦有人以橫徵暴斂等方式侵犯了他們的財產權，他們就會奮起反抗；不尊重這種財產權傳統的國王，會被貴族群起而攻之，比如可憐的約翰王。

到了一六八八年，當時的國王詹姆士二世更改國教、解散議會、打擊貴族，也鬧得國內貴族紛紛倒戈，大開國門，迎接來自荷蘭的威廉親王率領的大軍。說起來，威廉親王曾迎娶了詹姆士二世的女兒瑪麗，也算是一家人。在英格蘭貴族的支持下，威廉親王輕鬆趕走自己的岳父詹姆士二世，貴族們擁戴他和他的妻子共同擔任英國國王，這就是威廉三世和瑪麗女王，這個事件史稱「光榮革命」（Glorious Revolution）。

登上王位的威廉三世深諳英格蘭的傳統，他十分清楚，此前的一六四九年，與議會兵戎相見的國王查理一世，被貴族們打敗並被砍掉了腦袋，他可不願意重蹈覆轍。因此，他欣然接受了議會提出的《權利法案》，尊重議會所代表的貴族們的要求，使英國成為一個穩定的君主立憲制國家，從此往後，英國國王與代表貴族的議會大體上相安無事，雙方合作愉快。

在此說一點英國和英格蘭相區別的題外話，由於英格蘭和蘇格蘭原本是兩個國家，直到一六〇三年，兩個地區的王位才合併為一，兩國的正式聯合則直到一七〇七年才借助《聯合法案》（Act of Union）而實現。因此，當我們談論一七〇七年之前的大不列顛島上的政權時，應該使用英格蘭、蘇格蘭這樣的稱呼。而在一七〇七年之後，則應該用「英國」或「聯合王國」這樣的說法了。

逃離馬爾薩斯陷阱

古老的財產權傳統不僅左右了英格蘭國王與貴族之間的縱橫捭闔（分化和拉攏），催生了運轉良好的君主立憲制，它還讓英格蘭、英國遠離了一個可怕的境地——馬爾薩斯陷阱。

托馬斯·羅伯特·馬爾薩斯（Thomas Robert Malthus）是十八世紀下半葉到十九世紀上半葉英國的著名學者，他以自己對人口理論的研究而為世人所知。馬爾薩斯發現，人口以等比級數增長，一、二、四、八、十六……而由於土地等環境因素的限制，養活人口的食物等生活物資卻只能以等差級數增長，一、二、三、四、五……也就是說，正常情況下，人口增長總是快於生活物資的增長，於是人類社會總是面臨人口過剩的危機，不可避免地會出現飢餓、貧困和失業等現象，過剩的人口只能透過自然災害、戰爭、疾病、饑荒、道德限制等方式來「消滅」。

學者把人類社會可能面臨的這個可怕現象，稱為「馬爾薩斯陷阱」。

後世學者從馬爾薩斯的人口理論出發，把人類社會的人口發展模式分成兩類，其中之一就是「高壓」模式，此模式的一種表現是生育率很高，但是由於疾病流行等原因，人口死亡率也很高，於是人口數量基本上保持平衡狀態；另一種表現則是生育率很高，人們的身體又比較健康，於是高生育率導致人口急劇膨脹，社會落入馬爾薩斯陷阱，之後發生戰爭、饑荒、疾病等週期性危機，導致人口下降。「高壓」模式下，由於人口死亡率很高，因此人們傾向於多生育，以抗衡高死亡率。從經濟學角度看，「高壓」模式意味著巨大的資源浪費，這樣的人類社會中，人們的生活水準長期徘徊在生存線附近。

絕大多數古代國家的人口發展模式都是這種「高壓」模式。

另一種人口發展模式則是「低壓」模式，人們透過低生育率來控制人口增長，控制手段包括晚婚或者高比率的不婚，或者採用流產等形式控制成活出生率，或者採用現代社會的避孕方法。總之，在「低壓」模式下，人口死亡率低，人類社會遠離了馬爾薩斯陷阱，人們的生活水準會隨著生產力的發展而得到提高。

現代大多數發達國家的人口發展模式，都進入了這種「低壓」模式。

有趣的是，馬爾薩斯陷阱的提出者馬爾薩斯是英國人，而歷史上，英國的重要組成部分——英格蘭的人口——卻恰恰經歷了一個漫長的「低壓」模式過程，遠離了馬爾薩斯陷阱。從十五世紀中葉到十七世紀中葉，英格蘭的人口沒有增長。如果繼續向前追溯幾百年，英格蘭人口數量的增長也相當和緩，在遭遇了十五世紀可怕的黑死病打擊後，英格蘭人口還經歷了陡然下降的階段。

為什麼英格蘭能夠長久地遠離馬爾薩斯陷阱？答案就在他們獨特的財產權傳統上。

歷史上，英格蘭社會長期實行家庭財產的「長子繼承制」，就是父母的財產只傳給長子這個單一繼承人，其他子女基本上得不到家產。因為在古代的英格蘭人看來，家庭財產是不可分割的，比如家裡的農田、商鋪，在傳給下一代的時候，會整體交給長子，而不是分割給幾個孩子。

這種長子繼承制，基本上只出現在古代的英格蘭和東亞的一些國家。這樣的制度讓長子很開心，但是其他的子女顯然只能去社會上闖蕩，自謀生路，他們的大哥恐怕也不會提供多大的幫助，因為英格蘭人「親兄弟，明算帳」。如此的社會氛圍，自然會讓人們傾向於少生孩子，與其生一堆孩子讓他們吃苦，還不如乾脆不生那麼多。

英格蘭社會有著晚婚的傳統，婦女第一次結婚的年齡經常在二十六歲以上，而且有高達四分之一左右的婦女一輩子不結婚。我們看一些描寫英國近代生活的小說，就會發現裡面有很多不結婚的女人形象。

晚婚、少育，對英格蘭人口增長的抑制作用很明顯，讓這個國家在幾百年來人口都沒有什麼增長，當然，頻繁的內戰和外戰也具有一定的減少人口作用，但最主要的原因還是財產權傳統帶來的人口「低壓」模式。

在普通的觀念中，英國是在工業革命時期開始騰飛並稱霸世界的，至少也是在大航海時代開啟一段時間後，才開始在海上與列強爭雄的。其實不然，英格蘭的崛起還要追溯到更早的時候。十五世紀中葉到十七世紀中葉，英格蘭的國民財富以平均每年〇．二五%左右的速度遞增，人口卻未增長。結果，在這兩百年的末期，英格蘭的人均財富比初期翻了一倍。

聽起來，兩百年人均財富才增加一倍並沒有什麼了不起，但是我們不要用現代社會的經濟增長來比較過去。在古代乃至近代相當長的時期，人均財富的增長近乎為零。就拿同時期的中國來說，大概相當於明朝到清初的時候，人口的增長完全抵消了糧食等的增產速度，大眾的生活水準始終離生存線很近。同時期西歐以外的歐洲大陸，基本上也是這種情況。

所以在工業革命之前，英格蘭的人均財富能夠實現翻一倍，已經非常了不起了。在我們探究英國何以能夠稱霸全球的時候，首先需要明白，在工業革命之前，英國就已經發動了一次領先世界的農業革命。

可惡！公共用地被人霸占了

在十五、十六世紀的英格蘭，草地、森林、沼澤等都屬於公共用地，誰都可以使用。雖然耕地是有主人的，但是按照當時的習俗，在收割完農作物之後，農場主也要把柵欄拆除，敞開耕地，作為公共牧場，任由他人來放牧。

出現這樣的規定，有氣候上的原因。英格蘭的氣候太溼、太冷，除了部分地區外，無法常年種植小麥，但是這裡的很多地域都是好牧場，有著肥美的青草，適合蓄養綿羊、乳牛和馬匹。農地和牧場可以轉換。

當時，英格蘭對外貿易開始發展。做貿易就得拿出別人想要的貨。從中世紀開始，未加工羊毛就是英格蘭的主要出口產品，成為英格蘭經濟的支柱。十六世紀，半成品的紡織品成為英格蘭主要的出口貨物。一六〇〇年，羊毛和精紡毛織品占英格蘭總出口的三分之二。

羊毛當然是出在羊身上的，養羊能賺錢，於是人們開始養羊。

這些英格蘭牧民開心地發現，自己國家的草場屬於所有人，耕地在收穫之後也可以隨意進入，這簡直就是十六世紀的開心農場裡的愛心地。大量牧民驅趕著自己的羊群，撲向所有長著草的土地。

糟糕的事情發生了，英格蘭人很快就發現，他們的土地開始退化，同一塊地能飼養的羊變少了。

羊多草少，一些地方貴族為了使自己的羊群有草吃，開始用圍欄將公共用地圈起來，據為己有，禁止其他人在圈起來的地裡放羊，著名的「圈地運動」開始了。一開始，這些有權有勢的人圈的是公共草場，等到公共草場瓜分完畢後，貴族們開始利用各種手段，把一些農民從他們自己的土地上趕走，把土地變成私人牧場，大批農民和牧民在圈地運動中失去了對原有土地的所有權。

由於大批民眾流離失所，生活窘迫，一些有良心的學者怒稱，圈地運動是「羊吃人」，為了自己的私利養羊，卻把人從土地上攆走。

圈地運動的結局卻給了這些學者當頭一棒。

沒過多久，英格蘭人驚奇地發現，自己國家的土地品質變好了，到處都是綠草如茵的田園風光。是圈了地的貴族們都是環保人士，不養羊了嗎？顯然不是，當時英國養羊業穩步增長，到一五五〇年代初期，達到了養羊業的高峰，大量羊毛出口海外。

許多土地用來養羊，英國的糧食產量會不會下降呢？

竟然也沒有！在羊毛大量出口的同時，穀物並沒有因圈地而減產，反而有所增加。據記載，英國在十六世紀上半葉，平均每個港口出口糧食九十噸，到下半葉就漲到了三百噸。十六世紀下半葉，英國的糧食出口量比十五世紀上半葉高出六至八倍。這些出口資料顯示，當時英國的糧食不僅能滿足本國的需要，還能大量出口。在十七世紀至十八世紀，英國甚至被稱為「歐洲的糧倉」。對此，一位經濟學家評論說：「這不是一個童話現象，而是一個突出成就的反映。」

當時的一首詩也反映了圈地運動後的情景：

走盡天涯海角任憑你尋找
有哪裡能比圈地更美好地生產更多的牛羊肉
最好的穀物、奶油和乳酪

圈地運動為什麼在英國刺激出了更多的物產，還讓環境沒有惡化呢？要回答這個問題，先讓我們置身於一幕場景中。

假設你是一個牧民，與其他一些牧民一同在一塊公共草場上放牧。你想多養一隻羊，增加自己的收益。當然你也知道，這個草場上的羊已經太多了，再增加羊的數目，將使草場的品質下降。

這時候，你還想多養一隻羊嗎？請從自己的經濟利益角度思考半分鐘。

顯然，如果每個人從一己私利出發，就會毫不猶豫地多養一隻羊，因為收益完全歸自己，而草場退化的代價則是由大家負擔，平攤到自己頭上的損失遠遠小於多養一隻羊獲得的收益。但麻煩的是，當每一位牧民都這樣思考時，經濟學中所說的「公地悲劇」就上演了——草場持續退化，直到無法再養羊，而所有的牧民也將面臨破產，所有參加「遊戲」的人最後全是輸家。

怎樣才能避免這種公地悲劇呢？

英格蘭的圈地運動就是一個還算成功的案例，其成功的奧祕就是土地產權的建立。當英格蘭的土地被圈起來，由公地變成私人領地的時候，那些貴族擁有者對土地的管理效能更高了。一方面，既然土地是自家的，為了自己的長遠利益，土地所有者會盡量保持草場的品質，不會過度放牧。另一方面，土地兼併後，原來一家一戶的生產方式演變為大規模的生產方式，勞動效率大大提高。

由於大片土地歸屬農場主自己所有，他們更願意嘗試新技術和新作物。他們在土地上使用更多肥料，種植苜蓿等固氮植物；使用更多根塊作物做冬季飼料，從而使更多牲畜能夠平安越冬；進一步增加馬力等畜力的使用，引進更多風車和水車，英格蘭的農業越來越機械化；實行農田輪作新法，避免了三分之一的土地被迫閒置；改善農作物的運輸和儲存；展開動物育種實驗，改良了豬、牛、羊、馬的品種。這一切活動同時展開，提高了農業生產力。

過去，人們以為圈地運動使英格蘭鄉村人口銳減，但事實上，人口減少僅僅是暫時現象，當那些大農場主引入農耕新技術後，反而增加了對勞動力的需求，農業人口又有所增加。直到十九世紀下半葉，隨著打穀機、收割機、蒸汽曳引機等高效能農業機械的引進使用，英格蘭地區農業勞動力的絕對數量才開始減少。

與此同時，英格蘭地區的農業生產率繼續提高，不僅能夠養活迅速增長的人口，而且使營養條件得到不斷改善。一六〇〇年至一八〇〇年，英格蘭可供牲畜消耗的燕麥產量翻了四倍，年產量增長了近九十萬噸。一六〇〇年至一八〇〇年，穀物淨產量的總數翻了將近三倍，同期人口則從四百一十六萬提高到八百六十七萬，這意味著人均穀物供應量增加了將近四十%。一六六〇年至一七六〇年，英格蘭地區的農產品還保持了將近一個世紀的貿易順差。

高效的農業、增產的糧食，帶來了英國人口的增加，然後更多的人口進入城市裡的工廠，英國工業獲得了大量的勞動力。一六〇〇年至一八〇〇年，英格蘭地區的人口中，從事農業的人百分比下降了將近一半，從占總人口的七十%降至三十六%。

從道德上來講，圈地運動是不公正的，貴族往往用權勢和暴力非法獲得土地，但從結局上看，不公正總比完全毀滅要好。如果沒有圈地運動，小小的大不列顛島可能早就被綿羊啃成了沙丘。

圈地運動讓英國農牧業突飛猛進，最終給所有的英國人帶來了實惠。早在一五九〇年，一位歐陸的法學家訪問英格蘭後評論道，大地上碩果累累，牛羊成群，這使當地居民養成了飽食終日、不事農耕的習慣，以致三分之一的土地未經耕作，僅用於放牧。山坡上徜徉著一群群的綿羊，那是名副其實的金羊毛，是當地居民的主體財富。商賈將大把金錢帶到島上來，主要就是為了交易這項貨物。和法國人相比，英格蘭居民消費的麵包較少，消費的肉食更多，而且喜歡在飲料中加很多糖。更有甚者，他們的床上鋪著花毯，即使農夫也不例外……他們的房屋通常是兩層樓……裝有玻璃窗戶的房屋在這裡屢見不鮮。

從十七世紀英國人的食譜中，我們就可以看出來他們的富裕程度。當時，英國底層的農民及勞工在平日裡都可以吃到肥臘肉、肥鹹肉、乾乳酪以及粗麵包等，以致當時有人認為：「世界上再也沒有一個國家，其低層階級的人能比英格蘭人有更好的食品。」這就是圈地養羊，建立了土地產權後所帶來的最直接的效益。

土地不會動，它固定在一個位置，使人們可以成功地建立起土地產權。現在，世界上土地保護好的地方，往往都建立了土地產權，而那些土地破壞嚴重的地區，恰恰是還沒有建立土地產權的地區，從反面印證了產權對付公地悲劇的有效性。土地產權制度解決了人的私利性和生態環境之間的矛盾。

工業革命開始後相當長的一段時間，農業依然是英國的主要經濟項目。一七八〇年至一八三〇年，英國平均每年的國民收入中有三分之一的額度來自農業。農業在十九世紀以前是英國主要的經濟支柱。

一紙空文照亮殖民者夢想

高效率的農業生產為英國擺脫馬爾薩斯陷阱打下了堅實的生活物質基礎，而向海外的殖民拓展則進一步讓英國遠離了馬爾薩斯陷阱，並且日益強大。

英國的農業內功已經練得爐火純青，為天下各國所仰視。但是，在海外擴張領域，英國只是一個後來者。西班牙、葡萄牙從美洲搜刮來一船又一船的金銀，荷蘭壟斷了亞洲的香料貿易，一個個富甲天下。英國國王看著這些鄰國的財富，十分眼饞，也想分一杯羹。但相對於權力很大的西班牙王室及法國王室，英國國王受到貴族議會的限制，自己並沒有多大力量，無法以國家的名義去遠征海外。

怎麼辦呢？不能給海外殖民者實的東西，就玩一點兒虛的吧。英國王室授權屬下臣民，允許其中的探險家成立私人殖民公司，可以前往亞洲、美洲去開拓殖民地。王室還裝模作樣地給這些探險家頒發了「皇家特許狀」，向他們做出承諾，只要他們能在殖民地生存下去，就可以在自己建立的殖民地上擁有開發、管理和貿易等諸多壟斷特權。

一句話，國王很看好你們，但你們只能自力更生、自我發展、自生自滅，自己「打怪升級得裝備」去吧。

令人意想不到的是，就是「皇家特許狀」這一紙空文，激發起無數英國人的萬丈豪情。一六〇六年，倫敦的二十一名商人從國王那裡取得在北美洲北部地區殖民的皇家特許狀，成立維吉尼亞公司，集資運送了幾百名移民到北美洲，建立了第一個永久殖民地。

這些殖民者還沒見到財富的影子，就先品嚐到了冒險的艱辛。沒有正規軍保護，各種物資缺乏，殖民經驗不足，這些不利因素讓英國早期的殖民者還沒有享受到豐收的喜悅，就命喪黃泉了。一六二三年，王室進行的一次調查顯示，移民到維吉尼亞的六千人中，有四千人已經死去。如此高的死亡率都沒能阻擋英國的漁民、農夫、退伍士兵和不安分的士紳前赴後繼，跨越大西洋，撲向那片陌生的新大陸。

是什麼讓這些英國人視蠻荒的危險於不顧，遠離故土去冒險呢？

一個很大的原因就是長子繼承制，讓那些幾乎兩手空空的非長子，不得不跨越大西洋，到美洲大陸去一賭自己的命運。而英國王室秉承著古老的財產權傳統，以皇家特許狀的形式，承諾本國殖民者擁有對殖民地的各種產權，他們只要成功開發殖民地，並長久扎下根來，王室便承認他們對土地、物產的私人產權。雖然未來的收益是虛無縹緲的，但只要在殖民地辛苦耕耘，就有見到財富的希望。

希望！皇家特許狀給了兩手空空的殖民者希望！

私人產權絕不僅保障了殖民者的未來收益，它對於英國的崛起也產生了至關重要的作用。讓我們對比一下西班牙的情況，就一目了然了。西班牙人到海外開拓殖民地時，大多獲得了國王的資助，但同時國王也宣布，他們征服的土地以及土地上的物產，都歸西班牙國王所有。殖民者並不是殖民地的主人，只是在殖民地上為國王這個老闆打工而已。如果老闆哪天不高興了，可以直接解雇這些打工仔，然後換一批打工仔過去管理。沒有對土地的私人產權，殖民者自然不會考慮殖民地的長久經營。西班牙殖民者每到一地，做的就是兩件事情，一是殺掉當地的印第安人，二是搶奪財寶和礦藏。短期獲利是豐厚的，但資源掠奪殆盡後，西班牙的殖民地只剩下荒蕪和貧窮。

英國殖民地的情況則完全不同。英國向海外殖民之初，軍事力量還不足以和先行一步的西班牙人、葡萄牙人抗衡，所以置身海外的英國殖民者只能避開強大的西班牙、葡萄牙殖民者，在人跡罕至、礦產貧乏、土地荒涼的北美洲大陸建立殖民地。英國的美洲殖民地剛建立的時候，能吃飽肚子就已是萬幸，根本談不上發家致富。但是，由於土地是自己的，英國殖民者對殖民地的建設思路就不是掠奪式的，而是發展式的。他們開拓種植園，種植市場需要的菸草、棉花等經濟作物，慢慢地擺脫了貧苦的狀態。

比如詹姆士鎮（Jamestown）當地的約翰·羅爾夫（John Rolfe）。詹姆士鎮是英國清教徒乘坐「五月花號」帆船橫渡大西洋後，在北美洲建立的殖民據點，屬於維吉尼亞州。一六一〇年，二十五歲的羅爾夫隨著第三批前往北美洲維吉尼亞殖民地的英國移民，來到這片蠻荒之地。羅爾夫在詹姆士鎮定居下來，還與本土印第安部落酋長的女兒寶嘉康蒂（Pocahontas）相愛並結婚，成為美國歷史上的一段浪漫佳話。但是，羅爾夫對於美國的影響不只是提供了一個愛情故事素材，他讓殖民地經濟終於站住腳，並開始騰飛。

羅爾夫喜歡抽菸，可是在那個時代，不論是北美洲殖民地還是英國本土，菸草都稀少且昂貴。他發現維吉尼亞的氣候非常適合菸草生長，於是自力更生，自己種植了一些當地的品種，獲取菸葉供自己享用。但是本地菸葉品質很差，煙味刺鼻難聞。

沒有什麼能夠阻擋一個吃貨對於美食的熱愛，也沒有什麼能夠阻擋一個癮君子對於好菸的追求。「抽一口好菸」的欲望，驅使羅爾夫從西印度群島引進優良的菸草品種，栽種在維吉尼亞的園子裡，結果大獲成功。備受鼓舞的羅爾夫開始建立以出口為目的的菸草種植園，把自己收穫的優質菸草賣到歐洲去。一六一三年，羅爾夫種植的菸草就開始出口，其他移民看到有錢賺，也迅速跟進種植菸草。別忘了，當時北美洲殖民地的糧食還不能自給自足。

菸草種植和出口勢不可當，一六一六年，維吉尼亞出口了兩千五百磅菸草；一六二〇年，出口量猛增到十一萬九千磅；一六二六年，出口量達到三十三萬三千磅；而到了一六三八年，出口量為三百一十萬磅。那段時光中，菸草甚至成了當地最重要的貨幣，政府徵稅都直接以菸草磅數來計算。

有趣的是，當時維吉尼亞性別比失衡，男性人口占絕大多數。一六一九年，一艘滿載女性的船隻抵達當地後，男性移民可以花一百二十磅菸草的價格娶到（買到）一個妻子。菸草已然成為北美洲殖民地最大宗的農產品。在棉花種植業成為北美洲殖民地南方區域的支柱產業之前，菸草種植園一直支撐著維吉尼亞及其周邊地區的經濟。

英國政府對維吉尼亞菸草種植業大開綠燈。同樣在一六一九年，為了滿足移民開闢菸草種植園的土地需求，英國從事美洲貿易的維吉尼亞公司制定政策，給予任何自費前往維吉尼亞並住滿三年的移民五十英畝的土地；一家之長還有權為每位家族成員和隨行僕人申請五十英畝的土地。於是，那些帶領全家移民到維吉尼亞的英國人到達北美後，很快就能獲得相當大面積的土地，發家致富。

創造財富的決定性因素是人，而非優質的土地和金礦銀礦，因為有夢想和幹勁的人能夠把荒涼的土地變成良田，把貧瘠的土壤變成黃金。

在英國一百多年的北美洲殖民史中，先後建立了十三個殖民地。此外，英國還在西印度群島、印度、非洲、澳大利亞等地建立了殖民地。曾經落在人後的英國，正在展現出大英帝國的風采。

需要強調的是，到了十七世紀初，英國這些海外殖民地的貿易都是被各種私人殖民公司所掌控的。比如我們熟悉的英國東印度公司，就掌握了印度、中國、香料群島的貿易，維吉尼亞公司則掌握著美洲地區的貿易，非洲公司控制著西非地區的貿易……

英國的這些殖民公司，與前面談到的荷蘭東印度公司很相似，具有現代企業的許多特徵，比如設立董事會，保值增值股東的利益，更重要的是，英國的殖民公司一樣堅持商業上的契約精神。

比如，一七三八年三月，英國東印度公司的一艘船從中國裝載大量瓷器返回歐洲。途中在馬達加斯加附近海域遭遇強風，船隻失去主桅杆，海水大量浸進船艙，船隻瀕臨沉沒。船長決定棄船，命令全體船員轉移到附近的同行船隻上。一個叫約翰·迪恩的水手並沒有放棄，他和其他若干水手千方百計把船開回到港口，此後，這艘船又險象環生，但最終還是保住了，約翰·迪恩生還回到了倫敦。然後，他出現在東印度公司董事會上，要求公司為自己忠實堅守崗位的行為支付相應的報酬。董事會為他堅韌不屈和忠於職守的契約精神所感動，同意向他支付一百英鎊的養老金，並任命他為倫敦藥品倉庫主管。

一個為公司挽回損失的員工，理應得到公司的回報；一個為國家創造收益的私人公司，理應得到國家的保護。這是當時英國社會的普遍觀念，也是全國能夠上下一心的奧祕。

小店主的國度

秉承著古老的財產權傳統，英格蘭人的性格十分獨立，不僅貴族在面對國王的時候不卑不亢，全力捍衛自己的利益，各個階層的民眾同樣如此。英格蘭人從骨子裡強烈反對讓政府替自己做事，哪怕做得再好也不行。

他們反對政府接管自己事情的態度，就是表示自己想獨立來做。他們喜歡當家作主，甚至做蠢事也在所不惜，「我寧可把自己的田犁得亂七八糟，也不把犁頭讓到政府的手中」。

正是這種緊握自己命運的態度，特別是對個人財產權的捍衛決心，上層貴族限制了國王的權力，下層貴族限制了上層貴族的權力，而普通大眾又限制了下層貴族的權力，整個社會的個人財產權得到了捍衛。

有對比才知好壞。約翰·福蒂斯丘（John Fortescue）是一位英格蘭大法官，一四六一年曾經陪伴年輕的國王亨利六世流亡法國一段時間。在流亡期間，他寫了一本書，對法國和英格蘭的政府制度進行對比。

他發現在法國，「種種禍患（軍隊的掠奪，鹽稅之類的苛捐雜稅，等等）紛至沓來，人民飽受蹂躪和壓迫，生活苦不堪言，每天喝白水，只有在隆重的宴席上，下等人才能嚐別種飲料。他們的短褂是麻製的，無異於麻袋。他們從未穿過羊毛面料，除非是極其粗劣的，而且只穿在所謂的上衣裡當作內衣，更不穿什麼短襪，膝蓋以下的腿部完全裸露。婦女赤足行走，只有逢聖日才會穿鞋。無論男女都吃不到鮮肉，只能將少許豬油或鹹肉放入粥湯之中，藉以見點葷腥。至於烤肉或燴肉，則完全無緣品嚐，只有在屠宰牲畜，以餉貴人和商賈時，才能偶爾分到一點羊頭、牛腦或內臟。」

反觀英格蘭，人民的地位如在天上。這裡沒有橫徵暴斂，軍隊不能闖入民宅，國家也不徵收國內稅，因此，「（英格蘭）王國的每個居民可以隨意享用自己的土產或畜產，享用自己勞動所獲得的利潤和商品，享用雇用勞動力帶來的水陸收益」。

自己人難免會誇大自己家鄉的美好，那麼旁觀者如何評價當時的英格蘭呢？

幾十年後的一四九七年，威尼斯駐英格蘭大使撰寫了一份報告，寫下了他對英格蘭的印象。當時英格蘭經歷了百年戰爭，打完了國內的玫瑰戰爭，把歐陸上的領土丟得一乾二淨。就是在這樣的時刻，大使還是被英格蘭的財富震撼了，「英格蘭之富裕，歐洲任何一國都不能望其項背」。他認為，英格蘭的富裕應當歸功於「土壤的極度肥沃」、「貴金屬錫的銷售」、「羊毛的非凡豐產」。

更令人矚目的是，據他觀察，英格蘭的財富分布得相當廣泛：「小客棧的主人無論多麼貧賤，沒有不用銀碟銀杯上餐的。沒有一個人不在家中備有銀盤銀碟，總價至少為一百磅，相當於我國的五百金克朗；不備此物的人，被視為無名鼠輩……他們最了不起的財富體現於教堂的寶藏：全王國沒有一個教區教堂窮酸到無力擁有十字架、燭臺、香爐、聖餐盤和銀杯。」

這位大使看到了英格蘭的獨特之處。大多數古代國家的財富分配結構是尖銳的金字塔形，社會由一小撮精英（如國王和少數貴族）和巨大的窮人群體構成，前者占有絕大部分社會財富。但是，在當時的英格蘭，已經形成了一小撮貴族、龐大的中產階級、普通民眾的社會結構。即使是普通民眾，他們的生活也不艱難，相較於其他國家的手工業勞動者，英格蘭工匠們的工資更高，所以可以在衣食上花更多的錢，因此也更健康。普通民眾和中產階級手裡有錢，使得英格蘭國內的消費能力非常強勁，本國的製造業、商業也變得很發達。

這位大使看到，貨幣交易和貿易遍及英格蘭全境，「普通百姓要麼投身於貿易，要麼投身於商業，要麼從事航運業。他們孜孜從商，甚至不惜立契借高利貸」。

當時的英格蘭人多麼熱衷於發家致富？看看莎士比亞就知道了。

莎士比亞的父親是一個手套商人，後來經營羊毛業，還曾擔任過鎮長和法官。但後來家庭出現變故，他父親開始變賣田產、抵押房屋，還因為負債而上過法庭。後來，在莎士比亞的努力下，整個家庭的經濟狀況大大好轉了。

莎士比亞是靠什麼賺到錢呢？我們都知道他是一個劇作家，而且可能是有史以來最偉大的劇作家，但其實，他從戲劇上賺到的錢並不算多。

有人研究後發現，莎士比亞每寫一部劇本，只能賺到五至十英鎊。我們知道，一英鎊等於二十先令或二百四十便士。在莎士比亞所在的時代，一英鎊能夠買到一匹馬，問題是馬的價格差別很大，普通的老馬在英國並不貴。當時一公升葡萄酒賣一先令，一張床賣四先令，一打雞蛋賣四便士，一根蠟燭賣〇．八便士。

此外，整個劇團演出一場能收入十英鎊，但劇團人員很多，大家要一起分這筆錢。一六二三年，莎士比亞出版了自己的第一部劇作集，收錄了三十六部劇本，售價是一英鎊，而當時一公斤菸草就要賣四英鎊。

莎士比亞能夠富裕並拯救家庭，靠的是他優秀的投資理財能力。

首先，莎士比亞是一個很簡樸的人，用於投資的錢是省吃儉用存下來的。他不得不在倫敦這個大城市生活，租的房子都比較簡樸，房間的陳設很簡單。莎士比亞不喜歡交際，不喜歡尋歡作樂，如果接到正式的邀請而不得不去聚會，他甚至會用身體不適作為藉口來推託。他不是酒館的常客，也不是朋友們熟悉的同伴。

莎士比亞把存下來的錢投入劇院，成為劇院的股東。從一五九四年起，他陸續成為國王劇院、環球劇場、黑修士劇院的股東。直到一六一三年莎士比亞賣掉這些股份之前，每年平均能從股東分紅中獲得二百英鎊的收入。

所以各位讀者請注意，莎士比亞寫劇本是為了賺錢嗎？不，身為股東的莎士比亞寫劇本，絕對是為了情懷和理想啊！

有了錢的莎士比亞也購置房產和土地。比如，一五九七年，他花六十英鎊購買了第二間住宅；一六〇二年，他又用三百二十英鎊買下了一塊一百多英畝的耕地；幾個月後，財大氣粗的莎士比亞又收購了包含房屋和花園的一塊十五英畝的土地；一六〇五年，他豪擲鉅款四百四十英鎊，買下一個地區「穀類、禾葉與草料」的什一稅（註：教會向成年教徒徵收的宗教稅）的一半額度，這筆租稅可使他每年收益六十英鎊。

莎士比亞一生的投資以穩定、安全為主，這已經足以讓負債的家庭擺脫經濟困難，並過著好日子。一六一〇年，莎士比亞從倫敦隱退，作為一個投資廣泛的有錢人，回到了家鄉小鎮。晚年的莎士比亞生活富足，被人尊稱為「亞芬河畔史特拉福（Stratford-upon-Avon）的紳士」，他應該很滿意自己的寬裕生活，正如他滿意自己寫的那些劇本一樣。

在當時的英格蘭，何止是莎士比亞這樣的普通百姓熱衷於賺錢，英格蘭的大小貴族和中產階級以及普通百姓，全都熱衷於賺錢，甚至於貴族和百姓會從事同樣的職業，只要有錢賺就行了。更加意義深遠的是，貴族與百姓之間並不是等級森嚴的，他們彼此之間可以通婚。法國啟蒙思想家伏爾泰（Voltaire）一針見血地指出：「英格蘭人之所以強大，是因為自從伊莉莎白時代以來，所有的黨派一致贊成重商的必要性，同一個議會一邊斬國王之首，一邊若無其事地忙於海外商棧的業務。」

英格蘭人自嘲本國是「小店主的國度」，從莎士比亞的理財案例中，我們可以很清晰地看出英格蘭人的這種品格。在當時的歐陸國家或東方的亞洲國家眼中，英格蘭真是個「君不君、臣不臣、民不民」的古怪國家。然而，這個古怪國家以尊重個人財產權為社會根基，擁有了超越那些「正常國家」的發達農業、製造業、商業……很快的，這個古怪國家將在全球掀起一股英倫颶風，震驚全世界，征服全世界。

〖第6章〗

工業革了全世界的命

如果僅僅靠出口羊毛和糧食賺錢，英國也只能算是個近代農牧業大國，而當時地大物博的國家多得很，輪不到英國稱王稱霸，小店主們只能在國內自娛自樂。圈地運動只是讓英國達到了小康社會而已，真正發家致富，就得「內力」和「外功」兼修，這裡所說的內力，是指一個國家的製造業生產能力，從十八世紀中葉開始，英國依靠全球首發的工業革命，完成了內力的提升。

英國的工業革命是如何發生的呢？

煤與工業，是雞生蛋？還是蛋生雞？

致倫敦市長：

為倫敦城的國王供應一船海煤和四盤石磨，以供國王在溫莎城堡的磨坊之用，經由水路把它們運送到那邊，交給王室城堡總管，不得拖延和違抗。

一二六四年七月二十三日

這是十三世紀英格蘭王室所發出的一則徵購令，讓歷史學家感興趣的是，裡面指定了所需要的燃料——海煤。

英國大規模使用煤作為燃料的歷史很悠久，實際上，自從中世紀以來，開採煤炭就是英格蘭人的一項重要活動。在中世紀的英國，陶器業、瓦業、玻璃業、冶鐵業、煉鋼和石灰行業就廣泛使用煤作為燃料。到了十三世紀晚期，英國人熱衷於修建石頭建築，需要燒製大量的石灰作為建築材料；農民為了降低土壤的酸度，也會把熟石灰撒進土壤以改善土質，因此農業對石灰也有很大的需求量。為了燒石灰，英國對於燃料有著旺盛的需求。但隨著英國人口的增長，對森林的砍伐迅速增加，倫敦等城市周圍的森林很快消耗殆盡，木材價格高漲。於是，海煤運輸業應運而生。

當時的英國人把燃煤叫作「海煤」，因為大量的煤是經由海運、河運輸送到英國的沿海城市，以及經由泰晤士河輸送到首都倫敦。和木材價格飆升相比，在整個十三世紀的大部分時間，英國的燃煤價格相對穩定。因為當時煤炭的使用領域比較少，相對於消費量來說，供應量還算充足，而且很多船隻在運貨的時候，可以把煤當作壓艙物來使用，運輸成本不高。

工業革命的能量來源是煤，有的學者認為，正是因為英國對煤的大量使用，推動了工業革命的誕生和發展。然而，我們從前面的事例可以看到，煤與工業革命的關係並不簡單，煤炭的大量使用遠遠早於工業革命。

在十六世紀中葉，煤炭就已經占了英格蘭全國能量總消耗的十%左右。

到了一七〇〇年，此時距離工業革命開啟還有相當長的時間，煤炭在能源消耗中所占的比重已經達到了五十%，到一七五〇年則進一步占到了六十%。另外，據估計，一七〇〇年，英格蘭的產煤量是世界其餘地區的五倍。到了一八〇〇年，英格蘭的產煤量仍為歐洲其餘地區的五倍。

在開採煤礦、啟動工業革命的蒸汽機完善之前，英格蘭人就已經大量使用煤炭，並在許多領域中使用煤炭了。在十七世紀末，倫敦人甚至已經將煤炭用作初級的水泵發動機燃料。

英格蘭人能夠在很早的時候就如此大規模地使用煤，首先當然要感謝上天的恩賜——大不列顛島上煤礦資源豐富，有煤可用。但是，煤礦豐富的國家其實還有很多。地理學告訴我們，整個歐亞大陸的中部偏北，有一條巨大的煤礦分布帶，從大不列顛島一直向東延伸到中國的東北地區，乃至朝鮮半島和日本列島，所以，除了英國之外，法國、比利時、德國、俄國、中國、朝鮮、日本等國，也都有豐富的煤炭資源。但是，相較於近代早期的英格蘭，這些國家對煤炭的利用程度很低，煤田沒有得到大規模的開採。

這些國家為什麼沒有更多地使用高熱量的煤呢？英格蘭有什麼特殊之處，能夠在全球率先大規模使用煤呢？

在原料供給並不存在障礙的情況下，問題的關鍵就在於消費需求方面了。近代的英格蘭對煤炭原料有著旺盛的消費需求，這表示早在工業革命之前，國內製造業就非常繁榮。

同時，英格蘭國內的投資資本和科學技術，也讓煤炭的大規模開採及使用變得有利可圖，這些都是其他國家不可能全部具備的前提條件。英格蘭從很早就能夠高效率地使用畜力、風力和水力，進而高效率地開採及利用煤炭資源。

在其他國家，可能是製造業對煤炭的需求不足，或者沒有足夠的投資資本，或者沒有必要的科學技術，讓那裡的人們利用煤炭發展製造業的成本變得很昂貴，得不償失，所以他們只能依靠傳統的人力、畜力，進行小規模的製造業生產。

所以，並不是因為英國本土有大量的煤礦資源，才激發了日後的工業革命。實情是，英格蘭製造業的繁榮帶來了對煤的大量消費需求，並且讓英格蘭在工業革命開始之前，就經歷了對煤炭使用技術的長期累積過程，以及對煤礦開發的資本運作和企業管理的逐漸提升過程。

英國的工業革命看似是一個橫空出世的新玩意兒，但其實在此之前已經有一條「長長的加速跑道」。當歷史走到十八世紀中葉，英國巨輪已經萬事俱備，只欠一個工業革命的突破點了。

瓦特背後的神祕社團

一提到工業革命，人們就會想到詹姆士．瓦特（James Watt）和他發明的蒸汽機。但瓦特改良蒸汽機的過程，絕不是看到水蒸氣頂翻了水壺的蓋子，就如法炮製地造出改變世界的蒸汽機。瓦特碰到的困難遠比我們想像的要多，幸虧，一個神祕的社團站在瓦特的身後，多次向瓦特伸出援手。

瓦特的父親就是一位造船工程師、建築師和航海設備製造者，瓦特子承父業，少年時代就開始製造儀器模型，後來到倫敦儀器製造行業做學徒。出師後，他回到家鄉格拉斯哥，於一七五七年在格拉斯哥大學建立了自己的儀器製造作坊。

一七六三年，他接了一個修理紐科門（Newcomen）蒸汽機模型的工作。他驚訝地發現，當時流行的紐科門蒸汽機浪費了其本身熱能的五分之四。瓦特著手研究如何提高蒸汽機的熱效率。他設計了一種分離式的蒸汽冷卻器，讓蒸汽機內的汽缸可以維持熱度，僅此一項發明，就讓紐科門蒸汽機的效率提高一倍。信心大增的瓦特在研發高效能蒸汽機的道路上一路前行著。

當時，英國採煤業方興未艾，但煤礦主對一個問題非常頭疼——礦井浸水。地層和地面的水會滲入礦井中，使礦工們沒辦法繼續工作。只有用高效能的抽水機把水抽出來，才可以繼續開採礦井裡的煤。要製造高效能的抽水機，就需要發明高效能的蒸汽機，提供動力。

瓦特決心解決這個難題。但是，研發高效能蒸汽機困難重重，他經歷過無數次失敗，許多投資都打了水漂，把投資人搞破產了。雪上加霜的是，此時瓦特的妻子去世了，倒楣到極點的瓦特在悲觀、貧困、苦悶和失望之餘，打算離開英國這片傷心地，偷渡到俄國去，在冰天雪地中了此殘生。

就在這時，馬修·波爾頓（Matthew Boulton）找到了瓦特。波爾頓原本是一個鈕扣商人，富有雄心壯志和大膽創造的精神，對任何機械方面的改進都感興趣。一七六〇年，他建造了當時最現代化的蘇豪製造廠（Soho Manufactory）。工廠中裝設了幾十部機器，由一千名工人操作，生產從髮夾到望遠鏡等幾十種當時被視為十分時髦的工業產品。當時，波爾頓有一個工廠是以水輪機為動力生產的，一到旱季，水量減少，工廠就無法生產，這讓波爾頓很煩惱。

波爾頓聽說瓦特長期研製新型蒸汽機的事情，覺得人才難得，便極力挽留瓦特繼續做下去，波爾頓提供實驗工作室和廠房給瓦特，並拍著胸口保證，將來蒸汽機所帶來收入的一半歸發明人瓦特所有。他甚至讓出了自己的老房子給瓦特一家居住。

讓瓦特驚訝得掉下巴的事情還在後面，波爾頓介紹他參加了一個神祕的組織——月光社（Lunar Society）。這個社團裡的成員，都是當時英國科學界響噹噹的人物，比如創始人之一的伊拉斯謨斯·達爾文（Erasmus Darwin），就是提出進化論的查爾斯·達爾文的爺爺，亦是當時英國最有名望的醫師，據說，當年英國王室想聘請其擔任皇家御用醫師，竟然被婉拒了，連國王的面子都不給。

瓦特是工廠學徒工出身，早年接受的科學教育很少。在月光社裡，瓦特算是大開眼界，他結識了化學家約瑟夫·卜利士力（Joseph Priestley），後者告訴瓦特什麼是氧氣，什麼是一氧化碳。月光社裡的天文學家向瓦特講述了行星圍繞太陽做圓周運動，這啟發了瓦特研究出一套類似星系的齒輪連動裝置，把當時活塞的往返直線運動轉變為齒輪的旋轉運動。

瓦特研究蒸汽機屢次失敗的一個主要原因是，手工錘打的錫製汽缸總是會漏氣。此時，月光社另一名成員、綽號「鐵瘋子」的約翰·威爾金森（John Wilkinson）向瓦特伸出了援手。威爾金森拆卸了瓦特的蒸汽機樣品，發現汽缸外面作為密封條的竟然只是浸水的繩子，汽缸壁粗糙得如同不列顛島的海岸線。

這不是蒸汽機，這是漏氣機啊！

威爾金森的獨門絕技是擁有高品質的車床，可以進行高精度的金屬切割，從而製造出打得更準和更遠的火炮。當時，英國的喬治國王都要到威爾金森的工廠採購這樣的火炮，來鎮壓北美洲殖民地的反叛。車床可以造火炮，當然也能造汽缸。威爾金森用鑽鏜工具，重新鑄造了瓦特易漏氣的汽缸。他發現，重新鑄造後的汽缸密不透氣，比起原先的引擎，使用新汽缸的引擎可以產生四至五倍的動力，已經可以使風箱運轉。新的蒸汽機可以提供二十五至四十匹馬力的動力，是原來蒸汽機所能提供之動力的五至八倍。

威爾金森是一個通情達理的商人，他告訴波爾頓和瓦特，「我可以把你們的蒸汽機性能提高五倍以上，想不想用我的高品質汽缸？我可以賣汽缸給你們，但你們只能從我這裡訂購，我要獨家供應權。」

成交！波爾頓和瓦特毫不猶豫地同意了。

即使有了這些科技高手的鼎力相助，瓦特仍舊一次次地失敗，連財大氣粗的波爾頓也快被拖破產了，不得已出售自己的家產。幸虧，瓦特受到了達爾文的爺爺所發明的鵝毛筆之啟發，設計出一種壓印機，在市場上很暢銷，得到了資金，繼續蒸汽機的研發。

一七八二年，一種全新的雙向式蒸汽機終於誕生了，同一年，瓦特還發明了一種功率單位，也就是馬力。

蒸汽機訂單滾滾而來，比如，一個叫威治伍德（Wedgwood）的陶瓷廠老闆，就大規模地使用瓦特和波爾頓生產的蒸汽機。此後，瓦特對蒸汽機不斷進行改進，英國的紡織業、採礦業、冶金業、造紙業等工業領域，都對他們的蒸汽機非常滿意。波爾頓和瓦特終於熬到了獲取回報的一天。

當時，好奇的英國國王喬治三世也來參觀蒸汽機製造廠，問波爾頓製造的是什麼東西，波爾頓回答說：「陛下，我正忙於製造一種君主們夢寐以求的商品。」國王一聽，這機器居然和我本人有關，連忙問到底是什麼呢？

波爾頓回答道：「是力量，陛下。」

波爾頓和瓦特的蒸汽機降低了人們獲取動力的成本，據估計，使用蒸汽機的成本大約只是原來使用馬匹成本的十分之一。成本下降必然帶來工廠、礦山生產效率的提高。

一個蒸汽機時代冒著滾滾熱氣向人們衝過來，機器動力的國家將迅速碾壓幾千年來依靠人力和畜力的國家，這就是讓波爾頓豪氣沖天的「力量」。

一七八六年，所有倫敦居民驚訝地看到，在當時世界上最大的麵粉廠裡，兩部蒸汽機正在推動五十組石磨一起工作，這只是蒸汽機的「雕蟲小技」而已。瓦特革命性的現代蒸汽機，能夠排出礦井中的水，大大提高了英國煤礦和其他礦產的採掘量，而抽出來的水又可以作為運河交通網絡供水的補充資源，得到有效利用。蒸汽機還可以用來抽取河水，滿足日益擴大的城市供水系統的需要。

有些蒸汽機為煉鐵爐鼓風，從而讓英國高品質鑄鐵的生產量快速上升。到十八世紀末，英國的鐵產量已超過二十萬噸，而且幾乎全部採用焦炭熔煉，英國成為金屬鐵與鐵製品的淨出口國。蒸汽機直接用來給各類工廠提供動力，如紡織廠、羊毛廠、啤酒廠、麵粉廠和陶瓷廠等。

到了一八〇〇年，波爾頓和瓦特的合夥公司大約出售了五百部蒸汽機。也是在這一年，瓦特的專利以及他與波爾頓的合作到期了，於是，六十四歲的瓦特心滿意足地退休了，那時的他生活富足、享譽全國。此後，波爾頓和瓦特的兒子又繼續合作，確保了公司的長久生產和經營。

順便說一下那個神祕的月光社的結局。這一幫在月光下談天說地的人物，肯定是不喜歡英吉利海峽對岸那個「朕即國家」的法國，當時的法國對私人產權、智慧財產權的保護要落後得多，國王擁有至高無上的權力，像達爾文的爺爺拒絕王室聘書的事情，在法國簡直不可想像。於是，當法國大革命爆發時，月光社的成員歡呼雀躍，認為這是自由和理性的勝利。

他們的舉動在當時的人看來實在是大逆不道。一些保守人士憤怒地煽動民眾，將矛頭指向月光社，約瑟夫·卜利士力的住宅、實驗室、儀器，以及二十年的研究紀錄，全部被燒毀了；波爾頓和瓦特的工廠裡，工人也被煽動起來罷工和造反。反對月光社的行為在英國蔓延。經過此一浩劫，月光社銷聲匿跡了。

結社文化與智慧財產權

有一幅很出名的西方版畫，題為〈一八〇七—一八〇八年大不列顛的傑出科學家〉（Distinguished

Men of Science of Great Britain living in the years 1807-1808），包括了當時尚在人世的五十一位優秀工程師和科學家，就好像畫家把他們全都召集在英國皇家學會圖書館裡作畫一樣。

版畫裡描繪了哪些人呢？

有修運河的托馬斯・特爾福德（Thomas Telford）、修隧道的馬克・布魯內爾（Marc Isambard Brunel）、造蒸汽機的詹姆士・瓦特、造火車頭的理查・特里維西克（Richard Trevithick）、造火箭的威廉・康格里夫（William Congreve）、造液壓機的約瑟夫・布拉馬（Joseph Bramah）、發明機床的亨利・莫茲利（Henry Maudslay）、發明動力織機的埃德蒙・卡特賴特（Edmund Cartwright）、發明工廠的馬修・波爾頓、發明礦燈的韓弗理・大衛（Humphry Davy），還有發明天花疫苗的愛德華・詹納（Edward Jenner）。此外，還包括了天文學家內維爾・馬斯基林（Nevil Maskelyne）和威廉・赫雪爾（Wilhelm Herschel）；物理學家亨利・卡文迪許（Henry Cavendish）和班傑明・湯普森（Benjamin Thompson）；化學家約翰・道爾頓（John Dalton）和威廉・亨利、植物學家約瑟夫・班克斯（Joseph Banks），還有涉獵廣博的多面手湯瑪士・楊格（Thomas Young）等等。

所以，十九世紀初蒸蒸日上的英國可不只有瓦特和波爾頓，而是群星閃耀，在科學界、技術界和企業界人才濟濟。看到這幅版畫，很多人不禁會問：「同一個國家怎麼會同時擁有這麼多的天才？」

其實，這個問題問錯了。從天分上來說，任何一個國家在任何一個時代，都有大量天資聰慧的人生活著，但是他們能不能發揮自己的聰明才智，能不能大規模地聚集在一個國家，形成海嘯一般的集團效應，卻是另一回事。

就拿版畫上的人物來說，馬克・布魯內爾是從法國來到英國的，班傑明・湯普森（倫福德伯爵）則是從美國來到英國的。所以，真正的問題是：為什麼英國能夠培育和吸引如此多的天才？

部分原因是，當時的英國社會有支援科學研究和發明創造的文化土壤。比如，月光社對於瓦特的科學知識的支持，就是英國結社文化和公民社會的一個縮影。

我們在前文已經說明，英格蘭的財產權是屬於個人的，英格蘭人也視財如命。但是我們不能因此認為，英格蘭人就是一盤散沙。相反的，正因為整個社會從國王到平民百姓都彼此尊重對方的利益，因此在英格蘭，民眾很容易由於自己的興趣和利益，組成各種各樣的社團，國王也無權干涉這些社團的合法活動。

世界上第一個科學協會是一六六〇年創立的英國皇家學會。這個學會強調實驗方法的重要性，會員們定期交流科學發現和見解，極大地推動了科學的進步。在月光社的會議上，成員們高談闊論、相互啟發，許多傑出的發明就這樣產生了。在工業革命早期階段，英國許多科學技術創新的背後，都有月光社成員的影子。

月光社這樣的社團非常高端，但也有各種其他科學社團存在，使得英國從上到下都充滿了濃郁的科學氛圍。有人統計，一七〇〇年至一八〇〇年間的一百位或一百多位英國傑出科學家中，將近半數都應歸入「愛好者」範疇。在這一百人中，以醫師、技師、牧師為職業的人占了四十五%。他們能夠最終在科學上有所建樹，主要歸功於英國結社文化的繁榮，也是公民社會的繁榮。

伴隨結社文化而流行的，是英國對智慧財產權、專利的重視和保護。

工業革命的力量來自蒸汽機，蒸汽機的力量來自瓦特、波爾頓和月光社成員們的智慧投入及資本投入。發明家和投資家個人的貢獻，固然是優良蒸汽機誕生的直接原因，但工業革命首先發端於英國，而不是當時國土、人口和物產更豐富的法蘭西王國、明清王朝、鄂圖曼帝國，其背後的根本原因之一，就是當時英國對智慧財產權的保護。

智慧財產權的保護，其實和前面談到的圈地運動中對土地產權的保護，是一脈相承的。人們頭腦中的思想、智慧與土地一樣，都是重要的「生產資料」。當時的英國多次頒布法律，保護發明者的權益，讓發明者可以從自己的發明中獲得收益。這些法律大大地激發了當時英國人的發明熱情。

比如，波爾頓與瓦特分享蒸汽機收益的君子協定，可算是資本與智慧的結合。既然有人具有發明的智慧，但缺乏研發的資金，另一些人有充足的資金，卻缺乏發明的智慧，兩者可以透過法律合約的形式，確立未來收益的分配比例，就可以一起合作、共同研發了。當時的英國，在這方面的法律同樣走在各國的前面。

其實工業革命時期的一些發明家，並沒有從自己的發明中獲得足夠豐厚的回報。比如，發明珍妮紡紗機（Spinning Jenny）的詹姆斯·哈格里夫斯（James Hargreaves），他的專利申請被政府部門拒絕了，他本人因為受到機器破壞團體的攻擊而被迫出逃；發明水力紡紗機的理察·阿克萊特

（Richard Arkwright）雖然去世時富甲一方，但他的財富大部分都不是來自專利，而是來自經營收入，他的專利早就被其他生產者竊取並使用了。

儘管許多發明家得不償失，英國當時不尊重智慧財產權的現象也經常發生，但畢竟英國人對智慧財產權和科技創新的重視程度已經領先世界，這股鼓勵創新的風氣，讓英國的科技水準迅速提高，並在相當長的時間裡對其他國家保持領先優勢。

曾經，荷蘭人在十七世紀初的科學界領先世界，這也是他們能夠成為「海上馬車夫」的重要原因之一。但是逐漸地，荷蘭人的科學水準就被英格蘭人超越，不進反退，到了十八世紀中葉，荷蘭國內不再推行對青少年、商人、企業家的科普教育。荷蘭科學的退步讓學者們議論紛紛，一種觀點認為，荷蘭的精英階層熱衷於從國際貿易中賺錢，所以荷蘭的金融業非常發達，但是懷有工業雄心的企業家和瘋狂的科學家並不被社會尊重。荷蘭人非常富有，但是似乎富得只剩下錢了。當一位荷蘭外交使節對一位外國國王闡述荷蘭的宗教信仰時，這位國王從自己口袋裡拿出一個硬幣，略帶諷刺地說：「這就是你的宗教信仰。」

縱觀人類的經濟史，但凡出現重大的經濟飛躍時，往往背後都有科技進步的支撐。如果人都是純粹的經濟動物，完全堅持「無利不起早」的原則，那麼像瓦特發明蒸汽機這樣不確定又花錢的事情，就沒有人願意做了，工業革命也就無從談起。正是因為歷史上總有一些瘋狂的發明家，他們不計代價地去探索、鑽研，才讓科學有了發展，讓經濟獲得了新的力量。

幸好，英國的公民社會孕育了大量像瓦特這樣的瘋狂科學家，和波爾頓這樣願意花錢的企業家，科技創新層出不窮，讓工業革命後的世界物質財富更加豐富，整個人類社會變得和過去完全不同。

相較於歐洲大陸和亞洲各國的同行，十八世紀的英國製造業企業家享受著非同一般的自由，他們可以發明、投資、擴大企業規模，並獲得利潤回報。企業家階層在議會裡有自己的話語權，能夠限制政府干涉自己的企業或者剝削自己的財富。英國的商船駛向全球，擁有了越來越大的世界市場；發達的農業把很多農村人口解放出來，湧入工廠提供勞動力。

縱觀大航海時代以來的人類歷史，唯一能夠和英國工業革命初期群星閃耀的人才陣容相比的，恐怕只有二十世紀後半葉湧現的美國矽谷天才群。當電腦時代和互聯網時代來臨時，矽谷誕生了一大批英才，比如創辦英特爾公司（Inter）、提出摩爾定律的高登・摩爾（Gordon Moore），積體電路之父、仙童半導體公司創始人羅伯特・諾伊斯（Robert Noyce），蘋果公司創始人史蒂夫・賈伯斯（Steven Jobs），微軟公司創始人比爾・蓋茲（Bill Gates），以及後起之秀們，比如谷歌搜尋引擎發明者謝爾蓋・布林（Sergey Brin）、臉書網站創始人馬克・祖克柏（Mark Zuckerberg）、推特網站（現稱X）創始人伊凡・威廉斯（Evan Williams），還有瘋狂的發明家伊隆・馬斯克（Elon Musk）……

「千里馬常有，而伯樂不常有」，財產權保護制度、智慧財產權保護制度、結社文化、科技創新文化更不常有！

經線儀、蒸汽輪船征服大海

英國正在變成一個濃煙滾滾的工業國家，但是要邁向一個全球性的帝國，它還必須走出小島，征服覆蓋了地球表面七十一%的廣闊海洋。智慧財產權激發的科學革命再次大顯神威，幫助英國艦隊統治了海洋，「外功」威震全球。

自古以來，如何在茫茫大海中確定船隻的位置，成為水手遠航最大的挑戰。我們知道，地理學家用經緯線來給地球表面上的各個地點定位：赤道這個大圓圈是緯度的零度，緯度向北、向南不斷增加，南北兩極是九十度；而經度則是連結南北兩極的一條條半圓弧。要確定船隻所在的緯度並不難，水手只需利用簡單的儀器，測量出太陽和星辰在天空中的角度，就可以判定地球表面任一地點的緯度了。然而，測定經度要困難得多。

到了十八世紀初葉，隨著航海活動的日益頻繁，經濟發展、社交活動、船舶安全和水手生命都對精確定位提出了迫切要求。英國人為此專門成立了一個經度委員會，並設立一筆獎金，鼓勵人們解決大海中的經度測量問題。

當時的許多探索者試圖從星空中找到線索，提出各種天文學的解決方案。但已經七十二歲高齡的大科學家艾薩克．牛頓（Isaac Newton），仔細研究了人們提出的解決經度難題的方案後，發現沒有一個可靠的。牛頓建議，人們應該從製造精良的鐘錶入手。這個建議反映了科學天才敏銳的直覺。

如果船隻裝設了性能高超的測量時間的儀器，行駛在一片未知的水域時，航海者知道現在的時間，以及自己開始遠航時港口的時間，由於已知港口的經緯度，根據不同地點的時間差，就可以計算目前位置的經度。

可是，十七世紀和十八世紀初葉的計時器械非常粗糙，每天的誤差達十五分鐘，這對於在大海中精確定位來說，是無法忍受的誤差。經度委員會懸賞兩萬英鎊，徵求「能夠在六個星期航程結束時，判定船舶所在經度的儀器，誤差不得超過三十海里」。為了滿足經度委員會的這個要求，計時器每天的誤差絕對不能超出三秒鐘。

這時，一位技術高超的鐘錶匠——約翰．哈里遜（John Harrison）站了出來。他設計出磨擦力極小，而且不需要潤滑劑的鐘錶，這樣的錶不需要清洗，也不會受到船舶顛簸的影響。哈里遜前後花費了近四十年的時間，設計出四架「經線儀」。最好的當然是最後的那架「經線儀四號」，它的直徑僅十三公分，重一．四五公斤。不要對「經線儀四號」的重量大驚小怪，想一想最早的電腦與當今筆記型電腦的質量差，哈里遜的作品已經夠小巧的了。

一七六一年，哈里遜設計的「經線儀四號」被放置在皇家海軍軍艦上，軍艦離開英國，向牙買加駛去。由於哈里遜年事已高，身體無法經受遠航的折騰，便由他的兒子威廉代替他隨船操作經緯儀。航行九天之後，威廉根據經線儀計算的經度，向艦長預報說，第二天早晨，他們肯定會看到馬德拉群島。艦長依據自己多年的航海經驗，認為這是不可能的，於是他以五比一的賠率跟威廉打賭，賭他們在明日清晨不會看到馬德拉群島。經過一夜的焦急等待，伴隨著第二天的晨曦，在海天交際處出現了一道黑影，那正是馬德拉群島。威廉贏得了賭注。兩個月後，軍艦抵達牙買加，在整個航程中，哈里遜設計的計時器誤差僅有五秒鐘。

英國著名航海家庫克船長（Captain James Cook）於一七六八年開始其首度探險之旅時，並未使用經線儀。直到一七七八年第三次遠航時，庫克船長才憑藉經線儀的幫助，以極高的精確度測繪了太平洋海域，不但確定了每一個島嶼和每一條海岸線的緯度，也標出了它們的經度。此後，在庫克的地圖和哈里遜的經線儀指引下，每一個航海家面對浩瀚的太平洋時，都能找到指定的島嶼。

在哈里遜經線儀的測量下，大海對於英國人來說不再茫茫未知，而是變得輕車熟路了，這使得英國人在征服大海的競賽中領先群雄。因為種種原因，哈里遜並未獲得經度委員會的獎金，但國王特批了一筆獎金給他，以表彰他對於航海事業的重大貢獻。

與海有關的更重大發明，毫無疑問屬於蒸汽輪船，即在陸地工廠裡縱情咆哮的蒸汽機與海上船隻的結合。最早研製蒸汽輪船的，正是瓦特和波爾頓這對黃金搭檔。

十九世紀前半葉，蒸汽輪船主要用於河流、各大湖，以及波羅的海和地中海之類的內陸海。到了十九世紀後半葉，蒸汽輪船已經開始運載從印度加爾各答到英國的九十%的棉花、生薑、靛青、油菜籽和茶葉，九十九%的牛皮，以及一〇〇%的芝麻種子，以及約三分之一的米。蒸汽輪船已經成為英國和其他歐洲航海大國的主要運輸工具。

吃水淺的武裝蒸汽輪船，成為亞洲各個王朝的噩夢。在一八二四年至一八二六年的英緬戰爭中，英國船隻縱橫於伊洛瓦底江，打垮了這個當時的東南亞強國；而在鴉片戰爭中，清朝官兵只能眼睜睜地看著英國戰船大搖大擺地在長江自由進出，輕而易舉地擊敗天朝水師，掐死了漕運大動脈，讓東亞霸主低頭認輸，賠款並開放港口。

同樣在十九世紀下半葉，來福槍和機關槍被發明出來，以英國為首的歐洲列強在面對其他王朝、王國時，毫無懸念地摧毀了後者的軍隊，不論後者的軍隊多麼龐大都沒用。

同時，與船堅炮利的火力優勢同等重要的，是由拉丁美洲耶穌傳教士所發明的奎寧，在疾病預防方面發揮了作用，它有效地預防了瘧疾，使歐洲的商隊、傳教士、士兵和行政官員們，能夠安全地滲透並征服非洲和亞洲的廣袤疆域。

清同治十一年（一八七二年），時任直隸總督的李鴻章在關於辦洋務的奏摺中，痛陳西洋人「自十年來，由印度而南洋，由南洋而中國，闖入邊界腹地……此三千餘年一大變局也」。

李鴻章說對了，蒸汽機船相對於古老的、沿著海岸線前行的風帆船來說，既可以深入大洋，又可以縱橫淺灣，不再受到季風風向和海岸遠近的影響。蒸汽輪船的出現，完全顛覆了以風帆船為運輸工具的古代世界的海洋貿易網絡，建立起屬於蒸汽機船的新海洋貿易網絡。整個海洋徹底被歐洲列強占據了。

與李鴻章同列清末「中興四臣」的胡林翼曾經坐船，從安慶去江寧向曾國藩彙報，途中遇到一艘英國火輪逆江而上，迅速駛過，掀起的水浪差點打翻水師的船。胡林翼不禁驚呼：「天要變了！」

其實，天早就變了，只是清朝人後知後覺而已。早在工業革命之前很久，英格蘭的天就已經變了，工業革命之後，全世界的天都變了。

〔第7章〕

英印棉布攻防戰

從人類走入文明時代開始，就在不斷地探索把各種植物纖維轉化為衣服的方法。至少在一萬二千年前，古人就開始編織不同的草和亞麻布；大約八千年前，人們開始從各種動物身上搜集毛料進行加工，還有一些能工巧匠嘗試用苧麻纖維和蠶絲製衣。

此後，另一種植物纖維脫穎而出，用它製作的衣服柔軟、輕盈、結實，還容易染色和清洗，在幾千年中被公認為最好的服裝生產原料，它就是——棉花。

從經濟角度看，西元一〇〇〇年至一九〇〇年的九百年間左右，棉花產業是世界上最重要的製造業。近代以來，圍繞棉花產業的至高寶座，英國與印度，兩個相距遙遠且實力看似懸殊的國度，竟然在三百多年裡拚了個你死我活……

英國羊毛被印度棉布惹急了

目前，已知最早紡織棉花的人，是生活在印度河谷的農民。在古印度文明重要的遺址摩亨佐—達羅，考古學家發現了棉紡織品的殘片，這些殘片的製造年代可以追溯到五千年前。就在這個遺址附近，考古學家還發現了距今七千年前的棉花種子。看起來，古印度是全世界棉布的最早誕生地。

很多古代文獻也佐證了古印度棉花、棉布產業的繁榮，比如，三千多年前的《吠陀經》就記錄了紡織棉花的活動。古希臘歷史學家希羅多德（Herodotus）在西元前四百多年就知道古印度出產優質的棉紡織品，他寫道，古印度「**有一種野生樹木，果實裡長出一種毛，比羊毛還要美麗，質地更好。當地人的衣服便是由這種毛織成的**」。

遺憾的是，雖然古代世界的人們種植了很多棉花品種，比如印度的樹棉、南美洲的海島棉、中美洲的陸地棉等，但它們都是亞熱帶植物，對於光照、降雨量和氣溫有著較為苛刻的要求，因此，棉花和棉布雖然好，卻只能長期在世界上的少數地區種植，傳播很緩慢。比如，對於歐洲來說，即使到了一六〇〇年，絕大部分的居民都還穿著亞麻和羊毛製成的衣服，棉布衣服是高檔的舶來品。

在前文有關荷蘭的章節中提到，英國殖民者在與荷蘭殖民者爭奪東南亞香料市場的時候，遭遇後者的大屠殺，不得已避其鋒芒，轉而全力經營印度市場。這說明在十七世紀早期，雖然英國國內經濟蓬勃發展，但在海外市場上還無法稱雄。

在海外貿易方面，荷蘭人是英國人的對手，也是英國人的師父。英國人也成立了自己的東印度公司，在打破荷蘭人對香料市場壟斷的行動慘遭碰壁後，英國東印度公司把一項最初的副業變成了主業，這就是：從印度進口棉布。

英國東印度公司將印度紡織品運送到歐洲，獲得了極大的利益。由英國人帶到歐洲的物美價廉的棉紡織品，掀起了一陣熱潮，產自印度的白洋布（平紋布）光滑舒適，比起歐洲人穿的悶熱又癢癢的羊毛衣料好多了。有一位歷史學家曾經這樣描述：「**所有的歐洲人都把渾身上下的舊衣服扔掉，換上**

了純棉織物。」

印度棉布不僅舒適，還很便宜。用印度白洋布製成的衣服，僅僅相當於羊毛服裝價格的六分之一到三分之一。一六二〇年，東印度公司總計進口了五萬匹白洋布。

到了一六九〇年，光是從印度的馬德拉斯（Madras，現名為清奈），該公司就進口了二十六萬五千條棉布圍巾。而馬德拉斯只是白洋布的三大產地之一。

根據英國東印度公司一七六〇年之前的進口資料，每年進口的紡織品最高占比達九十二%，最低也有接近三十%。比如，在一六六四年，英國東印度公司進口了約二十七萬件統稱「印花布」的印度棉布，占公司進口總額的七十三%。進口的紡織品除了印度棉布外，還包括中國產的絲綢，但從進口量來說，中國絲綢非常少，大部分年份的絲綢進口量只占總量的三%以下，有些年份甚至不到一%。

一言以蔽之，印度棉布是英國東印度公司最重要的商品。

印度棉布剛剛被賣到歐洲時，主要的銷售區域是西歐和北歐，高級的棉布被加工成桌布、床罩、窗簾和壁飾等，用於室內裝飾。隨著進口量的增加，印度棉布開始進入千家萬戶，用作服裝布料。比起歐洲人過去穿的皮革、毛織品和麻織品的衣服，印度棉布大獲全勝。因為印度棉布不僅質地優良，而且價格還很低廉，英國東印度公司在印度的採購價格幾乎就是白菜價，就算加上遙遠的海路運輸費，在歐洲的銷售價格相比其他紡織品仍然具有優勢。

除了歐洲市場，英國東印度公司採購的印度棉布還有一個重要的銷售市場，那就是美洲大陸和西印度群島。歐洲各國的殖民者在新大陸開闢了大量的甘蔗種植園，並販賣了數以百萬計的黑奴前往種植園工作。艱苦的工作條件需要結實乾淨的服裝，於是廉價的印度棉布成為美洲種植園奴隸服裝的理想材料。一七四〇年，一位參與西印度群島貿易的商人在英國議會做證時說：「因為牙買加島位於熱帶地區，所以居民的衣服幾乎都是染色的（印度）印花布。又輕又便宜且方便洗滌，從而確保了居民們的清潔和健康。」

從長遠角度看，英國東印度公司迴避荷蘭的鋒芒，集中精力攻占了印度市場，專注於印度棉布生意，反而使自己的海外貿易風生水起，一點也不遜色於壟斷了香料貿易的荷蘭，這真是歷史的大逆轉。荷蘭人對英格蘭人關上了一扇門，英格蘭人自己鑿開了一扇窗。

英國東印度公司開心了，英國國內的一些製造業老闆和工人卻不高興了。

大量的印度棉布衝擊了英國本土的羊毛織造業，以及絲織業和亞麻布業，後兩者也因為東印度公司進口絲綢和亞麻布而遭受重創。這些行業的工人掀起了一次次向議會請願活動，要求政府推出政策，抵制印度棉布進口。他們還拉來了地方士紳支持自己，這些地方士紳往往是鄉村土地的擁有者，大多是從事養羊業的，現在羊毛製品被衝擊了，養羊業也就「皮之不存，毛將焉附」，受到了很大的影響。

英國作家笛福哀嘆著，印度棉布「悄悄潛入我們的家裡、我們的衣櫥和寢室中，化為我們的窗簾、坐墊、椅子，最終連床鋪本身都是純色棉布或某種印度貨」。

英國本土掀起了一浪又一浪的反印度棉布浪潮。早在一六二一年，即東印度公司成立僅二十多年時，倫敦的羊毛商人就對不斷湧入的印度棉布表示抗議。這樣的抗議幾乎貫穿了十七世紀、十八世紀的英國。一六七八年，希望保護本國羊毛業的人士疾呼，英國羊毛業「最大的障礙是我們自己的人民，他們穿著許多外國的商品，卻不穿我們自己生產的」，將矛頭指向了本國消費者。

作為一個議會制國家，大量要求「保護國貨」的呼聲終於影響了英國政壇。一六八五年，英國開始對「所有印花棉布、印度亞麻及所有印度製造的絲綢製品」徵收十%的稅；一六九〇年，關稅加碼了一倍。更嚴格的政策還在後頭。一七〇〇年，英國議會通過了一個法案，禁止國人穿波斯、中國及印度進口的人造絲或印染白洋布；一七〇一年，議會規定，進口印花棉布為非法行為，只能進口白棉布到英國來進一步加工，以推動英國棉布印染業的發展。一七二一年，議會甚至頒布了針對本國消費者的《白洋布法》，不僅禁止進口各類印染白洋布服飾，還禁止人們穿來自印度的白洋布染成的印花棉布衣服。至此，在英國國內銷售印度棉布成了犯法的行為。

說白了，這個《白洋布法》就是保護國貨的嚴厲法案，對本國的羊毛紡織業進行強力保護。千萬不要以為只有英國在做這種貿易保護主義的事情，當時的法國為了保護本國的紡織業，規定更加離譜。法國法律規定：凡走私違禁紡織品者，三次即為死罪。

在如此嚴厲的法案保護下，英國引以為傲的民族產業——羊毛產業、亞麻產業是不是高枕無憂、繁榮昌盛了呢？

英國棉布大反攻

令人意想不到的是，《白洋布法》頒布後，最大的受益者不是英國受到保護的手紡織產業，而是英國的棉紡織工業。

印度棉布被禁止進入英國境內，但是大眾對於棉布的需求無法禁止，有需求就有商機，英國「小店主」們的腦袋轉得很快。

一七八四年，在英國柴郡博林河邊，一座小工廠拔地而起，工廠裡放了幾部新式的水力紡紗機，工人是一些孤兒，以及一群來自周邊村莊的勞動者，原料則是從中美洲加勒比地區進口的棉花。這是一座水力紡紗廠，工廠老闆名叫塞繆爾·格雷格（Samuel Greg）。

格雷格於一七五八年出生在愛爾蘭島的貝爾法斯特，在英格蘭重鎮曼徹斯特長大，對製造業的技術非常熟悉。在當時的曼徹斯特周邊地帶，農村中的工廠如雨後春筍般出現，小村鎮擴大為城市，成千上萬的農村人正在進入各個工廠謀生。就是在這樣的大環境下，格雷格在柴郡建起了自己的小紡紗廠。《愛麗絲夢遊仙境》中那隻憑空消失、只留下笑容的柴郡貓，可能是柴郡最為世界熟悉的形象。其實，柴郡具備很多開設紡紗廠的有利條件，那裡有河流的水力資源可以作為動力，有充足的勞動力，那裡的機械製造業也很發達，可以製造和維修紡紗機。

必須強調的一點是，格雷格紡織廠利用了水力來驅動並紡紗，這是一種非生物力量，相對於遙遠的競爭者——印度手工工廠來說，水力紡紗是一種很大的進步。

格雷格是一個精打細算的工廠老闆，他最初的紡紗廠投資僅三千英鎊，他從附近的救濟院招募了九十名十歲以上的少年，讓他們以教區學徒的身分在工廠裡工作。十幾年後，工廠壯大起來，格雷格開始大量雇用領工資的成年工人。工廠生產的棉布最初銷往歐洲大陸和西印度群島，後來逐漸遠銷俄國和美國。工廠生意不斷擴張，格雷格獲得了很可觀的利潤，大約每年的資本回報平均為十八%，相當於當時英國政府發行的國債回報率的四倍。

實事求是地說，格雷格和同時代的其他英國工廠生產的棉布，在品質上和產量上還無法與以印度為代表的亞洲紡紗作坊相比。但是，棉布產業的未來並不是那些亞洲作坊，而是格雷格型的工廠，後者使用以水力為動力的機器，很快又將使用以蒸汽為動力的機器來製造產品，而且在技術上不斷創新。反觀印度那些作坊，就算把人的體力發揮到極限，也將被英國的機器無情地遠遠超越。

英國棉布的大反攻吹響了號角！

英國工廠老闆與印度作坊主相比，最大的競爭劣勢是工資成本，印度的廉價勞動力非常充足，而英國工人的薪水遠高於世界其他各國。一七七〇年前後，在英國的工廠裡，工人工資大概是遙遠印度的工人工資的六倍。即使採用機器生產，但人均生產量方面，一開始英國工人只比印度工人高兩、三倍，不足以抵消工資上的巨大劣勢。

面對差距，英國發明家專注於如何透過改造機器設備來提高生產效率。

其實早在一七三三年，一個叫約翰．凱伊（John Kay）的人發明了飛梭。這是一種船形的木質小工具，由織工在上面繫上緯線後，從織機的一邊推出，穿過經線後「飛」到另一邊。這個飛梭使得織工的生產效率提高了一倍。這種發明雖然傳播得比較慢，但還是在幾十年內普及到英國全境。類似這樣的一系列技術發明，提高了紡車的工作效率，但是在同一時期中，一名織工所需要的棉紗需要四名紡紗工供應，紡紗的生產效率又出現了瓶頸。

一七六〇年，詹姆斯．哈格里夫斯發明了珍妮紡紗機，這種機器上有一個用手操縱的紡輪，可以同時轉動機器上的幾支紗錠，紡紗工可以用另一隻手向前或向後移動一個杆，將紗線繞到紗錠上。起初，珍妮紡紗機可以紡八條獨立的紗線，後來是十六條甚至更多。這種機器的普及速度非常快，到了一七八六年，英國已經有兩萬架珍妮紡紗機。不久之後，塞繆爾．克朗普頓（Samuel Crompton）發明了「騾機」，進一步提高了紡紗效率。

當紡紗的效率大大提高後，生產的瓶頸就轉移到了下一道工序——織布上了。有了大量的棉紗後，英國的家庭織布迎來了一次巨大的擴張。但是，這些家庭作坊是憑藉新機器和充足的紗線來織布的，比印度同行們的生產效率要高很多。

十八世紀的印度，紡紗工紡出一百磅的紗線，需要耗費五萬小時；而在一七九〇年，英國紡紗工握有一百支紗錠的「騾機」，僅需要一千小時就能紡出相同數量的紗線，兩者效率已經相差五十倍。讓印度紡織工膽寒的事還在後面，一七九五年，憑藉高效能的水力紡紗機，英國紡紗工僅需要三百小時就能完成同樣的任務。一八二五年後，利用自動「騾機」，任務時間又縮短為一百三十五小時。

更可怕的是，英國生產的棉紗價格還在不斷下降，逐漸低於印度生產的棉紗。一八三〇年，一個英國棉紗商人記錄，在英格蘭，一磅四十號棉紗的價格是一先令又二．五便士，而印度一磅相同標號的棉紗的價格是三先令又七便士。另外，一七九五年至一八一一年，英國本土的高品質棉紗的價格下跌了一半，作為成品的棉布的市場價格也下降了，因為工廠製作棉布的成本大大降低，即使英國棉布便宜賣，利潤也依舊很豐厚。短短幾十年風雲變幻，印度棉紡織業除了工人工資低這一點優勢，其他方面完全被英國棉紡織業碾壓。

當時，英國最著名的棉紡織業集中地在蘭開夏郡。蘭開夏郡位於英格蘭西北部，那裡的氣候很適合紡紗，而且在地理位置上靠近主要港口利物浦，雖然受國內法律約束，國外的棉布不能進口了，但是棉花可以進口。全球各地的棉花被英國商人進口到蘭開夏地區，並且在這裡的棉紡織工廠裡，被加工成粗斜紋棉布，工人們甚至還給這種棉布設計了印度風格的圖案，以滿足英國消費者的喜好，這真有點諷刺意味。這種英國產的棉布很受歡迎，不僅作為印度棉布的替代品，滿足國內需要，還在非洲東岸奴隸貿易盛行區域和新大陸奴隸制盛行區域有巨大的市場。

英國棉布不僅奪回自己本土的市場，還開拓了海外市場。歷史紀錄顯示，一八〇〇年，英國仍然從孟加拉地區進口了價值一百四十萬英鎊的棉紡織品，幾年之後，孟加拉的貨物進口量就變得微不足道了。

主導全球紡織品市場幾個世紀之久的印度棉布的地位一落千丈。當時，一位英國駐印度商務專員記錄了孟加拉地區港口達卡棉布產業的變化，他發現，一七四七至一七九七年，達卡的棉布出口價值下降了五十%，相當多的人因此「死於饑荒」，達卡這個曾經憑藉棉紡織業而繁榮的城市，人口已經「下降並陷入貧困」，大量房屋「已經被廢棄並變成廢墟」。

一八三〇年以後，英國棉布不僅在歐洲市場和美洲市場完勝其他地區的棉布，甚至直接登陸印度本土，與印度本地棉布在其家門口展開競爭。印度人開始購買和使用英國製造的棉紗與棉布了，真是「三十年河東，三十年河西」。

對了，我們差點忘記了另一群人：英國的毛紡織業和麻紡織業的企業主和工人們。他們透過向議會施壓，排斥了印度棉布進入英國市場，卻沒想到搬起石頭砸了自己的腳，在國內培養起一個更強大的競爭對手：棉紡織業。新的棉紡織業和傳統的毛紡織業不一樣，它不需要貿易保護，需要的是自由交易的全球市場，可以買到棉花，可以出口成品棉布，即英國製造的棉布。新的棉紡織業需要新的發明創造來降低成本、增加產量、提高品質，與全天下的各種紡織品競爭，英國棉布連印度棉布都可以打敗，英國本土的毛紡織品、麻紡織品更是被它衝擊得潰不成軍。

英國棉布崛起的事例生動地告訴我們，「國貨當自強」，應該關注於提升自己的產品品質和生產效率，而不是想著靠構築法律之類的壁壘來排除對手。

美國：棉花大戰中的X因素

簡單地說，棉紡織業的生產鏈條是：從棉花到棉紗，再從棉紗到棉布。我們已經在前文領略了英國棉紡織業工廠在棉紗、棉布方面的技術進步，那麼他們的生產原料——棉花從哪裡來呢？這裡面又有什麼攻防故事呢？

英國本身地處溫帶，屬於溫帶海洋性氣候，並不適宜種棉花，而鄰近的歐洲大陸上，能夠種植棉花的地方也屈指可數。因此，英國必須向全世界採購棉花，其中一個非常重要的棉花產地是脫離英國而獨立的美國。美國在棉花種植業上的一舉一動，也牽動了英國甚至印度的神經。世界棉花攻防戰進入了新的階段。

早在殖民地時期，北美各州就已經開始種植棉花，雖然產量不如菸草等經濟作物。當時的有識之士已經意識到棉花種植的巨大潛力。美國國父喬治．華盛頓就曾預言：「**這種新原料（棉花）的增長……必然為美國的繁榮帶來幾乎無限大的影響。**」

果不其然，前文談到，軋棉機的發明提高了處理棉花的生產效率，使美國棉花種植園大規模擴張。一七九〇年，美國的棉花出口量僅三千捆；四十年後，出口量則達到了八十萬捆；又過了二十年，一八六〇年美國南北戰爭前夕，美國棉花出口量超過五百萬捆，占據了當時美國外貿總額的三分之二，是美國的第一出口品。那時，國土不大、人口不多的美國所出產的棉花總量，已經追平了一個東方人口大國兼農業大國的棉花總產量，那個國家就是——清朝時期的中國。

美中不足的是，美國大量種植的是陸地棉，雖然軋棉機可以處理掉這種棉花上的種子，卻也對棉花纖維造成了破壞，因此處理後的棉花不適宜製作高等級的棉紗和織物，但是美國棉花畢竟產量巨大、價格低廉，用這種棉花製作的相對廉價、粗糙的織物，在歐洲和其他大洲的中下層民眾間很受歡迎。美國棉花的爆發式增長，為全世界的普通人提供了適宜的服裝原材料。

與清朝棉花產業只是追求自給自足不同，新生的美國在棉花產業上走的是大量出口的貿易道路。在美國南北戰爭前夕，美國棉花出口量占了英國八億磅棉花消費量的七十七%，占法國一億九千一百萬磅棉花消費量的九十%，占德意志關稅同盟一億一千五百萬磅消費量的六〇%，以及占俄國一億零一百萬磅消費量的九十二%。毫無疑問的，美國是當時世界上棉花出口霸主。

當美國南北戰爭爆發時，全世界的工廠都陷入了棉花原材料短缺之中。而當北方戰勝南方，支撐南方種植園的奴隸制度被徹底取消時，全世界的工廠都對美國棉花的出口憂心忡忡。在這些工廠老闆看來，沒有黑人奴隸作為廉價勞動力，美國的棉花種植園還能不能活下去，還能不能向全世界大量供應棉花，都是未知數。

一八六五年，英國一位上尉受英國外交部委託，評估美國南方種植業的前景。他考察了美國戰敗的南方各州，在提交的報告中，他悲觀地預測，美國南方種植園的棉花產量將下降到過去的四分之一，原因很簡單，「**解放奴隸徹底地破壞了原有的勞動力體制**」，「**南方沒有足夠的勞動力從事犁**

地、播種、剪枝和收穫棉花」。這名上尉提出的解決方案是，「讓白人殖民者種植棉花……但價格將永遠沒有過去那樣便宜」。

歷史的進程讓很多預言家的眼鏡碎了一地。沒有了黑人奴隸，美國南方的種植園雇用工人作為勞動力，短短幾年間，棉花種植園就又復活了！

一八七〇年，美國的棉花總產量已經超過了南北戰爭前的最高年產量紀錄；一八七七年，美國棉花恢復了南北戰爭前在英國棉花市場上的所有市占率；一八八〇年，美國出口的棉花量超過了戰前年份的兩倍，供應了八十一%的英國棉花市場、六十六%的法國棉花市場和六十一%的德國棉花市場。產量上升而海外市場占有率略有下降，這不是因為美國棉花競爭力不行了，而是因為美國自己的棉紡織業工廠也大量開工，用掉了本國的很多棉花原材料。

那麼問題出現了。為什麼勞動力從不用付工資的黑人奴隸，變成了要付工資的雇用工人，勞動力成本升高了，美國棉花種植園經濟竟然繼續充滿活力，保持了生產效率和經濟效益呢？

首先，影響種植園經濟活力的因素有很多，勞動力成本只是其中之一。在土地成本方面，正在向西部大擴張的美國有著大片的土地等待開發，因此種植園主可以用非常便宜的價格獲得土地；在技術方面，美洲種植園主引進了優質的棉花品種和歐洲的先進技術，生產效率領先世界；在運輸成本方面，美國的棉花可以經由大海、河流方便地運輸出去，以低廉的運費抵達歐洲各國。

所以，即使勞動力成本有所上升，仍然不足以傷害美國種植園出產棉花的競爭優勢。

其次，勞動力從黑人奴隸轉為雇傭工人，勞動力成本的上升極為有限。這聽起來好像有點反常，卻是史實。早在奴隸制時代，北美洲南方種植園中的很多奴隸的生活品質，除了沒有人身自由之外，其實比北方工廠裡的工人都好。好一些的種植園在食物和日用品保障上比較充足，奴隸們每個星期還可以休息一天，甚至能夠享受節假日。相對來說，北方工廠裡的工人的休息時間更少，他們的物質生活品質有些還不如南方的奴隸。

我們強調這一點，並不是為奴隸制唱讚歌，只是單純從經濟成本角度來比較，種植園的勞動力從奴隸變成了工人，勞動力成本的確不會增加很多。

奴隸制的罪惡，更多體現在對人身自由的控制和種族歧視等方面，也體現在奴隸無望改變自己的境遇上。雖然北方工人的生活品質也很差，但還是有一些希望能夠借助聰明才智或者機遇而發家致富，躋身社會上層，這是奴隸所不具有的東西。

雖然經歷了南北戰爭，但美國棉花依然可以供應全世界，似乎一切都沒有改變。其實，一切都在改變，作為棉花主要產地的美國，自身的棉紡織業已經勢不可當地崛起了。

當時的英國為了壟斷先進的紡織技術，維持棉紡織業的世界霸主地位，嚴禁機械出口，也不允許紡織技術工人移民海外。但這一切防範都是徒勞的，北美洲巨大的棉紡織業發展機遇點燃了許多歐洲人漂洋過海的雄心壯志。

塞繆爾·斯萊特（Samuel Slater）就是這樣一個雄心勃勃的英國青年。此人從少年時代起就在棉紡廠裡當學徒，後來又跟隨英國棉紡織業大老闆成為企業高級主管，作為紡織廠合股人，做到了監工一職。斯萊特有個特長，就是記憶力超群，他努力記下了整個棉紡廠的設計。然後在一七八九年，也就是美國獨立戰爭期間，他裝扮成單純的農村青年，騙過了英國海關的審查，移民到北美大陸。

斯萊特一下船就開始大展宏圖，與羅德島的一位富商合作，開始建設棉紡織廠。在一年之內，斯萊特憑藉自己頭腦中的工廠設計圖，在羅德島的一條河流邊，複製出一整座棉紡織廠。

開機運行的那一天，斯萊特的機器發生故障，經過分析後發現，原來是他沒有記住梳棉機齒的正確角度。但瑕不掩瑜，經過複雜的調整，美國本土的第一個機器動力的棉紡織廠終於開工了。這是一個很小的工廠，最開始只雇用九個童工，就像格雷格的柴郡紡紗廠剛開工時那樣。在當時的世界各國，雇用童工是普遍現象。到了一八〇一年，這家工廠已經擴大到雇用一百名工人，開始有了盈利。

斯萊特的故事並不是英國棉紡織技術外傳的特例。一位叫法蘭西斯·洛厄爾（Francis Lowell）的北美商人，曾經在英國居住了兩年，他參觀了伯明罕和曼徹斯特的工廠，把工廠的布局、機器的設計等許多細節，全部記下來。洛厄爾返回美國後，從他在波士頓的富裕家族裡籌集資金，並雇用有經驗的機械師，在北美獨立研發出了先進的織布機。

一八一三年，洛厄爾在波士頓附近的查爾斯河上，建造美國第一家完整的棉紡和服裝廠，實現了從棉花原料到成衣的全部生產流程。洛厄爾的工廠很成功，圍繞工廠形成了一座工業城鎮。為了表達對洛厄爾的敬意，人們用他的名字命名這個工業城鎮。

到了一八七〇年，即南北戰爭結束五年後，紡織業已經是美國的第二大工業，第一大工業是生產餵飽人們肚子的食物的麵粉業。英國棉紡織業迎來了一個強大的競爭者——美國。

然而，令人意想不到的是，英國、美國將很快迎來另一個更強大的競爭者，它是誰呢？

紡織「大象」再度起舞

英國對於美國在棉紡織業上的崛起非常警惕，英國工廠需要美國的棉花，但是英國不希望讓這種重要的原料完全被美國掌控，此外，美國紡紗和棉布的生產，直接衝擊了英國棉紡織業的市場，更是讓英國頭疼不已。美國南北戰爭的硝煙燃起時，美國棉花出口曾一度中斷，讓英國工廠更是有了切膚之痛。

為了削弱美國對於英國棉紡織業的影響力，英國把目光投向了自己的最大殖民地——印度。在十九世紀上半葉，印度棉布已經被英國棉布擊潰了，不過，土地和氣候適宜的印度，仍然是棉花種植的好地方。在英國人心目中，印度棉花是美國棉花的最好替代品。

貝拉爾（Berar）是印度西部地區的城市，曾經長期以生產優質棉花而聞名於世。當地農民會把一部分棉花用牛車運輸到恆河流域，再經由水路到達加爾各答。英國殖民者發現了貝拉爾巨大的棉花生產價值，於是在一八五三年控制了這個地區。

在英國棉紡織廠老闆們的迫切要求下，英國的印度殖民政府利用從當地獲得的稅收收入，修建了一條通向海岸的鐵路。一八七〇年，鐵路竣工，印度副王親臨開幕式並說：「我們都知道，美國的棉荒在刺激本國棉花的開發和生產方面，有著很大的作用。」

這位印度副王的國際視野還真是很寬闊、很敏銳。

有了鐵路和電報，英國棉紡織廠可以直接向貝拉爾的商人下訂單，然後打包好的棉花就會從種植地裝上列車，運送到孟買的碼頭，裝上輪船，迅速運輸到英國本土。在蘇伊士運河開通後，從印度的孟買到英國的利物浦，只需要三週的時間。

印度的棉花種植面積，因為英國的旺盛需求而迅速擴大。比如在貝拉爾地區，一八六一年，有約六十三萬英畝的棉花田；到了一八六五年，種植面積就增加了近一倍，此時剛好是美國南北戰爭期間。此後到一八八〇年代，印度棉花種植面積再增加一倍，其中貝拉爾地區有三分之一的土地都是白花花的棉花。

正如美國從棉花原料產地轉為棉布生產大國那樣，如果印度沒有發生這樣的轉變，才是一件怪事。不經意間，印度正在崛起為一個棉紡織業大國。確切地說，印度正在「重新」崛起為一個棉紡織業大國。

這一次崛起，印度是從英國進口的先進機器開始的。有趣的是，英國對美國「偷竊」技術和機器層層設防，但是對印度網開一面。這可能主要是因為印度當時是英國的殖民地，殖民地經濟發展對於英國來說也是有益的，或者直白地說，殖民地的經濟發展會增加宗主國英國的稅收收入。

英國的很多機器被引入印度，裝上牛車緩慢地運抵工廠。英國的技術工人來到印度，幫助印度的工廠建設和運轉。由於棉花原料充足，勞動力價格十分便宜，印度的現代棉紡織廠很容易就取得了成功。比如，一八六一年，沙普爾開工了一家紡紗廠，最初只有六十五名工人、二千五百個紗錠，第一年就開始盈利。到了一八六五年，工廠又雇用了兩百多名工人，規模擴大到一萬個紗錠，並添置了一百部現代織布機，開始生產棉布。

有資料顯示，到一八九四年，印度收穫的棉花量只有不到五十%用於出口，大部分都被本國使用了，印度的棉紡織廠消費了大約五億一千八百萬磅棉花，另外，還有二億二千四百萬至三億三千六百萬磅棉花用於手工紡紗。

面對英美列強的棉紡織業「霸權」，印度棉紡織業「以彼之道，還施彼身」，吸收了英國現代機器生產的先進技術，掀起了氣壯山河的棉布大反攻。而且，印度並不是一個人在戰鬥，亞洲的另一個古老大國也參與了這場大反攻，那個國家就是中國。

「世人皆言外洋以商務立國，此皮毛之論也，不知外洋富民強國之本實在於工，講格致，通化學，用機器，精製造，化粗為精，化少為多，化賤為貴，而後商賈有懋遷之資，有倍蓰之利……中國人數甲於五洲；但能於工藝一端，蒸蒸日上，何至有憂貧之事哉！此則養民之大經，富國之妙術，不僅為禦侮計，而禦侮自在其中矣。」

說這段話的是清末實業家張謇。科舉高中狀元的張謇主張「實業救國」，於是棄文從商，在家鄉南通創辦了紡紗廠。其實，古代中國也曾經是棉花、棉布大國，與印度的命運很相似，本國土布也曾被歐美機器生產的棉布衝擊得潰不成軍。而中國走向棉紡織業現代化的腳步比印度要慢一些。

一八七五年，中國的紗線基本上都是手工紡紗。一八八〇年代，中國第一家現代化的棉紡織廠——上海機器織布局開始營運。直到甲午戰爭結束的一八九六年，全國只有十二家棉紡織廠。清朝滅亡後，中國的棉紡織業迅速發展，到了一九二五年，全國已經有上百家工廠，三百多萬個紗錠，雇用了二十五萬工人。到了一九三一年，全國八十%以上的紗線都是機器紡紗的，幾乎所有的紗線都是由本國工廠生產，「**上海正在迅速成為遠東的曼徹斯特**」。

幾家歡樂幾家愁。在印度、中國等亞洲國家的棉紡織業突飛猛進期間，英美棉紡織業無奈地跌下了至尊王座。

一八六〇年，世界上六十%的機械紗錠都在英國本土的工廠裡；到了一九〇〇年，這個比例下降到四十%多一點；到了一九三二年，這個比例只剩下了十%左右。在第一次世界大戰結束到第二次世界大戰爆發之間，英國有四十三%的織布機消失了，棉紡織業工人數量也下降了相近的比例。

美國棉紡織業的情況也好不到哪裡去。在亞洲人口大國廉價紡織品的衝擊下，到了一九三〇年代，美國新英格蘭地區的棉紡織廠「**經歷了崩潰……甚至比舊英格蘭（即英國）的工廠更徹底**」。

一九五八年，長久以來一直堅定擁護自由貿易，曾經在世界棉紡織業中叱吒風雲的曼徹斯特商會，向政府提出要求，英國的棉紡織業需要得到保護。這一幕與兩、三百年前英國毛紡織業、麻紡織業向政府呼籲保護自己，是多麼相似！這一幕的上演，反映了英國棉紡織業的衰落。

附記：聖雄甘地的棉花經濟學

提起聖雄甘地的大名，幾乎無人不知，無人不曉，這個瘦小的印度人高舉「非暴力」的大旗，引領了印度民族解放運動，最終讓印度脫離了英國的殖民統治。為了消弭印度國內各民族、各宗教間的緊張衝突，他甚至冒著生命危險，多次絕食，希望警醒各派力量，以非暴力的方式來達成妥協。甘地的「非暴力」哲學與政治思想，深刻地影響了全世界的人民，推動了許多國家透過和平的方式來變革，避免了代價高昂的流血和暴力事件，確實功德無量。

現今的印度是經濟並不發達的國家，在甘地生活的二十世紀前半葉，當時的印度更加貧窮。所以，甘地不僅在哲學、政治上提出自己的觀點，對於如何振興印度經濟也有一番見解。

甘地認為，世界上的痛苦根源不是人們的需求、欲望得不到滿足，而恰恰是人們有著無節制、不斷增長的欲望，只要節制欲望就能獲得快樂。因此，辛苦工作是每個人的需要，它能給人們帶來歡樂，不工作的人才是痛苦的。甘地的這個觀點，實際上是提醒人們不要貪圖享樂，要用自己的雙手創造幸福的生活。這個本意並沒錯，但是人們工作正是為了讓生活變得美好，讓自己生活得更舒適。欲望的滿足的確帶來了快樂，而不是痛苦。

在印度的一種重要經濟作物——棉花上面，甘地犯了嚴重的經濟學錯誤。

印度曾經是古代棉紡織業大國，印度棉布暢銷世界。近代以來，英國憑藉現代機器生產技術，一度擊敗了印度土產棉布，歐洲紡織品甚至還傾銷到印度境內。從十九世紀中期開始，由於英國放寬了技術出口限制，一批印度商人抓住機遇，引進一些織布機，開始在印度建廠，製造棉布，逐漸奪回了被歐洲人占領的國內紡織品市場。

根據統計，一八九六年，印度本土棉布只占國內需求總量的八%，但是到了一九四五年，印度國產棉布已經占到了國內需求總量的七十六%，可謂大獲全勝！

就在這時，甘地站了出來。也許是對英國的殖民統治過於痛恨的緣故，甘地不僅反對本國向英國出口棉花，而且反對從英國引進任何織布機，以及其他各種先進的工業技術。在他看來，印度人只有回到過去的農耕時代，才能徹底擺脫殖民者帶來的負面影響，才能重新過著幸福的生活。

「我們必須逐漸恢復過去那種簡單的生活方式，鐵路、電報、醫院、律師、醫師……所有這些東西都必須丟棄掉……你不能在工業文明的基礎上實現非暴力的理想，這種理想只能從自給自足的鄉村中找到。」

這正是甘地在一次集會上所說的話。

甘地以身作則，特意學會了手工紡線，自己為自己做衣服，並號召民眾用印度的傳統方式，生產各種生活必需品。很多人知道，古老的印度紡車是甘地經濟思想的象徵。只要一有空，甘地就會轉動他的紡車，並呼籲把紡車送進每一戶人家。即使在絕食抗議多日後開始恢復進食時，他也要求周圍的人搬來紡車，用一雙瘦弱的手艱難地轉動。

多麼感人的一幕！可惜他的經濟學思想只能讓貧窮的印度更加貧窮！不向歐美國家出口棉花，印度就缺乏必要的外匯，無力購買國外先進的技術和商品，經濟發展將受到很大的限制。堅持土法織布，效率極低，生產出來的棉布品質也令人不敢恭維。

經濟學家曾經專門研究了甘地的經濟政策，發現人人紡紗織布的經濟模式，對當時的印度經濟並無真正的促進作用，反倒是後來利用國外先進的織布機進行生產的模式普及開來，才推動了印度紡織業的快速發展。

印度最初的國旗中間有個輪子，據說就是甘地提議加上去的，代表印度古老的紡車。甘地此舉是希望印度人能夠自力更生，完全不依靠外界來獲得幸福。但是他也許不知道，那種紡車並不是印度人發明的，而是十二世紀由古代的波斯人發明，在十四世紀傳入印度，把印度當時的織布效率提高了至少六倍。

從經濟學上講，閉關鎖國、退回農耕時代，都違反了基本的經濟規律，將會給一個國家帶來經濟災難。

〔第8章〕

黃金、軍費及牛頓爵士

如果要評選古往今來偉大的科學家，也許伽利略、牛頓、達爾文、愛因斯坦會成為呼聲很高的候選人；如果一定要評選科學家中的「一哥」，大部分人的選票會投給英國的艾薩克．牛頓爵士。

牛頓在七十二歲的時候，還能指點別人研製經線儀，年輕時的牛頓更是憑一己之力，發現了牛頓運動定律、萬有引力定律，創立了微積分和光粒子說。這麼偉大的人物，女王封他個爵士，也算實至名歸吧？

非也！牛頓獲得爵士頭銜，並不是靠他的科學名頭，而是靠他的經濟學和金融才能。從牛頓對經濟學的貢獻談起，我們就此展開了黃金與白銀幾百年恩怨情仇的劇情……

「大剪刀」向銀幣下手

在人類文明的最初，貨幣的種類五花八門，有用貝殼、石頭的，還有用各種金屬的。後來，世界上的貨幣逐漸統一到了價值很大、易於標準加工的貴金屬上，比如金、銀，此外，對於一些日常的小額交易，古代人也使用銅作為貨幣材料。

在經濟學上，某個國家以什麼金屬作為基礎貨幣，我們就說這個國家的經濟實行的是什麼本位制。具體來說，有金本位制、銀本位制、銅本位制等，還有所謂的複本位制，也就是兩種甚至更多種金屬貨幣都通用，比如金銀複本位制、銀銅複本位制。

黃金在自然界裡很稀少，物以稀為貴，黃金在人們心目中的價值就很貴。貨幣是作為人們交換商品的仲介而存在的，在古代，由於黃金很稀少，價值又高，往往難以單獨作為一國的貨幣，在大量的經濟活動中發揮貨幣的作用。於是，在人類歷史上的很長一段時間裡，人們實行的其實是一些複本位制，比如西歐一些國家就長期實行金銀複本位制。把價值相對較低、產量很大的銀子也拉進貨幣體系裡，人們在交換商品時就更加方便了。

但所有複本位制都有一個致命的麻煩：兩種金屬貨幣在相互兌換的時候，應該按照什麼比率呢？這件事說起來簡單，看兩種貨幣的購買力就行了，假如一盎司黃金和十五盎司白銀的購買力相同，那麼黃金與白銀的兌換率就是一比十五。然而，現實是複雜的，比如，當政府規定好黃金和白銀的兌換率後，突然之間，邊疆某地發現了大金礦，黃金供應量大增，金價立刻下跌，人們紛紛把黃金拋售，兌換成白銀留在手中，市場上的白銀量會驟減，嚴重的時候，人們能把國庫中所有的白銀都兌換出來，整個國家的貨幣體系就會受到強烈的衝擊。

即使在貴金屬產量穩定的時期，也會有許多「不法分子」試圖鑽複本位制的漏洞。金屬貨幣在流通過程中，總會有所磨損，尤其是許多人有咬黃金看成色的習慣。金幣上往往標注著金幣的價值，但磨損的金幣的含金量顯然達不到標注價值。於是，投機者就把有磨損的金幣兌換成沒有磨損的金幣，然後熔化為黃金，手頭憑空就多了一些金子。

更有甚者，投機者會故意打磨金幣，讓其人工磨損，打磨下來的那些金屬碎屑，當然落入自己的腰包，接著，將磨損的金幣拿到市場上，兌換回完好的金幣，然後繼續打磨。這個詭計自從金幣誕生的那一天起，可能就有人想到並實施了。

十七世紀的英格蘭，這樣的投機者層出不窮。在十七世紀上半葉，英格蘭的金銀幣都是手工生產的，於是社會上出現了所謂的「大剪刀」投機者，他們故意磨損金幣，以次換好。為了打擊這幫人，英國皇家鑄幣局引入機械化生產，並在硬幣邊緣鑄造鋸齒。

這些措施並沒能擋住「大剪刀」們施展「奪錢剪刀手」，而且英國的執法者也無法給這幫不法分子定罪。既然金屬貨幣會出現自然磨損，那麼一枚磨損後的銀幣拿過來，你能說出這到底是自然磨損的，還是人為磨損的嗎？很難區分。

其實，最大的「大剪刀」不是別人，正是英國王室自己。

還記得那個「失地王約翰」嗎？古代歐洲的傳統是：國王、貴族、騎士負責打仗；農民負責種地提供糧食；商人負責貨物流通和繳稅。進入近代以來，國王以及由貴族構成的議會收稅的最主要目的，也還是打仗，而不是像現代社會這樣，是維持本國政府的運轉和民生專案。畢竟近代的歐洲群雄並起、烽火連天，一六八九年至一八一五年是英格蘭以及英國工業革命和農業革命的高潮時期，而在這一百二十六年間，英格蘭有七十三年在打仗。

打仗就需要軍費，最主要的籌錢手段是收稅。但是，前面已經談過，英格蘭國王受到議會的嚴格約束，收稅不能隨心所欲。於是，和許多歐陸國家的國王一樣，英格蘭國王也會動本國貨幣的歪腦筋，降低硬幣中貴金屬的含量，鑄造成色與貨幣標注價值不匹配的貨幣，並依靠國家強制力發行到市場上。標注一先令的銀幣，實際的金屬價值也許只有〇．五先令，這實際上等於是國王向全體臣民收取了「鑄幣稅」，把一部分臣民的財富透過不值錢的貨幣，洗劫到自己的口袋裡。

英格蘭國王的「大剪刀」在一六八九年至一六九七年的歐洲「九年戰爭」中越發鋒利了。當時，為了對抗歐洲陸上第一霸主法國的擴張，英格蘭與荷蘭、神聖羅馬帝國等國結盟，展開了一場持久戰。國庫裡的錢嘩嘩地流走，國王只好透過鑄造劣質錢幣來籌款。一六八八年，英格蘭鑄幣中的含銀量還在八十八％，但是到了戰爭後期的一六九五年，鑄幣中的含銀量已經下降到五十％，而且面值沒變化。

錢幣到底該算多少錢

由於當時黃金在英格蘭官方並沒有明確的定價，所以英格蘭的貨幣體系算是銀本位為主。面對銀幣越來越劣質的情況，英格蘭民眾拚命地把劣質銀幣花掉，儲存黃金和純銀塊。黃金兌換白銀的比率不斷下滑，投機者開始拿著白銀到國外換購黃金，然後把黃金運進英格蘭國內，再兌換回白銀，憑空就多出了很多白銀。白銀大量外流，英格蘭的市面上錢幣缺乏。政府每鑄造一批銀幣，沒什麼響動就不見了。

長此以往，國將不國！英格蘭第一「剪刀手」國王坐不住了，在準備發行新銀幣的時候，要求議會趕快拿主意。在貨幣鑄造問題上，英格蘭的議員們分成了兩派。

一派以財政部的祕書威廉・朗茲（William Lowndes）為首，他提出國家在鑄造新的銀幣時，把面值提高二十五%，也就是讓新的銀幣相對於過去鑄造的銀幣貶值。這種做法是國王所希望的，因為這樣等於再次向全民收取了鑄幣稅。但民眾顯然不是傻瓜，如果真要這麼施行，民眾可能會拒絕使用新的銀幣。

另一派以當時著名的哲學家約翰・洛克（John Locke）為首，他崇尚天賦自由，宣揚政府是為公民服務的。從自己的哲學觀點出發，洛克認為，一先令的銀幣就應該代表等價的白銀，並且永遠都應該代表等價的白銀。如果手持某一面值銀幣的人兌換不出等價的白銀，就等於是政府在竊取私人的財產。

朗茲代表的是以國王為首的王室的利益，而洛克則代表了工業革命後出現的、新興工商業主的利益，小小的銀幣如何鑄造，實際上關乎兩方力量的輸贏。

兩派的代表人物在貨幣委員會中展開了辯論。這個世界上有一條鐵律：永遠不要和哲學家辯論，否則你會死得很慘。而朗茲的對手正是一位大哲學家，誰贏誰輸，高下立判。最終，洛克在辯論中大獲全勝，新鑄造的銀幣的面值沒有提高，國王並沒有得到他想要的戰爭經費。

這場關於貨幣面值和實際價值的爭論，在朗茲和洛克的時代之前及之後，爭論了很久。在紙幣漫天飛舞、通貨膨脹天天見的今日世界，這個問題似乎已經不是問題了，現實是紙幣的面值遠遠大於那張紙的價值。但這個問題其實貫穿了貨幣的歷史，直到今天依然值得我們深思。

擁有鑄幣權的人，究竟可以靠發行貨幣獲得多大的利益？

擁有鑄幣權的人，往往也是國家的管理者，古代叫皇帝、國王，今天則是各國的中央銀行，而中央銀行聽命於本國的政府。管理國家就會有開銷，需要養活保家衛國的軍隊、員警，需要提供各種公共服務設施，甚至包括社區裡的健身器材。鑄幣權對人性是太大的誘惑了，擁有者往往會濫用鑄幣權，滿足自己的各種需求，於是貨幣就變得越來越沒有購買力，就如英國在九年戰爭期間那樣。

沒有人可以明確地告訴大家，鑄幣權擁有者可以從這個權力裡得到多大比例的分成，在現實世界中，他們和臣民或公民之間永遠進行者切蛋糕的遊戲，他們往往能多切一些給自己，但切得太多了，感到不公的大眾就會掀翻桌子，把整塊蛋糕都扔到地上，誰也吃不到了。

所以，維持貨幣價值相對穩定，對於國王也好，臣民也好，從長遠來看都是非常必要的。十七世紀末的英國，就走到了需要建立穩定貨幣體系的時刻。

該是本篇主角牛頓登場的時刻了。

牛頓讓銀幣遭殃

從人生經歷來看，牛頓是一位科學家，講究邏輯的嚴謹；從階級層次上講，牛頓是農民的兒子，是下層民眾的傑出代表。這樣的個人背景讓牛頓在涉足貨幣問題之初，很自然地站在哲學家洛克的陣營之中，反對朗茲提出的鑄造成色不足之銀幣的方案。

牛頓在一六九六年進入英格蘭皇家鑄幣局，成為鑄幣局的總監。據說，這個職位是牛頓當年的一個學生為了報答師恩，在國王面前力挺牛頓而得來的。當時，雖然這個職位號稱是國王在鑄幣局的代表，但其實只是個閒職。科學家往往是理性派，牛頓也不例外，他一刻也不想閒著，上任之後就主持打擊造假幣者的工作，做事一絲不苟，非常敬業，有時還會親自到刑場去視察處決罪犯的工作。

不久之後，兢兢業業的牛頓升任為鑄幣局局長，開始面對當時英格蘭複雜的貨幣問題。當時英格蘭市面上以銀幣為主要流通貨幣，國家發行的紙幣「英鎊」是和銀幣掛鉤的，英鎊和銀幣可以按照一個比率相互兌換。前面已經談到，英國白銀大量流失到歐洲其他國家，導致鑄幣局想盡辦法回收銀幣，打算重新鑄幣，白銀的量依然是杯水車薪，根本不夠鑄造新幣。

牛頓接手鑄幣局的工作後，對各國的貨幣情況進行了調查。他發現，一個金路易（Louis d'or，即法國金幣）在海峽對岸的法國，價格為十七先令四分之三便士，而在英國則為十七先令六便士，這幾便士的差額，使得投機者頻繁地在狹窄的海峽兩岸販售金銀，把英國的白銀販售到法國，換成黃金再販售回英國。嚴謹務實的牛頓認為，英國白銀短缺的局面是不可能根本改變的，再鑄造銀幣投入市場，也是像打水漂一樣，只是給投機者提供了更多賺頭。英國再堅守銀本位體系，只會讓政府的白銀不斷流失。

於是，牛頓放棄了用白銀鑄造錢幣的想法，透過計算，他把黃金的價格定在每金衡盎司（troy ounce，為英制質量單位，金的純度為〇．九）三英鎊十七先令十又二分之一便士，讓英鎊與黃金掛鉤。如此一來，鑄幣局收不到白銀就沒有關係了，可以透過收集一定數量的黃金，然後以黃金作為準備金，也就是壓箱底的東西，發行一定數量的英鎊投放到市場上，人們使用英鎊交易。

一腳踢開疲軟的白銀，把黃金扶上貨幣體系的寶座，讓英鎊與黃金掛鉤，這樣的金本位體系正是從牛頓主持鑄幣局期間開始建立的。嚴格的金本位制允許人們想用黃金結算經濟活動中的交易，就用黃金，想用代表了一定量黃金的英鎊結算，也悉聽尊便。

然而，擁有鑄幣權的人會老老實實地發行和儲備與黃金價值等量的英鎊嗎？

那怎麼可能！擁有鑄幣權的人總會假定，所有的儲戶不會同時來提現，因此完全可以以幾倍於儲備金的總量來發行貨幣，自己手頭上只存有一定量的儲備金，應付日常的提領現金就行了。所以在英國施行金本位制之初，擁有鑄幣權的人就不老實，他們發行的英鎊之價值，比手頭儲備黃金的價值多得多。

英格蘭銀行是當時主要的英鎊發行及貸款機構之一。既然說之一，那就還有之二、之三。的確，當時和英格蘭銀行平起平坐的，還有其他銀行，以及在當時英格蘭對外貿易中舉足輕重的公司——東印度公司。也就是說，在牛頓那個時代，英格蘭還沒有現代政府所擁有的唯一性的中央銀行。

幾個機構的競爭，很自然地演變為惡性競爭。一七〇七年，東印度公司為了擊垮對手英格蘭銀行，開始悄悄地在英格蘭本土用自己手頭的貨物兌換鑄幣，以及英格蘭銀行發行的銀行券（也可以看作紙幣英鎊）。在收集了足夠多的「籌碼」之後，當年八月，東印度公司突然發難，派人拿著高達三十萬英鎊的英格蘭銀行的銀行券，來到該銀行櫃檯，要求銀行無條件兌換鑄幣。

然而，英格蘭銀行發行的銀行券，遠比自己儲備的黃金、白銀要多，手頭上存留的鑄幣根本無力兌換這些突然殺回來的銀行券。危機爆發了，大眾發現自己手中的英格蘭銀行券可能無法兌換出黃金一類的鑄幣，在恐慌之下，他們湧入英格蘭銀行，要求把銀行券兌換成鑄幣。東印度公司的陰謀就要得逞了。

商場如戰場。就在這千鈞一髮的時刻，英格蘭銀行的股東出手了。英格蘭銀行的股東來頭不小，包括了當時英國的女王安妮，以及兩位重量級的公爵。女王用腳趾頭都能想明白，當時能一出手就是三十萬英鎊銀行券的傢伙，非東印度公司莫屬，其他機構或個人根本沒有這樣的實力。不論英格蘭銀行，還是東印度公司，都是大英帝國的孩子，兩個孩子打架，女王不能袖手旁觀。於是，女王和公爵們一方面把手頭上擁有的鑄幣拿出來，供英格蘭銀行這個孩子應對大眾的擠兌風潮；另一方面，警告東印度公司這個孩子，三十萬英鎊的銀行券還是你的，但你不能以這種方式提取鑄幣！

在王室的鼎力相助下，英格蘭銀行終於度過難關，保住了自己在銀行業的江湖地位。否極泰來，在此後的幾十年中，英格蘭銀行逐漸壟斷了英鎊的發行權，成為名符其實的大英帝國中央銀行。強大的背景、卓越的信譽，使英格蘭銀行發行的英鎊，不僅在大英帝國疆域內得到了人們的認可，甚至在全球都是「硬通貨」，因為大家都相信，英鎊代表了黃金，誰會懷疑黃金的價值呢？

有了金本位制和英格蘭銀行，大英帝國與歐洲列強爭雄時，就多了一把鋒利無比的金融利劍。九年戰爭時，英國王室為了戰爭籌款焦頭爛額。英格蘭銀行就是在戰爭期間的一六九四年成立的，它的第一筆大單生意就是籌措資金，向王室提供二十萬英鎊的貸款，支援王室打贏九年戰爭。當然，王室也不知道這場戰爭到底要打到什麼時候，但有了英格蘭銀行的貸款，起碼手頭就不那麼拮据了。

由於在鑄幣局中的傑出工作，牛頓在一七〇五年被授予爵士的頭銜，給牛頓封號的人正是英格蘭銀行的大股東之一——安妮女王。

英國的金本位制從牛頓開始，不過，從法律上明確實行金本位制，則是一八一六年的事情了，在此之前，英國已經在法律上取消了白銀作為通貨的地位。白銀在英國已經徹底被黃金打敗了。大英帝國能夠在與法國、西班牙、荷蘭等歐洲列強的陸上、海上戰爭中都笑到最後，取得最終的勝利，毫無疑問，穩定的金本位制和可靠的英格蘭銀行，是其爭霸的重要資本。

議會和君主，誰能弄到更多錢

從經濟的角度看，戰爭打的就是錢，尤其是曠日持久的戰爭，獲勝方必然是經濟後盾更強的一方。為什麼英國能夠在歐洲群雄爭霸的過程中脫穎而出，擊敗了一個個人口、土地面積遠比自己更多更大的敵人，建立起空前規模的大英帝國？

因為英國解決了三件事：籌錢、籌錢和籌錢。

以一六八八年威廉三世發動的「光榮革命」為起點，英法「第二次百年戰爭」正式拉開帷幕。法國的主要目標是獲得更大版圖，稱霸歐陸，英國的目標是保護和發展海外殖民地，但稱霸陸地和稱雄海洋絕不是井水不犯河水，而是充滿了利益衝突，英國不能坐視法國統治歐洲大陸，法國也不能容忍英國擴張到全世界。雙方劍拔弩張，都需要獲取大量的軍費來支撐漫長的戰爭。從經濟角度講，誰能籌集到更多的軍費來維持和擴張軍事實力，誰就能取得「第二次百年戰爭」的最終勝利。

威廉三世從荷蘭入主英格蘭後，當時的主要政治議題是如何打贏戰爭，而議會的兩大政黨中，輝格黨（Whig）支持威廉三世對歐洲大陸進行直接的軍事干預，托利黨（Tory Party）則更傾向於發展海洋戰略，擴大殖民地範圍。兩黨一致認為，要實現自己的目標，就應該限制法國路易十四的擴張行動，英格蘭需要一個強有力的國家來保護人民。

威廉三世和議會在對法國作戰上達成了一致的意見，收稅的事情就好說了。為了對付路易十四，威廉三世籌集到大量軍費，其中大部分來自當時政府的財政收入，還有一部分是透過長期貸款獲得的。這部分原因是威廉三世成為英國國王後，立即召集他的猶太金融家朋友支援自己加強軍事力量建設，於是大量資金、人力從荷蘭開始湧入英格蘭。英格蘭原本在農業、製造業上就與荷蘭在伯仲之間，差距主要在金融上，阿姆斯特丹曾是歐洲的金融中心。但是，以威廉三世入主英格蘭為標誌，世界金融中心也發生了易主，倫敦開始接替阿姆斯特丹成為新的金融中心。

在一六八〇年至一七八〇年間，英國年均稅收收入從九年戰爭時期的三千六百萬英鎊，增加至七年戰爭時期（一七五六年至一七六三年）的八千六百萬英鎊，同期英國陸軍和海軍的規模擴大了三倍。戰爭是昂貴的，海軍軍費更是天價。一七八〇年，一艘配備七十四門火炮的戰船造價五萬英鎊，而英國當時最大的造船廠的造價僅為五萬英鎊的十分之一。一支滿員的英國艦隊可以達到二萬四千人，其人數超過了當時絕大多數歐洲城鎮，這也意味著當整個艦隊進港休整時，會對後勤供應產生巨大的壓力。

當時，普通歐洲人的觀念是，如果一個國家的國王受到了很大的約束，那麼這個國家在對外維護自己利益的時候，能力上就會被削弱，因為傳統上，國王是對外作戰的最高指揮官。法國是王權強大的國家，而英國是議會強大的國家，實行君主立憲制。英國實行君主立憲的原則，經由一六八九年頒布的《權利法案》得到了確認。雖然國王被立為統治者，但如果他違反議會所代表的國民意願，恣意妄為，就會成為被否認和排斥的對象。議會是政治的實質性決定主體。以首相為首的內閣負責國政，並且不對國王負責，只對議會負責。

這樣一個「君不君，臣不臣」的國家，在戰爭期間會有多大的戰鬥力呢？在當時，很多歐洲人並不看好英國能夠最後勝出，甚至一些英國人也持有這樣的看法。

然而，最終的結果卻是，英國幾乎贏得了每次重大戰役的勝利，並最終獲得了英法「第二次百年戰爭」的完勝，榮耀無比地登上了世界霸主的寶座。

議會制如何戰勝了絕對君主制？

一個原因是，議會固然對國王形成了牽制，讓國王不能為所欲為，但一旦議會決定支持國王，那麼英國就能形成上下一心的強大合力，為了打贏戰爭，英國能夠調動非常多的財政資源，也就是籌集到更多的錢。另一個原因是，議會對王權的限制，使得國家稅收能夠在公共領域裡得到更好的使用，取之於民，用之於民，讓每英鎊產生的效益更多，從而達到國強民富的效果，不戰而屈人之兵。

以每個國民負擔的稅收為例。在十八世紀的大部分時間裡，平均下來，每個英國人繳的稅要比每個法國人繳的多一倍。在後來的拿破崙戰爭期間，每個英國人繳的稅更是達到了每個法國人繳的三倍之多。

雖然道理上說，法國的君主獨攬大權，應該能夠從百姓身上搜刮更多的錢用於戰爭。但實際上，正是因為王權的強大，導致了官僚體系僵化，腐敗橫行，底層的法國民眾相對於英國民眾來說更為貧窮，龐大的底層民眾就算是掘地三尺，也收穫不到多少油水。而富裕的英國民眾即使繳了比法國民眾多一倍甚至更多的稅，他們的生活還是要比生計艱難的後者更好。

讓我們以英法兩國的海軍力量為例。一六九二年六月，英格蘭與荷蘭的聯合艦隊在諾曼第的拉烏格（La Hogue）海戰中打敗法國的入侵艦隊，法國海軍基本上被打得崩潰了，若要重新建立強大的海軍，法國需要龐大的經費。但是，國內財政已經捉襟見肘，法國國王路易十四被迫放棄了重建海軍的打算，轉向更加傳統的方式，即把海軍外包給法國的私掠船，也就是支持海盜力量。這是一種便宜的方式，但是只適用於中世紀和大航海時代早期。而在各國已經進入正規海軍時代，船堅炮利橫行海面的時代，路易十四的做法其實沒有多大的實際意義，等於是放棄了法國在海上爭霸的念頭。

反觀當時的英國，海軍力量日益壯大，到了一七三〇年，英國海軍比歐陸上的幾個主要國家的海軍力量的總和還強大，已經成為海上的絕對霸主。

自從威廉三世入主英格蘭，就逐漸形成了議會控制下的寬鬆的君主立憲國家制度。舉國上下熱衷於鼓勵私人投資，擴大金融市場機構的活動，推動經濟發展。這些政策給了私人資本市場充足的信心，國內經濟繁榮給政府帶來了大量的稅收收入。而且，銀行家和民眾相信本國政府是有信用的，國家的稅收和貸款確實能夠取之於民，用之於民，於是當戰爭來臨時，英格蘭能夠獲得比敵國更多的資金支持。

這就是近代歐洲的「財政—軍事國家」的體制，依靠國家財政收支來支撐一支常規軍的軍事力量。現代國家基本上都是「財政—軍事國家」，現代人可能會認為國家理所應當是這樣的。但在中世紀的歐洲，情況並非如此。

中世紀的歐洲，統治者對政權的控制力很弱，他們沒有專門的稅收部門，軍隊也往往由雇傭軍構成，一個國王自己沒有多少武裝力量，要靠支持自己的大小貴族的武裝來形成合力，拱衛國土。

近代開啟後，特別是火槍、火炮技術革新並大量用於戰場後，中世紀的那些騎士、城堡被無情地摧毀了，於是中世紀的國家結構也瓦解了，「財政—軍事國家」的體制開始流行。歐洲列強爭霸，導致軍隊規模急劇擴張，比如法國軍隊在十七世紀末的時候，達到了四十萬大軍的頂峰。而在一七〇一年至一七一四年的西班牙王位繼承戰爭期間，雖然英國和荷蘭的人口遠遠少於法國，但也都各自維持著十萬大軍的規模。

聽起來，這些歐洲國家的軍隊數量，比起東方的清朝、蒙兀兒王朝等帝國要少，但是，當時歐洲軍隊的武器配備和訓練成本，比東方帝國的軍隊高得多，因此維持龐大軍隊的開銷非常高。

到了十八世紀時，歐洲各國政府每年的財政支出中，有一半以上都用於軍事。所以，一個國家的財政實力和財政穩定性，就成為決定該國軍事規模的關鍵，也間接決定了該國在戰場上的勝負。而財政能力的高低，取決於本國經濟發展水準，也取決於本國在世界金融市場上的信用。

作為「財政—軍事國家」，英國的表現遠遠好於法國。到了十九世紀早期，英國政府每年能夠獲得的財政收入，是其一百年前的十倍。而且在一八〇〇年前後，英國將近三分之一的稅收，來自對進口的熱帶食品和酒精類飲料徵收的關稅，而不是直接從國內普通百姓身上榨取錢財，「議會不對最基本的生活必需品——麵包課稅」。

政策靈活、行動高效的議會制挖掘出了更多的軍費，支撐英國軍隊一次次打敗了絕對君主制的法國軍隊，並在一八一五年拿破崙戰爭後，終結了與法國的百年爭鬥。戰爭中有贏家就有輸家，法國不僅輸掉了曠日持久的「第二次百年戰爭」，還失去了絕對君主制，這個後果到底是好是壞，我們後面會講。

〔第9章〕

法國還在，但錢沒了

英吉利海峽西邊的大英帝國，憑藉先發的工業革命和完善的金融體系，迎來了日不落帝國的光輝歲月。勝利者總是能獲得更多的讚譽和關注，近代史中的大英帝國無疑是勝利者，而西班牙揮霍光了美洲金銀，走向衰落，絕對是咎由自取。

對於英吉利海峽南岸的法國，人們往往也用挑剔的目光看待。不論是國土還是人口、自然物產，法國都要比英國起步時的情況好很多，為何法國在與英國爭奪全球霸權的過程中屢戰屢敗，不論是軍事還是經濟，都始終差那麼一口氣呢？

太陽王光芒下的財政陰影

在法國的近代史上，路易十四是一位強勢的君主。由於年輕時喜歡戲劇，路易十四曾扮演太陽神阿波羅，因此後人習慣稱呼其為「太陽王」。太陽王路易十四在位時間七十二年，這個當政紀錄不僅前無古人，恐怕也後無來者。路易十四當政的時期，也正是法國稱霸歐陸的風光時期。

一六四三年，當父親去世時，路易十四年僅五歲，只能由母后安妮攝政至一六五一年。而安妮也完全依靠義大利裔首席大臣朱爾．馬薩林（Jules Mazarin）協助出謀劃策，定奪國家大事。當時法國的局勢並不穩定，貴族鬧事、農民起義，不同宗教派別打成一鍋粥，小路易十四和母后曾經數次被迫逃出巴黎避禍。如果給路易十四找一個東方的君主來對應，清代的康熙皇帝是最好的人選，兩人都是幼年登基，都面對著混亂的政局，甚至都有一個傳奇般的女長輩陪伴了少年時代，路易十四有母后安妮，康熙有孝莊太后。

也正是各派誰都不占優勢的混亂局面，給了「法國康熙」路易十四所代表的王室稱雄的機會。路易十四先是擺平了大貴族的勢力，然後鎮壓了數次農民起義，最後又打敗了國內擁有大量堡壘和武裝的教派。

掃清了國內的各個「山頭」，路易十四終於手握至高無上的王權，法國境內無人再敢挑戰他的權威了。

路易十四是一位深受傳統政治思想薰陶的獨裁君主，頑固而保守。在他的統治下，凡爾賽宮中央專制王權戰勝了地方貴族勢力，把所有大權集於一身。在太陽王路易十四的頭腦中，君主專制當然是最適合法國發展的政治形式。當時的法國是西歐面積最大、人口最多的國家。二千二百萬的人口大大超過它的主要對手西班牙、荷蘭共和國，以及海峽對岸的死敵——英格蘭。

然而環顧四周，路易十四發現世界太不安全了。往西看，英法從百年戰爭開始就是宿敵，海峽對岸的英格蘭正在崛起，讓他寢食難安；往南看，揮舞著美洲金銀的西班牙，試圖讓全歐洲都臣服在其腳下；往西北看，德意志境內的許多勢力與西班牙沆瀣一氣，時刻準備南北夾擊他的法國；正北方的「暴發戶」荷蘭也絕對不是省油的燈。

群狼環伺，路易十四不得不盡力維持歐洲最大規模的軍隊，在海上與英國爭鋒，在陸地上與南北方的強敵抗衡，還要保護自己的美洲殖民地，特別是加勒比海島嶼上的蔗糖種植園的安全，保障從西亞穿過地中海而來的貿易路線的通暢……

要在這樣的國際局勢中生存，打仗是避免不了的，因此花錢也是避免不了的。

從哪裡弄到錢，是近代所有君主的心病，對於雄才大略的路易十四，就更是心病。國王不可能親自去搞經濟，路易十四把賺錢的事情交給了自己的財政部長：尚—巴蒂斯特・柯爾貝（Jean-Baptiste Colbert）。柯爾貝是一位忠心耿耿的王室管家和兢兢業業的會計，他管理法國財政和稅收的要訣總結為一句話，就是辦好國有企業——王室工廠。

柯爾貝發放大量的補助金和貸款給手工工廠老闆，幫助他們發展生產。工廠老闆和工人可以得到減免租稅、免服兵役的優待。為了確保工廠的勞動力供應，法國甚至頒布了禁止工人流動到國外的法令，並吸引國外的熟練工人移民法國。

這些民間的手工工廠的納稅，遠遠滿足不了柯爾貝的需要，更確切地說，是滿足不了路易十四的胃口。於是，柯爾貝利用國家資本，直接興建了大量的王室工廠。這些國有企業資金雄厚，而且在生產和銷售上都享有特權。國有企業獲得的利潤，可以由國家也就是王室自由支配。

柯爾貝的計畫看起來很完美，有了繁榮的工廠，稅收應該會滾滾而來。但是，不論是補貼民間工廠還是興建王室工廠，都需要資金。在當時的法國，王室、貴族和教士都是不用納稅的階層，現在工廠老闆和工人也減免了稅收，因此，國家的稅收只能全部壓到農民的身上，農民的生活每況愈下。

其實工人的生活也好不到哪裡去。由於王室工廠享有特權，民間工廠根本無力和王室工廠對抗，因此逐漸走向衰落，工人的薪水自然也就少得可憐了。別以為王室工廠的工人會好一些，由於路易十四多次征戰歐洲，每打一仗，都需要從王室工廠攫取大量的利潤，王室工廠也只能壓低工人工資，來滿足國王對錢的胃口。

柯爾貝也不想幹這種竭澤而漁的蠢事。他曾經說過一句名言：「徵稅的藝術就像從鵝身上拔毛，既要多拔鵝毛，又要少讓鵝叫。」對民眾徵稅太重，抽走了過多的資金，不僅使民眾缺少投資的資金，經濟陷入萎縮，還會讓民眾無力消費，進一步加劇本國市場的蕭條。

但是作為王室管家，柯爾貝對路易十四貪得無厭的資金要求不敢說「不」。曾經有一次，路易十四要增加海軍軍費，柯爾貝委婉地表達了不同的看法。很快的，他就收到了國王的手書，上面寫著：「不要再令我生氣，我所做的決定，都是在聽取你和你的同事所有人的意見後，綜合考慮得出的結論，因此，無論何時，我都不想再次聽到關於此事的議論。」

柯爾貝得到這次的警告後，對路易十四只能俯首貼耳。他希望改革政壇、打擊腐敗，卻不得不和腐敗的官員們同流合汙，透過向地方派遣權力極大的徵稅官的形式，加大徵稅的力度，卻助長了腐敗的滋生，那些徵稅官往往橫徵暴斂、中飽私囊。王室工廠的管理者往往是王室成員或其親屬，在經營的過程中透過特權獲得個人財富，損害國家利益，已是公開的祕密。大量的稅收財富在腐敗體制中蒸發掉了。

偏偏路易十四除了有稱霸歐陸的野心，還對藝術和生活有濃厚的興趣，在路易十四的晚年，國家稅收的一半都用於裝點奢華的凡爾賽宮和王室日常的揮霍。在太陽王赫赫軍功和煌煌宮殿的背後，法國財政的陰影面積越來越大。

拒不召開三級會議

每當大戰來臨，路易十四就越發覺得錢不夠花。在一六八八年爆發的九年戰爭中，路易十四不惜打破過去的傳統，開始徵收人頭稅。這是法國第一次向所有臣民直接徵稅。與傳統的租稅不同，每一個臣民，不論等級、地位，都要向國王繳納人頭稅。幾年後，路易十四又開始向臣民徵收另一項直接稅：什一稅。這些新的稅種加起來，占到整個國家稅收的四分之一。貴族們也要繳納這些稅，但與他們的總收入相比，這些稅只是九牛一毛。

此後，一七〇一年爆發的西班牙王位繼承戰爭，使法國的財政壓力更大了。一七〇六年，法國在戰場上吃了一些敗仗，法國元帥旺多姆（Vendôme）對戰局非常擔憂，因此建議國王路易十四重新召開三級會議，以重新獲得民眾的支持，打贏戰爭。

三級會議是什麼？為什麼要重新召開？

三級會議原本是法國中世紀的等級代表會議，實質上就是一種議會形式，議會的參加者分為第一等級教士、第二等級貴族和第三等級市民，所以稱為「三級會議」。三級會議的主要職能就是審議國王提出的徵稅建議，而徵稅往往是用於作戰。這樣的傳統其實和英格蘭議會傳統是類似的。但是，隨著法國王權的日益強大，三級會議的權力越來越小，和海峽對岸可以震懾國王的英國議會完全不能相提並論。

一四三九年，法國三級會議喪失了對地方領主徵稅的審批同意權。此後，三級會議喪失了對國王徵稅的審查權力，國王可以自行確定徵稅的稅率。最重要的是，稅收的徵繳和軍隊的開支已經完全不需要經過三級會議的同意。如果說在英格蘭，議會的地位與其國家實力越來越成正比的話，那麼在同時期的法國，則形成了完全相反的政治格局。儘管法國在歐洲的地位是與王權的強大有密切關係的，但三級會議的地位日益下降。

到了一六一四年，法國的三級會議被無限期地終止了，大家都聽國王的話就行了。所以差不多一個世紀後，當旺多姆建議路易十四召開三級會議的時候，路易十四拒絕了這個建議，因為如果重新開啟三級會議，就代表國王向貴族和民眾低頭讓步，以換取稅收支持，貴族和民眾可能會提出更多的要求，海峽對岸的英格蘭議會就是他們的榜樣。

路易十四肯定會在心裡嘀咕：「萬一三級會議這幫傢伙效仿英國議會，要砍掉國王的腦袋怎麼辦？」他顯然不想成為查理一世。

不讓步就意味著財政的繼續惡化。法國政府的財政收支從一六九〇年開始，幾乎年年巨虧。此時「革命的老黃牛」柯爾貝已死，路易十四為了籌錢，竟然開始賣官。

其實，古往今來，賣官不算什麼新鮮事，中國漢朝末年皇家為了籌錢，就曾經大肆賣官。但路易十四賣官，就像他在位時間那樣「前無古人，後無來者」，他什麼官都賣，平均每年能從賣官中獲得七千萬里弗爾的收入，占當時王室總收入的五十%。

經濟學裡「供給—需求」的永恆定律又一次擊敗了路易十四。在賣官市場上，買家數量及其手裡的資金一定的情況下，用於出售的官位越多，官位的價格就越低。在路易十四壽終正寢的第二年，即一七一六年，法國王室的年收入萎縮到七千萬里弗爾，而支出高達二億三千萬里弗爾。

江湖傳言，路易十四臨死前說：「朕即國家。」這句話非常彪悍，似乎很符合讓法國稱霸歐洲的路易十四的威風形象。但歷史學家更正說，路易十四的最後一句話其實是「朕走了，而國將永存」，江湖傳言是謠傳而已。是的，路易十四走了，但王室的虧空還在。太陽王的繼任者深切地體會到，人世間最痛苦的事情是：人活著，錢沒了。

一位賭王的經濟傳奇

一個流竄到法國的蘇格蘭賭徒，竟然差一點永久地解決了法國王室的巨大虧空。當然了，就「差一點」。

此人就是約翰・羅（John Law）。他出生於愛丁堡的一個銀行世家，家境不錯，在耳濡目染之下，讓約翰・羅很早就對經濟規律有了很深的造詣。作為富二代，他也免不了沾染上一些亂花錢的惡習，比如賭博。由於算路精準，約翰・羅在賭場上屢有斬獲。但久賭必輸的魔咒也一樣降臨到他的頭上，在輸掉了大筆錢之後，他隻身到倫敦去碰運氣。追美女是富二代的另一個通病，約翰・羅也不例外，他在倫敦和別人為了一個女人而決鬥，並在決鬥中殺死了對方。闖下大禍的約翰・羅輾轉逃回了蘇格蘭老家藏身。

「鮮衣怒馬少年時」的約翰・羅終於浪子回頭，竟然閉門疾書，寫出了一本著名的經濟學著作《論貨幣和貿易：關於國家供應貨幣的建議》。在這部著作中，約翰・羅認為，政府應該設立擁有貨幣發行權的銀行（國有銀行），提供足夠的貨幣來保障經濟活動的順利進行，當經濟蕭條的時候，增加貨幣供應量並不會抬高物價，反而會增加財富產出。

三百年後，約翰・羅的一位英國同鄉寫了一部《就業、利息與貨幣通論》，表達了與約翰・羅同樣的見解。此人被尊稱為「宏觀經濟學之父」，他就是名滿天下的約翰・梅納德・凱因斯（John Maynard Keynes）。

約翰・羅不僅是理論家，還學以致用。他向蘇格蘭官方建議成立國有銀行，但遭到了當局的拒絕。懷才不遇的約翰・羅於是前往當時自由貿易的聖地——荷蘭，在那裡從事法國和荷蘭之間的金融投機，於是他對法國的經濟狀況有了深入的瞭解。

一七一六年，約翰．羅大展宏圖的機會來了。他的一位賭桌上的朋友——法國攝政王奧爾良公爵（Duc d'Orléans），正在為路易十四留下的爛攤子發愁，看到約翰．羅很聰明，對經濟好像也很在行，乾脆死馬當活馬醫，任命他為法國的財政部長。

路易十五時期，法國政治和財政制度腐敗，而戰爭的巨大損耗、軍隊的維持和建設，幾乎耗盡了國庫儲備。路易十四時期的四十萬大軍，不得不削減到原來的一半以下。即便如此，宮廷依然奢侈成風，財政制度混亂，稅收的重擔全壓在農民身上。為了逃避沉重的稅收負擔，許多農民竟願意重新做農奴。

在約翰．羅走馬上任之前，奧爾良公爵曾經採用削減金幣裡黃金含量的方法，大量鑄造劣質金幣，試圖解決財政問題。結果，公爵這種拙劣的騙術，搞得他發行的金幣還不如銅板值錢。

還是讓我們一起欣賞賭王約翰．羅的「騙術」吧！

一七一六年，法國王室特許約翰．羅成立了一家銀行——通用銀行，允許該銀行發行紙幣，紙幣可以兌換金屬貨幣，也可以用來繳納稅賦。毫不奇怪，這顯然是約翰．羅的主意。

通用銀行承諾紙幣可以足額兌換金銀貨幣，這就保證了紙幣的信譽。法國國內市場的貨幣供應量增加了，法國商業開始復甦。同一年，約翰．羅向法國王室承諾，法國的稅收都由他來承包，他每年給王室五千三百萬里弗爾。如果當年稅收少於這個數額，約翰．羅自己要補齊差額，如果當年稅收高於這個數額，超出部分歸約翰．羅個人所有。約翰．羅等於成了法國全國的總包稅人。

約翰．羅的金融手段顯然比奧爾良公爵高多了，法國岌岌可危的經濟形勢得到了短暫的穩定。但是，銀行發行紙幣需要貴金屬作為準備金，通用銀行的貴金屬並不多，因此紙幣的發行量也不會太多，否則又將觸發嚴重的通貨膨脹。

這一點小事難不倒約翰．羅。既然法國境內缺少貨幣，經濟也剛剛站穩，沒有可以作為準備金的東西，約翰．羅就把目光投射到了美洲大陸，他驚喜地發現，那裡有一大塊法國的殖民地。拜路易十四的軍事野心所賜，當時整個密西西比河流域都歸屬於法國。一七一七年，約翰．羅向奧爾良公爵提出了「密西西比計畫」，成立密西西比公司，對這塊廣袤的殖民地進行開發。

此時的奧爾良公爵對約翰．羅非常信任，立刻批准了這個計畫。密西西比公司成立，獲得了開發北美洲的貿易特許權，該公司發行股票，每股售價五百里弗爾。約翰．羅規定，想購買股票的人必須先購買國債，然後用國債來換股票。

這是什麼意思？這就是約翰．羅的高超「騙術」。

他的如意算盤是這樣打的：當大眾買政府發行的國債時，政府就得到了貨幣；當大眾用國債來兌換密西西比公司的股票時，公司就獲得了國債。然後，公司把得到的國債全部銷毀。對，全部銷毀！這就等於免除了政府發國債時承諾支付給大眾的本金和利息。作為回報，政府不需要向大眾支付利息了，只要在未來二十五年裡，每年向公司支付四％的利息就行了。大眾將從公司業績增長和股價上升中獲得回報。

只要這個計畫實現，法國政府的國債就成了香餑餑，法國王室的巨額虧空也將得到填補，甚至徹底彌補。當然，這個計畫的最重要一環，是要讓大眾相信密西西比公司的股票確實有價值。大片的肥沃土地、軟弱的印第安人、遍地礦產和毛皮……密西西比公司的盈利前景太美好了，所有法國人都對這家公司的股票趨之若鶩。

很快的，公司股票開始飆升，約翰．羅向大眾承諾，面值五百里弗爾的股票，每年可以分紅二百里弗爾，再加上股票本身也在升值，他挑起全體法國人對一夜暴富的幻想，他的股票簡直如同當紅歌星的演出門票那樣一票難求。

據說，有一位有身分地位的貴婦，為了求得到密西西比公司的配股，不惜每天坐在馬車上等候約翰．羅的馬車經過。當馬車經過之時，貴婦吩咐車夫製造「交通意外」，她借機嬌呼救命，博取約翰．羅下車詢問，然後貴婦趁機施展美人計，直到約翰．羅答應配股給她方才甘休。

經過約翰．羅的「神操作」，最開心的莫過於法國王室，由於約翰．羅的密西西比計畫進展順利，總計二十五億里弗爾的國債被化解於無形之中。太陽王算什麼，約翰．羅才是法國人民的大救星。

然而，約翰．羅的計畫之所以能夠挽救法國經濟，是建立在密西西比流域有潛在財富的基礎上的。如果密西西比公司能夠從開發北美洲殖民地中獲得大量的毛皮、礦產，以及各種各樣人們需要的東西，那麼這家公司的股票就是有價值的，法國大眾砸鍋賣鐵買國債換股票就是有意義的。

否則，密西西比公司的股票和國債根本就一文不值，法國大眾的財富就會被約翰．羅和王室席捲一空。

真相永遠是那麼殘酷，五百里弗爾的股票一度上漲到一萬五千里弗爾，但密西西比公司描繪的滾滾財富還連個影子都看不到。大眾開始流傳關於密西西比根本沒有金礦的謠言，偏偏這謠言並不是謠言，而是事實。公司股價終於撐不住了，一個月時間就下跌到了一萬里弗爾以下，這還是在約翰．羅自己回購一些股票的情況下，才勉強維持的價格。

其實，如果大眾查看密西西比公司的金庫，就會發現裡面的金銀儲備還不算糟糕，其總價大約是發行的紙幣面值的五十％。換成現代經濟學的說法，密西西比公司的資本充足率是五十％，這比現在世界上任何一家銀行的資本充足率都要高很多。只要約翰．羅沉住氣，能夠讓市面上流通的紙幣不洶湧地擠兌，他構建的法國金融體系依然是健康有序的。

但是，賭徒都不是有耐心的人，往往沉不住氣，約翰．羅也不例外。慌亂之中，他建議王室宣布，只有紙幣才是法國的正式貨幣，金銀被禁止流通，任何人擁有超過五百里弗爾的金銀，都將被處以高額罰款。

此地無銀三百兩，約翰．羅此舉加重了人們的恐慌。股票價格繼續下跌到一千里弗爾之下，無數人的發財夢破滅了。憤怒的人們把約翰．羅的馬車砸得稀爛，消息傳到王室會議上時，開會的貴族們竟然爆發出歡呼聲……他們早就看這個瞎折騰的外國暴發戶不順眼了。

奧爾良公爵最後也拋棄了約翰．羅，王室免去了約翰．羅財政部長的職務，他的公司的特許權也全部作廢。

然而，拋棄了約翰．羅，就能拯救法國已經崩潰的經濟了嗎？王室就算因為約翰．羅而勝利大逃亡，彌補了暫時的虧空，那麼未來呢？奧爾良公爵宣布廢止紙幣流通，國家重回金銀鑄幣的時代。

因此，這是錯上加錯。約翰．羅的錯誤只是用密西西比虛無縹緲的「財富」作為準備金，來發行紙幣（中間還牽涉股票），只能算是小錯，如果法國王室當時能夠鼎力支持他，維護紙幣的信譽，憑藉那五十%的資本充足率，約翰．羅可以毫無懸念地度過難關，法國的紙幣金融體系也會繼續保持穩定。可是一旦廢止了紙幣，就是大錯，法國就回到了路易十四的時代，貨幣缺乏、市場萎靡、稅收不足、腐敗橫行，王室將年復一年地持續虧空。

在法國人要抓住約翰．羅並欲將他撕成碎片之前，約翰．羅再次成功逃跑了。兩年後，他的公司的股票回到了五百里弗爾一股，並成功地穩住了股價。誰錯了？

莫以成敗論英雄，約翰．羅不僅不是個騙子，還是個經濟天才。兩百年後，著名經濟學家約瑟夫．熊彼得（Joseph Schumpeter）看了約翰．羅的著作後不禁掩卷長歎說，約翰．羅的金融理論足以使他在任何時候躋身一流經濟學家之列。熊彼得何許人也？此人與凱因斯齊名，而且在許多經濟學家心目中，論真才實學，凱因斯可能還要稍遜熊彼得。

那麼，我們該如何評價約翰．羅的江湖地位呢？千秋功罪，任由後人評說。

徵稅要了法王的命

沒有了約翰．羅，沒有了信譽良好的紙幣，法國王室繼續向財政赤字的深淵自由落體。一七七四年，路易十六繼位，接管了法國的爛攤子。如果僅僅從政府債務的數額上看，似乎也不是很嚴重。當時英國政府的債務是法國的兩倍，如果平均分攤到每個人身上，由於法國當時的人口比英國多，因此按照人頭分配，每人負擔的債務還不到英國的五分之一。

但我們必須注意到英國和法國的截然不同，雖然法國看似王權強大，但是國內政治局勢非常複雜，國王想要強迫有錢有勢的教士、貴族們出點稅錢，難度很大。當時，歐洲各國王室最害怕的事情，莫過於地方上的各個等級從上到下「垂直聯合」，向王室施壓。比如，一六三九年，法國國王要徵收印花稅，結果諾曼第地區幾乎是動員了全部貴族、教士和農民，聯合起來反對徵稅。

即使到了十八世紀，貴族們失去了絕對的免稅權，國王可以向他們徵稅了，國王也不敢做得太過分，以免貴族們聯合起來對付自己。雖然在戰爭時期，法國政府向全體民眾短暫收取什一稅，但在貴族和教士們的壓力下，戰爭一結束就取消了這項賦稅。

這聽起來有些矛盾。當時的法國是絕對君主制，國王大權獨攬，似乎可以為所欲為。法國十九世紀的歷史學家亞歷克西·德·托克維爾（Alexis de Tocqueville）就曾經說，在法國大革命爆發之前，「法國沒有一個城市、鄉鎮、村莊、濟貧院、工廠、修道院、學院，能在各自的事務中擁有獨立的意志，能夠照自己的意願處置自己的財產」，似乎全國都在國王的掌控之中。

其實，看似無所不能的法國國王，自己給自己套上了枷鎖。雖然國王打壓了各種敢於挑戰自己的力量，但是為了管理龐大的國家和籌措資金，國王又不得不培植一些特權團體來幫助自己完成工作。而這些特權團體對整個國家，特別是經濟運轉，造成了巨大的「腐蝕」，但國王也無能為力，即使幹掉一批特權團體，在法國的絕對君主制下，國家靠權力而不是靠法律來運轉，立刻就會有一批新的特權團體冒出來，因為國王需要這樣的團體來幫自己做事。

國王與特權團體是相互依附的關係，所以當大量的特權團體反對某項稅收時，國王考慮到國家和自己的安危，也不得不退讓。

反觀英國，英格蘭銀行的貨幣是有信譽的，全體英國民眾相信他們手中的鈔票，國王要想從民眾那裡徵稅，必須通過議會的批准，不得擅自徵稅，因此，民眾的權利有制度的保障；而法國政府的貨幣是沒有信譽的，債務並不是平均分擔的，廣大民眾的權利是沒有制度保障的。

路易十六時期，法國人口達到二千四百五十萬，三個等級的人口分布是：第一等級教士大約有十萬人；第二等級貴族有四十萬人；剩下的都屬於第三等級，其中農民有二千多萬人，城市商人和工匠有四百萬人。

當時法國的稅收制度是如何不平等的呢？我們可以從英法百年戰爭時期追溯，當時為了打贏戰爭，法國確立了第一種由國家永久徵收的直接稅——軍役稅，規定第三等級必須用稅金換取國家的保護。隨後，法國王室先後制定了名目繁多的稅種，如騎警費、後勤基地費、草料費、馬場費、河流與港口的維護費，以及人頭稅等，並統統附加到軍役稅之上，全部由第三等級來負擔，按照人頭算。與此同時，王室還設置了鹽稅、商品稅、關稅、菸草稅、印花稅等，向商業活動徵稅，由於稅率很高，而且在不同地區實行不平等的稅制，所以法國民眾怨聲載道，抗稅的起義屢有發生。

雖然名義上，第一等級教士和第二等級貴族也不能免除一些繳稅的義務，但他們是與國王狼狽為奸的特權團體，可以分別以從事征戰和靈魂救贖為理由，獲得免交軍役稅及其附加稅的特權。因此這兩個等級是幾乎不繳稅的，而且視繳稅為恥辱的事情。按理說，只有五十萬人不繳稅，似乎也不多，可是這五十萬人擁有法國三十五%的土地，並且享受政府給予的各種特權，他們壟斷了教會、軍隊和高等法院中的所有高級職位，領受豐厚的年金，並擁有令人欽羨的榮譽性特權福利。

此外，前兩個等級還能向第三等級收稅，對普通民眾的土地徵收數額驚人的什一稅。比如，教會每年徵收的什一稅總額就高達一億至一億二千萬里弗爾，而一七八八年法國政府徵收的按人頭繳納的稅款，只有一億八千萬里弗爾。因此，稅收的負擔完全壓在第三等級，特別是農民的身上。農民人口占法國的八十%，卻只擁有三十%的土地。農民要向教會繳納農產品的什一稅，向貴族和國家繳納各種苛捐雜稅，日子苦不堪言。工匠們的日子也很艱苦，他們的工資在幾十年間上升了二十二%，物價水準卻上漲了六十五%。

相對來說，日子比較好過一點的第三等級是城市商人，他們從對外貿易中獲得了一定的收益。然而，這些被冠以「資產階級」的城市商人沒有政治權力，王室可以隨意向其徵稅，貴族也可以欺壓他們。看看英吉利海峽對岸英國資產階級同行過的是什麼生活，做生意賺到錢後，心情好了，就賞給國王一些稅錢；心情煩悶了，就駕著馬車到泰晤士河旁邊的廣場上，餵一下午的鴿子，然後再坐著馬車回家，就像什麼事都沒發生一樣。

這才是資產階級該過的生活，與英國同行相比，法國資產階級簡直「弱爆」了，他們渴望獲得政治發言權。

雖然路易十六已經很節儉了，除了喜歡研究製鎖工藝外，沒有太多奢侈的愛好，但他一個人的節儉並不能抵消整個王室和大貴族們的鋪張浪費，到了法國大革命爆發前，法國王室的債務將近四十億里弗爾，比起當年奧爾良公爵和約翰·羅接手時的爛帳更爛。

窮則思變，路易十六開始琢磨徵稅，第三等級已經沒有什麼油水可以壓榨了，那麼讓第一等級和第二等級「出出血」怎麼樣？

一七八七年，路易十六一意孤行地向所有地產徵收一種統一的稅。對於占有大量土地的教士和貴族來說，這不僅是要搶他們的錢袋子，對他們的面子也是一種侮辱。他們譴責這種土地稅是非法的，只有經過三級會議通過的稅種，才可以執行，否則就不繳稅。

貴族和教士們的如意算盤是，通過三級會議來限制國王徵稅的權力。國王不是想要錢嗎？行，拿出你的一些權力來換吧。

一七八八年八月中旬，路易十六被迫讓步，宣布召開三級會議。

從路易十四到路易十六，法國最終還是走到了重新召開三級會議的這一刻。只是時光已經過去了一百多年，在這段期間，法國在路易十四的帶領下成為歐洲的霸主，卻又無可奈何地滑落下來，已然是落花流水春去也。

窮困潦倒的法國，早就不是能夠在海上和陸地兩條線與列強掰手腕的軍事霸主，以當時的財政狀況，法國只能思考，是要穩住海上力量，保住大西洋貿易及其殖民地，還是鞏固陸地力量，維持陸地霸權？

然而，歷史進程使法國連二選一的機會都沒有了。一七五七年，在羅斯巴赫鎮，法國與奧地利的聯軍四萬多人，以兩倍兵力竟然不敵新銳力量普魯士軍隊，遭遇慘重失敗。法國軍隊長期累積起來、凌駕於歐洲戰場上的榮耀，一夕掃地。這一場敗仗讓許多法國人清醒了，意識到法國的整個社會體系和政治體系出了問題。沒有堅實的經濟基礎和財政基礎，單靠強大的王權，已經無法引領法國在歐陸爭霸中立足了。

自中世紀以來，法國王室成員的權力以及貴族的特權，都是以軍功為基礎的，這也是歐洲一項基本的封建契約傳統，國王和貴族負責打仗，農民、商人負責交糧、繳稅。法軍在戰場上的慘敗，對軍隊和貴族來說都是重大的打擊。法國人會在內心追問，甚至公開討論，我們給了國王和貴族那麼大的特權，尤其是徵稅的權力，他們卻無力再保護和引領法國，他們的特權還有什麼合法性？

整個法國社會彌漫著對路易十六及其大臣們的不信任，包括法國在內的各國民眾和金融市場，都已經對法國王室失去了信心，不願意將錢借給這個政府。路易十六根本無法透過借款的方式緩解面前的財政壓力，除非貸款人能夠獲得非常高的利息。法國的外交和軍事影響力迅速下降。

風雨飄搖中，三級會議召開。根據代表名額規定，第一等級和第二等級的代表各三百名，第三等級的代表六百名。路易十六的如意算盤是，利用第三等級來制約第一等級和第二等級，王室和第三等級聯手，逼迫貴族和教士們乖乖繳稅。

局勢的發展完全出乎意料，不論是貴族們的算盤，還是國王的算盤，全都打錯了。第三等級聯合了一些崇尚自由和思想解放的開明貴族，在三級會議裡取得了絕對多數，然後一腳踢開了第一等級和第二等級，宣布改三級會議為國民大會，只有國民大會的決議才具有法律效力。

國民大會對徵稅的討論結果是，對全體國民徵稅，貴族和教士也不例外。這個結果是國王所期望看到的。但同時，國民大會還要透過憲法限制國王的權力，這可不是國王期望的。

此時，路易十六猶豫不決的性格害了自己。既然最初的目的是挽救法國的財政危機，向貴族和教士的錢袋子開刀，就得依靠第三等級的力量，果斷地把一些權力讓給第三等級作為回報，就會獲得大批盟友的支持。如果法國歷史沿著這條路走下去，說不定政治格局就會與英國越來越相似了。

可是，路易十六不想放棄手中的權力，他悄悄調集一些忠於國王的部隊到凡爾賽，準備以武力解決危機。這樣一來，三個彼此鉤心鬥角的等級，全都視國王為自己的敵人。結果，民眾起義，巴士底監獄被攻占，路易十六被抓，法國陷入了戰爭和恐怖之中。

混亂解決了一切關於欠錢和還錢的問題。路易十六被送上斷頭臺，用他的生命勾銷了王室欠下的巨額債務；各地的農民奪取土地，燒毀貴族的莊園，廢除了貴族和教士強加給他們的各種稅收項目。

混亂只會消滅財富，不會創造財富。混亂過後，法國將重建，國破山河在，錢會弄到手的。

〔第10章〕

兩個拿破崙，別樣滑鐵盧

亂世出英豪。一片混亂的法蘭西終於等來了一位小個子的英豪——拿破崙．波拿巴（Napoléon Bonaparte）。法國軍隊在這位戰神的統率下，頑強地抵禦了外國聯軍的多次進攻。一七九九年十一月，羽翼豐滿且野心勃勃的拿破崙發動「霧月政變」，輕鬆地奪取了法國的政權。

許多法國人都把拯救法蘭西的希望寄託在這位強人身上。拿破崙在戰場上百戰百勝，那麼他在經濟戰場上會有什麼戰績呢？

皇帝陛下的獨門準備金

從一七八九年巴黎民眾起義，攻陷巴士底監獄起，到拿破崙發動政變止，法國大革命中各派力量拚了個你死我活。十年浩劫之後，法國的國庫空空如也。作為戰爭狂人，拿破崙其實和太陽王路易十四沒什麼區別，他希望的是在經濟平穩發展的前提下，高效率地徵稅和發行國債，以滿足自己治理國家和對外作戰的資金需求。

一八〇〇年，在一些金融家的建議下，拿破崙創立了法蘭西銀行，銀行由政府和私人分別投資五百萬法郎和二千五百萬法郎，其中拿破崙個人也投資了二萬法郎。法蘭西銀行陸續兼併了法國較大的幾家銀行，壟斷了巴黎地區的紙幣發行權。法蘭西銀行相當於法國的中央銀行，不過，不同於金融家控制的英格蘭銀行，法蘭西銀行是由政府控制的。

政府控制的銀行、紙幣發行，聽上去似乎很耳熟。這不就是約翰．羅提倡的經濟政策嗎？繞了近一百年的彎路，法國還是走回了約翰．羅指明的道路上。

對於發行紙幣，需要解決的永恆問題是準備金。憑空印一堆鈔票，老百姓是不相信的，老百姓寧可以物換物，也不會要沒有準備金保障的紙幣。約翰．羅和他的銀行準備金率達到了五十％，不可謂不高，為了繼續發行紙幣，他還得搞出個密西西比計畫，用新大陸上的潛在收益轉換成股票，用股票轉換成國債，發行更多的紙幣。

那麼現在，皇帝陛下，您有什麼東西可以做準備金呢？

北美洲路易斯安那殖民地嗎？不要說法國民眾不會再相信密西西比式肥皂泡泡，一八〇三年，手頭緊張的拿破崙已經把那麼大一片土地賣給了美國，肥皂泡泡都沒得吹了。

皇帝口袋裡什麼都沒有，但皇帝會打仗！

拿破崙的策略是以戰養戰，以戰養國。拿破崙四處出擊，占領義大利北部後，扶持起傀儡政權，令其每年給法國上供。拿破崙又先後攻入德國、西班牙，也是透過扶持傀儡政權，掠奪當地的財富。

隨著拿破崙大軍節節勝利，每年有十億法郎的境外稅收源源不斷地流入法國。這筆鉅款除了用作戰爭的軍費外，其餘的都被拿破崙發給法蘭西銀行，作為準備金，來增發紙幣。一八一一年以後，境外稅收還用來發放貸款，促進法國的經濟發展。

說白了，拿破崙是用自己軍事掠奪的預期收益，來充當發行紙幣的準備金。

在拿破崙統治時期，法蘭西銀行和它發行的紙幣信用很好，人們願意用紙幣來做生意，法國經濟不僅恢復元氣，還日趨繁榮了。而且拿破崙依靠強力，消除了國內市場上許多地區障礙，促進了商業的發展。當然，這不能僅僅歸功於拿破崙的軍功，早在拿破崙嶄露頭角之前的混亂時期，法國王室和貴族被殺的被殺，逃亡的逃亡，那些過去不用納稅還享有特權的等級已經灰飛煙滅，這本身就減輕了第三等級的納稅壓力。

遺憾的是，以掠奪為基礎的法國金融體系，並沒能順利轉型到以自身經濟發展為支撐的體系，有兩個因素阻擋了皇帝在經濟戰場上所向披靡。

第一個因素是掠奪經濟模式本身有缺陷。拿破崙就像中國古代的楚霸王一樣，屢戰屢勝，但只要被劉邦打敗一次，就是致命的。因為他的經濟模式建立在掠奪的基礎上，只有勝利和戰利品才能穩定紙幣的價格，而一次失敗就會令紙幣幣值地動山搖，拿破崙的財政基礎就會像多米諾骨牌一樣，推倒一塊，就會接二連三地全部倒下。

退一步講，就算拿破崙常勝不敗，征服了全世界，他的經濟模式也將走到盡頭。當所有的敵人都被消滅，搶無可搶時，拿什麼來穩定幣值呢?這個問題對於戰神拿破崙來說，是無解的。

實際情況要糟糕得多。一開始，拿破崙還曾經標榜自己解放者的形象，要推翻歐洲各國腐朽的王室，給各國人民自由。這種宣傳一度讓法國軍隊受到一些外國民眾的歡迎。然而，隨著法軍攻占歐洲各國，拿破崙把自己的家族成員全部推上了歐洲王位，他的長兄約瑟夫・波拿巴（Joseph Bonaparte）成為那不勒斯國王；幼弟熱羅姆・波拿巴（Jérôme Bonaparte）當上了西發里亞國王（註：位於今德國境內）；四弟路易・波拿巴則是荷蘭國王。法國向占領區勒索巨額賠款、大量徵兵，使占領區人民憤憤不平。

法國的擴張主義和拿破崙的野心昭然若揭。於是，英國、德意志、俄國、西班牙等國的民族主義和愛國意識全部被激發出來，矛頭一致對準拿破崙。拿破崙一時的軍事勝利，換來的卻是民怨沸騰、四面楚歌。

大陸封鎖作繭自縛

第二個因素，是拿破崙咎由自取，犯了嚴重的經濟錯誤。

席捲了大半個歐洲的拿破崙一直有塊心病，那就是和法國只隔一條海峽的英國。英國絕對是一塊大肥肉，掛在嘴邊卻吃不到。雄心勃勃的拿破崙曾幾次在英吉利海峽南岸集結大軍，準備進攻英國，但英國強大的艦隊封鎖了英吉利海峽，法國的海軍根本不是英國皇家艦隊的對手。

戰場上無法解決問題，思前想後，拿破崙決定和英國打一場經濟戰。大半個歐洲都臣服在自己腳下，要封鎖那個小小的島國，豈不是易如反掌？一八〇六年，拿破崙下令：「不列顛島處於封鎖狀態，歐洲大陸諸國不得與不列顛島進行任何貿易和通訊往來。」

英國作為獨處一隅的島國，海外貿易是其生命線。如果法國控制住整個歐洲大陸，對英國進行封鎖，那麼英國將陷入財源枯竭、經濟紊亂的困境，激化的社會矛盾將接踵而來，英國最終將不攻自破，對法國俯首稱臣。這就是拿破崙設想中的經濟戰法。

對於封鎖英國，拿破崙其實還有另一番考慮。法國歷經動亂之後，工業實力已經被英國甩出了好幾十里地，正所謂「無農不穩，無工不強」，拿破崙希望透過對英國的全面封殺，將英國的工業品排擠出歐洲大陸市場，讓法國的工業品不僅在國內有市場，甚至還能銷往歐洲大陸其他國家，讓法國的工業蓬勃發展起來，就算最終無法取代英國成為「世界工廠」，成為「歐洲工廠」也有得賺了。

遺憾的是，從拿破崙正式宣布大陸封鎖政策起將近十年的時間，非但沒有打垮英國的經濟，法國自己的經濟反而陷入了泥沼之中。整個歐洲大陸的經濟都陷入低迷，市場趨於萎縮。法國之前的一些富裕省分，如阿爾薩斯，問題尤其嚴重。

這到底是怎麼回事？

工業革命是以機器製造和使用為標誌的，當時最先進的工業技術掌握在英國人手中，法國的那些工廠只能勉強算蹣跚學步的階段。大陸封鎖政策還沒影響到英國人，首先就斷了法國工廠學習先進技術的管道，使法國的工廠技術原地踏步，一直處於工業時代之前的狀態。不能以機器大量生產來降低工業品的成本，也不能提高工業品的品質，法國貨被貼上了價高質劣的標籤。封鎖政策讓走私英國工業品成為有利可圖的生意，歐洲大陸各國的人紛紛從事走私行當，根本視法國工業品為無物。

壟斷歐洲市場並沒有給法國的工廠帶來福音。到了一八一一年，法國境內的棉紡廠從一千多家減少到三百家，工業產值下降了超過三分之一，僅在巴黎地區，五萬名工人中就有兩萬多人失業，法國的工廠太不爭氣了。

為什麼政府閉關鎖國大力扶持的民族工業，總是令人失望呢？不論是前文提到的柯爾貝扶持的手工工廠，還是拿破崙扶持的各種工廠，抑或是後世任何打著保護民族產業而採取的閉關鎖國或者抬高關稅的政策，無一例外得到的都是粗製濫造的產品。

其實原因很簡單，因為人都是逐利的，工廠老闆也不例外。

首先，社會上各行各業那麼多，政府應該扶持哪些，不扶持哪些？從公平的角度說，每個正當行業的從業者都是本國國民，都是平等的，政府用收上來的稅補貼（或透過閉關鎖國保護）某些行業的做法，對於其他行業來說是不公平的。政府扶持的那些企業，往往是有政府背景或是政府辦的企業，正所謂近水樓臺先得月，於是民營企業必然受到傷害。工廠老闆要想獲得政府的補貼，最有效的方式不是提高技術、降低成本，而是向政府官員做公關，套取政府的補貼或者其他特權。

當工廠老闆獲得了政府的特權後，是否會感恩戴德，努力提高技術，回報政府的期望呢？不會的，他們做不到。因為提高技術是一個很艱苦的過程，也是很浪費錢的事情，如果沒有競爭的壓力，以追求利益為目標的工廠老闆就沒有革新技術的動力，而維護好自己的特權地位才是有利可圖的。就算某些工廠老闆熱衷於革新技術，也只是憑著自己的興趣在「玩票」而已，和那些奮力在市場競爭中搏殺、密切關注科技進展、努力鑽研技術革新的工廠老闆，是沒辦法相比的。

還有一些「閉關鎖國搞發展」的擁護者辯解說，這些受到扶持的民族工業就算不爭氣，也給國家提供就業機會和稅收收入，抵禦了外國工業的威脅。然而，我們要看到硬幣的另一面，那些沒有受到扶持的工廠因為受到不公正的對待而生產萎縮、減職位裁員，減少了整個社會的就業機會，這些工廠上繳的稅收也受到了傷害。至於外國工業的威脅，不管產品的產地是哪裡，禁止本國國民購買和消費更好的產品，本身就不公正，是對全體國民的傷害。

閉關鎖國搞民族產業，是自欺欺人的經濟不歸路。

英國貨衝垮歐陸防線

可惜，拿破崙不懂得這些經濟道理。大陸封鎖政策給法國經濟帶來了災難性的後果，卻未給英國形成真正的殺傷力。

雖然英國在法國實行大陸封鎖的初期，經濟上受到了一些損失，國內工人運動一度高漲，但英國畢竟是處於上升階段的資本主義強國，很快就用實力扭轉了局面。針對糧食進口的短期不足，英國大量開墾荒地和公地，鼓勵農業投資和採用農業新技術，不但實現糧食的基本自給，還推動了農業技術的革新。

外貿方面，一八一〇年英國的商船比一八〇五年增加了兩千多艘，強大的英國海軍也在世界各地不斷占領新據點，為貿易開闢了新的市場。在亞洲，波斯和土耳其對英國開放了海岸和市場；原屬荷蘭的印尼也被英國奪走，成為英國獨占的原料產地和市場；在南美洲，光是英國與拉普拉塔（La Plata，阿根廷的重要城市）和巴西的貿易額，就從一八〇五年的八百萬英鎊增加到了一八〇九年的二千萬英鎊。

既然歐洲大陸人需要優質的英國貨，英國人為什麼不積極走私呢？

英國憑藉著海上軍事力量，在歐洲大陸周邊不斷建立走私基地，比如北海的黑爾戈蘭島（Helgoland）、波羅的海的哥特堡，西地中海的直布羅陀、西西里島，東地中海的愛奧尼亞群島，等等。走私商品如海浪一樣敲打著每一寸海岸，法國海軍只能望洋興嘆，無力阻止。

拿破崙的策略實際上讓整個歐洲大陸變成了一個內陸國家，還想去掐死海洋貿易大國，這根本就是螳臂當車。在那個時代，一個國家的經濟與世界聯繫越緊密，它的經濟力量就越強，正面典型就是英國。在一八〇〇年前後，英國近三分之一的稅收都來自對進口的熱帶食品和酒精類飲料徵收的關稅，關起門來搞封鎖的法國只有羨慕的份。

在法國經濟日益凋敝的時候，英國的貿易總收入卻不斷增長：從封鎖前一八〇五年的一億英鎊，增加到了一八一四年的一億六千萬億英鎊。可見，英國只是將貿易的中心從歐洲轉到別處，拿破崙沒能封殺英國，卻困住了自己。

大陸封鎖政策對歐陸各國的影響不一，沙皇俄國受到的影響是最大的。作為一個歐洲東部的國家，俄國在波羅的海的貿易占其整個對外貿易總額的三分之二，而且主要是和英國做生意。法國對英國的封鎖，導致俄國對外貿易無法進行，陷入了嚴重的財政危機。俄國沙皇本來就和拿破崙不是一條心，不僅不是法國的同盟國，反而因對外貿易被破壞而一肚子怨言。

這時候英國乘虛而入，向俄國做出承諾，俄國每次出十萬名士兵攻擊拿破崙的軍隊，英國就資助俄國一百二十五萬英鎊作為經費。這筆錢對於窮困潦倒的俄國沙皇非常有吸引力，於是俄國成為帶頭與拿破崙對抗的歐陸國家。

一八一〇年，俄國沙皇亞歷山大一世向英國商品敞開了大門，英國的貨物紛紛湧入俄國，並迅速擴散至德國、波蘭等歐洲大陸國家，完全破壞了大陸封鎖政策。拿破崙拿不出一百二十五萬英鎊，又不肯放棄大陸封鎖政策讓俄國透過對外貿易賺錢，剩下的唯一一條道路就是打服俄國。後面的故事就眾所周知了，一八一二年，拿破崙率領五十七萬大軍攻打俄國，卻被俄國的「冬天將軍」打敗，在冰天雪地中幾乎全軍覆沒。

前文提過，法蘭西銀行紙幣的準備金是軍事掠奪的預期收益，是戰場上的勝利。因此，只要一次嚴重的失利，人們對紙幣的信任就會產生嚴重的懷疑，拿破崙只能勝，不能敗。但這一次，拿破崙敗了，法蘭西銀行的紙幣也就敗了，法國金融體系崩塌了。

慘敗而歸的拿破崙不要說兵力，就是財力也無法支撐危局，不久就被迫退位，被流放到偏僻的人西洋島嶼。雖然此後他主演了一幕「荒島逃生」及「王者歸來」的大戲，逃回法國並再度奪取政權，但終究曇花一現，百日王朝很快就被反法同盟扼殺，拿破崙在滑鐵盧慘敗，再也沒能翻身。

誰負誰勝天知曉

一八四八年十二月，法國人民選總統，在六名總統候選人中，出現了一個叫「拿破崙」的人。拿破崙．波拿巴已經於一八二一年在聖赫勒拿島（Saint Helena）上鬱鬱而終，這個新的拿破崙叫夏爾．路易．拿破崙．波拿巴（Charles Louis Napoléon Bonaparte），是前者的侄子。

這位路易早年浪跡歐洲各國，在軍界和政界頻頻投機，一有實力就發動叛亂和暴動，謀求更大的權力。可惜路易屢戰屢敗，後來回到法國，於一八四八年當選為議員，並參選總統。此時的法國在拿破崙．波拿巴倒臺後，又經歷了多次政壇動盪，政治上是各派紛爭的時期。沒有太多政治資本的路易，竟然出人意料地當選為法國總統。

事後，人們分析選票發現，路易的大量選票來自法國的農民兄弟。這些農民兄弟對拿破崙．波拿巴很有好感，因為皇帝陛下曾經頒布法令，保護了農民分得的土地。因此，當他們看到選票上的「拿破崙」名字時，想當然地認為這個皇帝陛下的侄子應該也和皇帝的主張一致，是法國勞動人民的「好兒子」，於是紛紛把選票投給了路易。路易僥倖當選總統後，嗜好權力的本性暴露無遺，他發動政變解散了議會，讓自己從總統變成了皇帝，即拿破崙三世。

為什麼是拿破崙三世而不是二世呢？因為拿破崙．波拿巴的支持者認定，當年拿破崙的幼子為拿破崙二世，拿破崙退位的時候，唯一的兒子只有四歲，被加冕為羅馬王，後來跟著母親奧地利公主回到維也納生活，直到二十一歲時病死於肺炎。所以，路易只能排行到三世。這樣的皇帝會如何面對法國的經濟呢？

拿破崙三世最重要的經濟政策，恰恰是他的伯父大陸封鎖政策的反面。與英國對抗是徒勞的，拿破崙三世明智地選擇和世界最強國——英國站在一起，而不是和英國打封鎖戰。一八六〇年，法國和英國的自由貿易條約簽訂了。

根據條約規定，除了葡萄酒和白蘭地之外，英國取消所有法國商品的進口關稅。這兩種酒對於英國消費者屬於奢侈品，所以英國政府收取少量關稅作為財政收入，其他商品則全都免稅。對法國來說，取消了之前對英國紡織品的進口禁令，並且大幅降低英國貨的進口關稅，平均關稅大約是之前的十五%。在一八六〇年代早期，拿破崙三世統治下的法國，相繼與比利時、德意志諸國、義大利、瑞士、北歐一些國家，都締結了貿易條約。

拿破崙三世改造了巴黎城，清理市中心的貧民窟，拓寬街道。一些反對者指責說，他這麼做的目的是防止將來爆發暴動時，叛亂者在狹窄的街道構築街壘，與政府對抗。但從客觀角度說，整個巴黎被重新規畫，中心變成商鋪林立的街區，而大量的工廠處於郊區，那裡也是工人們的居住地。

拿破崙三世還努力打造法國的金融體系，除了國家扶持的法蘭西銀行外，股份銀行和私人銀行一樣被允許發展，雖然法蘭西銀行還是擁有許多特權，但相對於過去，法國的金融體系已經寬鬆了許多。大量銀行的出現帶來了大量資金，銀行家們投資於工業和商業，法國快速實現工業化正是在拿破崙三世時期狂飆突進的。另外，許多法國的百年知名品牌，也同樣在這一時期創立，比如全球女性夢想人手一款的著名奢侈品牌路易威登（LV）。

自由貿易時期，法國工業和商業快速發展，用事實證明了閉關鎖國保護民族產業的錯誤。經濟領域每天都有機會，沒有做不到的，只有想不到的。整天盯著不如別人的地方，希望用關稅和禁令來迴避競爭，只是把頭埋在沙子裡的鴕鳥政策。

羊毛生產比不過英國，毛織品也比不過英國，就要把國門關起來自己搞羊毛和毛織品嗎？不必，把國門打開，讓羊毛和毛織品進來，用法國人的聰明才智再加工一下，搞出一些時尚品牌，回銷給不會玩時尚的英國畜牧主和煤老闆，法國人數英鎊都能數到手抽筋！

雖然拿破崙三世在軍事才能上，遠遠遜色於他的伯父拿破崙．波拿巴，但在治理國家經濟方面，他比起伯父來，還真是強多了。

在某方面有成就的人，往往會覺得自己做其他事情應該也比別人強，如果這個有成就者還是位高權重的人物，耳邊全是讚揚之聲，那麼他就更容易涉足自己並不擅長的領域。

拿破崙三世並非沒有打過勝仗，比如和英國一起打贏了對俄國的克里米亞戰爭，和英國一起打贏了對清朝的第二次鴉片戰爭。這一點戰場成就根本不足以和他伯父單挑歐洲群雄的蓋世神功相提並論，卻讓拿破崙三世自信心爆棚，覺得自己在戰場上也應該是個人物。

一八六九年，西班牙王位出現空缺，普魯士支持霍亨索倫家族的利奧波德（Leopold）親王成為候選人，法國表示強烈反對。拿破崙三世認為，利奧波德將會把西班牙變成普魯士的附庸國，將使法國面臨普魯士與西班牙南北夾擊的不利局面。

儘管這種可能性不一定存在，但拿破崙三世依然決定先發制人，同時也為了阻止圍繞普魯士的德意志各邦的最終統一，於是在一八七〇年，拿破崙三世悍然對普魯士宣戰，並御駕親征，卻因為準備不足、組織混亂，不到兩個月就被普魯士生擒活捉，色當戰役（Bataille de Sedan）成為拿破崙三世的滑鐵盧。隨後，巴黎發生政變，他的帝國也應聲倒下。

拿破崙三世是經濟領域的能手，這一點毋庸置疑，可惜在真正的戰場上，與其伯父相去甚遠。

現在，我們可以來回答前一篇開頭的那個問題：為什麼近代法國在與英國的競爭中，總是差一口氣呢？

十八世紀，在國內生產總值方面，法國和英國尚能打成平手，甚至法國還能憑藉量體優勢，略占上風。但是，從十八世紀末的法國大革命開始，在一七九〇年至一八一五年的這二十五年間，法國一直處於混亂和戰爭之中，特別是拿破崙．波拿巴發動的歷次戰爭，消耗了大量的資源，也損失了大量的法國青年。這些熱血男兒原本都應該成為建設法國的勞動力，卻大量陣亡於疆場上。這二十五年，是法國經濟消失的二十五年，在拿破崙．波拿巴被流放荒島後，法國經濟已經從原來和英國幾乎並駕齊驅，變成了落後很多的局面。

雖然拿破崙三世時期，法國經濟開始復甦並發展，甚至經濟發展一直持續到拿破崙三世倒臺後很長時間，但十九世紀前期起步的落後，讓法國長時間追不上英國的腳步。

兩個拿破崙都遭遇了自己的滑鐵盧，退出政壇，在他們落寞的背影後，巴黎香榭麗舍大道的櫥窗時而蕭條，時而繁榮。蓋棺定論，哪個拿破崙對法蘭西的貢獻更大，並不是容易說清的事情。

〔第11章〕

美利堅謂何國

一談起「殖民」兩個字，大多數人就會皺起眉頭，歷史課本上那句「一八四〇年以後，中國逐步淪為半殖民地半封建社會」，透露出對西方列強侵略的憤恨之情，連帶著殖民、殖民者、殖民主義都成了貶義詞。

殖民主義當然是要反對的，因為它理直氣壯地為侵略行為辯護。但對於殖民和殖民者，我們也許該收一收憤恨的情感。人們為了生計，離鄉背井到其他地方建立新家園，這就是所謂的殖民行為的本意。殖民和殖民者，本身是中性詞彙，類似於流浪和流浪者。

況且，殖民既不浪漫，又不性感，殖民者的殖民歲月往往意味著長期的艱辛，比如前往北美的英國殖民者。

野蠻生長的北美殖民者

一四九二年，哥倫布發現美洲大陸後，歐洲就掀起了殖民潮。最早殖民美洲的是葡萄牙人和西班牙人，他們比後來的那些殖民者要幸運多了，起碼從印第安人那裡搶到了一些金銀，而且早期發現的金礦、銀礦，都位於西班牙人和葡萄牙人的殖民地。由於西班牙和葡萄牙自認為美洲是教宗授權給他們的，因此對於試圖移民美洲的其他國家的人全力阻止。

在十六世紀的大部分時間裡，西班牙和葡萄牙的海軍令人生畏，西班牙的「無敵艦隊」讓歐洲各國恐懼不已，不敢輕易殖民美洲。一些法國人曾經試圖在北美洲的佛羅里達半島殖民，結果全被西班牙人殺掉了。直到格瑞福蘭海戰無敵艦隊覆滅後，西班牙的海禁才被完全打破。在十七世紀中期，英國、法國、荷蘭、丹麥、瑞典等一切有海港的歐洲大國，都紛紛向新大陸上殖民了。

前文提過，前往新大陸的北美殖民者從英格蘭國王那裡除了拿到一張皇家特許狀，就只有一些勵志的心靈雞湯了。更糟糕的是，北美殖民者開闢的殖民地大都土地貧瘠，他們的土地上沒有黃金和白銀，因此只能靠農業、捕魚、伐木、皮毛貿易為生。最初的移民者養活自己都非常困難，往往要靠印第安人接濟的玉米度過難關。在很長一段時間裡，北美的殖民者人數不增反降，因為他們在飢餓和疾病的襲擾下死亡率高得驚人，經常出現整個村落被「團滅」的事情。

然而，最終英國的北美洲殖民地成為經濟最發達的美洲殖民地，從一六二〇年一百零二人登上「五月花號」前往北美洲開始，到一六八八年，殖民地人口已經達到二十萬，同期法國在北美洲的殖民地人口只有兩萬人。到北美洲獨立戰爭爆發前，英國在北美洲殖民地的人口已經超過了二百萬。

為什麼英國的北美洲殖民地能成為美洲大陸發展最迅速的地區？因為英國對當地管得最少！

英國當初把這幫「心懷鬼胎」的不同宗教信仰者、做著不切實際黃金夢的幻想家，打包快遞發貨到北美洲的時候，本來就抱著讓他們自生自滅的態度，因此，英國國王既沒有能力，也不好意思向殖民地人民提出太多稅收和服務上的要求。為了鼓勵更多本土「社會不安定因素」前往北美洲，英國推出了一系列極其優惠的政策，諸如農副產品進出口免稅、窮人按照契約耕作幾年後即可以獲得土地，等等。

這樣的殖民地政策，鼓勵了殖民地人民的勞動積極性，讓他們更有動力改良土地品質。這些殖民者基本上不用負擔國防、行政方面的費用，每個州一般只配有一位總督、幾個官吏，加上為數很少的員警，需要供養的公務員數量非常少。

對於北美洲的商人，制度上有很多優惠。在北美洲獨立戰爭前，如果你是一名英國本土商人的話，就要依法納稅，因為政府要靠你的稅錢運轉下去。但如果你是一名北美洲殖民地的商人，就不必繳稅，因為北美洲殖民地自治到了幾乎不向英國政府繳稅的程度，他們所需要繳的稅僅僅是英國本土居民的五十分之一。即使是這部分錢，也全部用於北美洲殖民地的建設和防務，英國本土財政是分文不取的，肉爛到鍋裡，這些錢最終還是留在殖民地。

總之，北美殖民者屬於大英帝國裡待遇最好的一批海外居民。

但是，北美殖民者面對英國官員的時候，很少會老實地說「是、是、是」，他們總是給英國製造麻煩。

法國人在北美洲的殖民進展本來很成功，他們沿著密西西比河流域建立了一個貫穿北美洲中部的巨大殖民地，完全擋住了英國的北美洲殖民地向西擴展的企圖。但英國的北美殖民者人數眾多，許多人未經本國政府許可，也未經法國政府許可，就越過阿帕拉契山脈，向西尋找更大面積的土地耕耘。

這幫英國殖民者甚至修建了堡壘，深深地嵌入了法國人自認為屬於自己的殖民地境內。

更讓法國人惱火的事情是，英國的北美商人尾隨而至，開始和法國人搶生意。在這塊北美洲新大陸的殖民早期，最賺錢的行當莫過於和印第安人做生意，用歐洲的各種製品來換取毛皮，然後把毛皮運往歐洲大賺一筆。

這些英國商人與法國商人相比，有兩大優勢，一個是資本更加雄厚。英國的北美商人繳稅極少，基本上不用為軍隊的給養和國王的王宮付帳，因此，從事貿易的時候利潤更豐厚，打價格戰也遊刃有餘。另一個優勢是英國當時開啟了工業革命的序幕，工業製品相對於法國來說更加便宜，因此英國的北美商人在和印第安人做生意的時候，他們的火器、水壺、毛毯等製品的成本更低，所以價格可以更低一些，對印第安人更有吸引力，使得印第安人願意把毛皮賣給英國商人，而不是法國商人。

眼看本國的北美洲殖民地入不敷出，法國人急了，揮兵摧毀了北美洲英國人私搭亂建的「違章」堡壘。北美洲英國人自然難敵法國正規軍，他們完全是一盤散沙，沒有什麼武器裝備，不要說法軍，連印第安人都抵擋不住。美國開國元勳班傑明．富蘭克林（Benjamin Franklin）在評價那個時期的英國殖民地時，曾痛惜道：「如今，我們就像亞麻布沒有織好時的絲線一樣，因為沒有聯合起來，所以沒有力量；而一旦聯合起來，我們就會變得強大，甚至所向披靡。」這段話寫於一七五四年。

英國在北美洲的殖民地還受到多方面的威脅，在南邊，西班牙經常想蠶食英國殖民地的領土；在密西西比河谷，印第安人部落經常騷擾英國的殖民地；北面是法國人的聚居地魁北克，那裡人口不少，他們隨時可能南下侵擾英國殖民地。

北美洲的英國殖民者只能向英國本土尋求保護。英王原本不想管阿帕拉契山脈以西的事，因為按照當時的國際準則，法國人已經在那邊插國旗，埋了刻有主權字樣的鉛盤，那片土地已經屬於法國人了。但自己家的「孩子」挨打了，如果放任不管，搞不好法國人再進兵北美十三州，英國人都得被趕下大西洋，後果不堪設想。於是，在歐洲列強掀起的七年戰爭中，英國和法國圍繞北美洲殖民地的局部戰爭也打響了。

結果，法國人被擊敗了，英國席捲了法國在北美洲的大片殖民地。那麼英國人真的贏了嗎？那得看是哪裡的英國人。對於北美洲的英國人來說，他們什麼都沒有付出，就得到了西部的大量土地，還有暢通的自由貿易路線，賺大了。但是，對於本土的英國人來說，他們付出了巨大的戰爭代價，七年戰爭後，英國政府對本國民眾欠下累累債務，已無力支付海外駐軍的經費，除了國家榮譽之外，似乎沒撈到任何好處。

為了三便士茶稅，丟掉十三個州

一些人開始質疑：難道不該讓這些北美洲英國人合情合理地承擔一些國家債務嗎？

英王和本土英國人就是這麼想的，也是這麼做的。砍向北美殖民者的第一刀頗為奇怪，就在打敗法國人後，一七六三年，英國政府規定了英國在北美洲殖民地的最西界線，宣布禁止向阿帕拉契山脈以西繼續移民。官方的解釋是，政府得有足夠的時間制定土地政策，然後再讓廣大人民群眾去享受勝利果實。

但北美的商人可不這麼想，他們認為，這是一個陰謀，禁止他們去那邊做生意，是英國為了給英國本土商人壟斷毛皮生意開路，北美商人將被一腳踢開。

還沒等北美商人的抱怨聲響起來，《食糖法》（Sugar Act）又飛了過來。一七六四年，為了償還因戰爭欠下的國債，英國議會通過了《食糖法》，要求對輸入殖民地的糖蜜和糖塊徵稅，這是第一項為特殊目的向殖民地徵稅的法令。

為什麼先對糖蜜徵稅呢？這件事還是跟法國人有關。十八世紀的北美人和歐洲人一樣，都喜歡喝酒，而且是烈酒。比如在新大陸，蘭姆酒就是一種很受歡迎的酒品，也是一種重要的出口歐洲的商品。北美人要釀造蘭姆酒，就必須用糖蜜作為原料，蒸餾而成。

那麼糖蜜的產地在哪裡呢？從地域上講，靠近北美洲的糖蜜產地有兩處，一處是英屬西印度群島，另一處是法屬西印度群島，總之都在加勒比海的海島上。偏偏法屬西印度群島的甘蔗園規模大，生產效率高，比如當時屬於法國的海地島，光是一七六七年，就向歐洲出口了七千二百萬磅的粗糖和五千二百萬磅的白糖；一七八〇年代，海地島占有了歐洲市場上出售蔗糖總量四十%的份額。

與之對比，英屬西印度群島上的蔗糖產量低、價格高。由於甘蔗園規模小，人口也少，因此，這裡對北美出產的木材、魚肉和其他商品需求量也小。於是，北美商人都願意從法屬西印度群島進口糖蜜，因為那裡價格便宜量又足，對自己的商品還有大量需求。站在商人的角度上，這麼做合情合理。

「等一等！法國可是敵國啊！不從自己國家的殖民地進口糖蜜，卻從敵國的殖民地進口糖蜜，這簡直是通敵叛變的賣國行為！」

英屬西印度群島上的種植園主們開始慫恿本國議會，希望本國議會保護自己種植園的利益。一番聲淚俱下的愛國主義讚歌後，《食糖法》頒布了，北美商人的甜蜜日子似乎到頭了。

其實英國議會還是挺講道理的，在該法案之前就有對糖蜜徵稅的類似法案了，那時的稅率是每加侖糖蜜收稅六便士，北美商人覺得稅重了，紛紛逃稅，政府根本徵不到稅款。根據新的《食糖法》，稅率下調為每加侖三便士，但強調說，北美商人這次不能再逃稅了，必須依法履行每個公民應盡的納稅義務。

為了「幫助」北美商人納稅，英王派出大量的徵稅官前往北美。這項法令還規定，北美洲英國商人不能從法國、荷蘭殖民地進口糖蜜，只能從英國殖民地進口，而且必須租用英國船隻，船長還得是英國人。

按理說，每加侖三便士的稅率並不高，但問題的關鍵不在於稅款多還是少，而在於公正還是不公正。這等於是英王強迫北美殖民者購買指定商品（糖蜜），然後他們還得為這個指定商品繳稅。北美商人此時還不敢公然與英國本土兵戎相見，英國軍隊此前連克西班牙、荷蘭、法國等歐洲強國，與之對抗無異於以卵擊石。

這杯稅賦的苦酒，北美殖民者怎麼嚥得下去呢？他們想到了一個反擊的策略：抵制茶葉。

本來是糖蜜的爭端，茶葉怎麼會「躺著中槍」了？

這是因為一七六七年，英國頒布了《湯森法》（Townshend Acts），對輸入殖民地的各種商品，包含玻璃、鉛、顏料、紙張、茶葉等，都要徵收進口稅。一時之間激起民憤，法案遭到了北美殖民者的激烈反對，不得已在一七七三年，法案修正，只對茶葉徵稅，其他全部免除。英國議會不願意免除對茶葉的徵稅，是由於茶葉主要從東方進口，由英國東印度公司壟斷經營，這家公司對於英國的稅收至關重要，因此，英國免除其他稅種，單獨保留了茶葉稅。東印度公司直接透過殖民地代理商銷售茶葉，繞過了不列顛和北美的中間商。由於沒有中間商涉足，東印度公司在降低茶葉價格之後，仍舊可以獲得可觀的利潤。

而且，英國議會當時還天真地認為，北美洲那些「鄉巴佬」主要反對的是「內部稅」，也就是對北美輸出的商品徵稅，對於「外部稅」——輸入北美的商品的徵稅應該不會那麼反感，這幫「鄉巴佬」要是覺得價格貴了，不消費不就行了嘛。

然而，茶葉已經融入北美殖民者的生活中，對他們的生活甚至比蘭姆酒更重要。我們知道，英國人喝茶時往往會加奶、加糖，因此，一杯茶裡營養豐富、熱量高。其實這個傳統在北美洲殖民地時期就已經流行了。當時，由於甘蔗園的廣泛開墾，糖產量大增，糖價下降，讓人們對加糖的茶能夠消費得起，於是逐漸形成了對茶和糖的巨大需求。現在，突然之間對輸入北美的茶葉徵稅，雖然表面上是對輸入茶葉的東印度公司徵稅，但生活在北美的人都知道，東印度公司壟斷了所有的茶葉輸入，他們自然會把稅加到茶葉的銷售價格中，北美殖民者買也得買，不買也得買，稅最終還是落在他們頭上。

都是英國國民，為什麼北美人就要承擔這項稅，本土英國人就不需要承擔？這不公平！

北美殖民者還意識到一個非常嚴重的問題，如果英國議會有權讓東印度公司壟斷北美的茶葉貿易，那麼它也有權壟斷北美的任何貿易，並禁止北美的商人參與本地的任何貿易。那北美的商人還怎麼混？

這些殖民者甚至放話，不論英國為保衛北美洲殖民地花費多麼巨大，都沒有權力要求北美殖民者和不列顛島上的國民一樣繳稅，因為殖民地在英國議會裡沒有代表席位。維吉尼亞殖民地的代表就明確表示，沒有本殖民地代表的同意，就不能制定針對他們的稅收法案。其他殖民地代表紛紛表示支持。

北美各殖民地的意思很清楚：「無代表，不納稅！」

這句宣言揭露了英國在北美洲殖民地上所犯的重大錯誤。英國議會在面對北美洲殖民地的時候，是一種純粹的商業考慮，要求殖民地必須順從地提供大量的原材料，同時殖民地人民應進口英國的製成品，並沒有把殖民地人民與不列顛島人民同等看待。在不列顛島上，國王要徵稅，需要獲得議會的批准；而在殖民地徵稅的時候，卻不需要徵得殖民地人民的同意。

北美殖民者群情激憤：「抵制！抵制加了稅的茶葉！」

那麼，憤怒且有骨氣的北美殖民者，決心從此不喝加糖的茶了嗎？生活中沒有了加糖的茶，還有什麼樂趣可言。東印度公司只此一家別無分店嗎？非也。荷蘭人也有東印度公司，而且更有意思的是，這家公司也出售茶葉，且這家公司的茶葉不加稅，價格便宜。

從荷蘭人那裡走私茶葉，就跟從法國人那裡走私糖蜜一樣容易，北美殖民者繼續享受他們加糖的茶，繼續製造蘭姆酒出口賺錢。沒過多久，英國東印度公司的高價茶葉堆滿了北美洲殖民地的沿海碼頭，慢慢發霉，無人問津。

英王和英國議會再次被這種「背叛行為」激怒了，議會一咬牙，竟然開始補貼東印度公司的茶葉貿易，讓其以低於荷蘭東印度公司進口價的價格出售。北美「走私販子」們的走私茶葉售價大約是每磅二先令一便士，英國東印度公司未補貼前的茶葉每磅售價在三先令左右，補貼後的售價下降到了一先令，比「走私販子」的售價還低。

這下子，北美的「走私販子」徹底被激怒了，因為這種政府補貼東印度公司的做法，是要置這些「走私企業」於死地，完全違背市場經濟和貿易逐利的常規。在北美商人的鼓動下，準確地說，是在英國議會的倒行逆施下，殖民地人民反抗茶稅的運動愈演愈烈，最終釀成了震驚世界的「波士頓茶葉事件」：殖民地獨立激進派的山繆・亞當斯（Samuel Adams）率領約六十名殖民地「自由之子」成員，裝扮成印第安人，登上已經靠港的英國東印度公司「達特茅斯號」商船，把船上的三百四十二箱茶葉全部倒入波士頓港冰冷的海水中餵魚。

這批茶葉價值約九千英鎊，並不算多，卻掀起了大西洋兩岸的驚濤駭浪，徹底淹沒了英國的北美十三州殖民地。

一七七五年四月，根據掌握的情報，麻薩諸塞州萊辛頓（Lexington）有民兵窩藏武器，英國殖民軍隊出動試圖收繳，雙方開戰。殖民地各州迅速召開大陸會議，組建大陸軍，任命維吉尼亞州的大農場主喬治・華盛頓（George Washington）為總司令。英國政府拒絕與北美洲殖民地和解，宣布北美洲發生了叛亂。美國獨立戰爭爆發了。

面對如日中天的昔日宗主國，北美十三州看上去不堪一擊。然而，從國際形勢上看，英國完全陷入了孤立狀態。北美人民的大陸軍在一七七七年取得了薩拉托加（Saratoga）大捷後，法國受到鼓舞，認為這是扳倒宿敵英國的一次機會，因此於一七七八年對英國宣戰；一七七九年，西班牙也加入戰爭，支援北美人民，其他的歐洲列強則宣稱保持中立。一七八一年，法美聯軍在約克鎮包圍了英軍的主力，英軍被迫投降。一七八三年，美英兩國簽署《巴黎和約》，美國獨立戰爭結束。對英國來說，北美洲殖民地已經是覆水難收。

美國獨立戰爭，本質上是宗主國和殖民地兩者都覺得不公平而爆發的。這個結果真的是不可避免的嗎？

英國經濟學家亞當・斯密（Adam Smith）有「現代經濟學之父」之稱。一七七六年，北美獨立戰爭爆發不久，亞當．斯密剛好也要發表其名著《國富論》（*The Wealth of Nations*）。這位經濟學家宕開一筆，在書中奉獻了一條解決大英帝國危機的策略。他建議，成立一個宗主國和殖民地的聯合議會，協調各項爭端，殖民地各州根據繳納的稅收比例選舉代表，進入議會，同時宗主國准許殖民地自由貿易。

亞當．斯密甚至預計，由於北美洲土地廣闊，經過充分發展後，大英帝國的中心在未來會發生轉移，大不列顛島會淪為整個帝國的邊緣。「就像那裡一向在財富、人口和改良上那樣快速進步，也許只要一個世紀，美洲的納稅額將超過不列顛的納稅額。帝國的首都，自然會遷到帝國內納稅最多的地方。」亞當．斯密的這個策略如果成為現實，就塑造了一個橫跨大西洋的新國家。也許因為他是蘇格蘭人，對不列顛島的地位下降並不十分擔憂。

亞當．斯密的策略給予了北美各州代表權和自由貿易權，以此換取各州向國家繳稅，並站在更高的層面上構想大英帝國的布局，非常有創造力和想像力。可惜他只是學者，不是英王或政府決策者。

戰爭的槍炮轟鳴聲退去，一個獨立的、嶄新的國度——美利堅合眾國浮出了水面。

賭王的美國高徒

美國獨立了，美國人再也不用向英王繳糖蜜稅、茶稅和其他一些稅了。他們迎來了不用繳稅的美好生活嗎？

有句著名的美國諺語是這樣說的：「世上有兩件事是無法逃避的，一件是死亡，另一件是繳稅。」沒有民眾的稅收，國家怎麼運轉？

新興的美利堅合眾國幾乎是在立國之初就面臨著「國將不國」的危險。昔日的大陸軍總司令、第一任總統華盛頓，把一紙財政部長的委任狀交到亞歷山大．漢密爾頓（Alexander Hamilton）手裡，同時也把國家背負的七千七百萬美元的債務交到他的手裡。這些債務中，有一千二百萬美元是欠外國政府和外國銀行的；有二千萬美元是國家欠各個州的；剩下的債務全是欠普通美國公民的。在獨立戰爭期間，為了籌措打敗英軍的資金，大陸軍曾經向民眾借款，打了許多「白條」，這些「白條」到了該償還的時候了。

美國公民手中的債券情況比較複雜。許多民眾等不到大陸軍取得徹底勝利和國會償還欠款的時候，就把手中的債券廉價地賣給了投機商人，因此，許多債券實際上掌握在投機商人手中。

圍繞著如何償還債務，初生的美國議會分成了兩派。一派以財政部長漢密爾頓為首，主張以票面價值償還政府所欠的債務，不管現在這債券是握在善良而愛國的普通民眾手裡，還是貪婪的投機者手裡。在漢密爾頓看來，只有足額清償政府債務，才能樹立政府在民眾中的信譽。

但是以國務卿湯瑪斯．傑佛遜（Thomas Jefferson）為首的另一派，反對漢密爾頓的償債方案。反對的理由，一是不想讓普通民眾吃虧而讓投機者獲利，更重要的理由是，傑佛遜看到償還計畫會加強聯邦政府的權力，對各州和人民構成很大的威脅。

漢密爾頓的計畫是，成立一個類似於英格蘭銀行那樣的中央銀行，靠政府信用發行紙幣，清償債務。一旦建立起這種國家級金融機構，勢必會削弱各州的權力。傑佛遜則搬出了《美利堅合眾國憲法》，找出了第十條修正案，即各州和人民享有未賦予合眾國的各項權力。說白了，憲法沒規定聯邦政府有組建中央銀行的權力，因此，這項權力屬於各州。如果因為創立中央銀行就違背這條修正案，獨攬貨幣發行權，那麼從今往後，各州的權力豈不是會被聯邦政府一一奪走？聯邦政府要是頒布一項法令，說水和空氣都歸聯邦所有，人民群眾豈不是得不喝水、不喘氣了？

這其實是一個兩難境地。美國政府沒有錢就不能運轉下去，但如果強行打壓各州的權力，就等於是剛趕跑了踐踏民眾的英國政府，又製造了另一個剝削和壓迫北美民眾的新政府。

有一種偉大叫作妥協。兩派最終達成妥協，傑佛遜同意漢密爾頓成立中央銀行的計畫，而漢密爾頓放棄了之前要把紐約作為首都的提議，同意把首都建在更靠近南方的華盛頓，以照顧南方人的情緒。傑佛遜就是南方人，代表了南方農場主們的利益，他們討厭那些財大氣粗的北方佬。

一七九一年，美利堅合眾國銀行獲得議會的批准通過，然後又獲得總統簽字，華盛頓簽署特許狀，批准美國建立第一銀行，期限為二十年。

漢密爾頓不僅是中央銀行的擁護者，還是約翰·羅的忠實信徒。他對約翰·羅的經濟手段很推崇，只是他認為，法國的金融大廈之所以倒塌，是因為基礎沒打好，也就是濫發紙幣，但抵押物不足或者根本沒有。前事不忘，後事之師，漢密爾頓的美國第一銀行股本一千萬美元，其中聯邦政府的股份有二百萬美元，而另外的八百萬美元，靠在金融市場上發行股票來籌集資本金。這樣的做法，讓人們對美國第一銀行的信譽大為欣賞，結果股票上市僅一個月，股價就從二十五美元一股上漲到三百二十五美元一股。

第一銀行的資金超過各州銀行總和，是一個半私營機構。政府擁有銀行二十%的股票，有權指派五分之一的主管。剩餘的股份公開發售，大部分持股人都是債券持有者。聯邦政府利用第一銀行持有和支付資金，但是，控制銀行的仍然是占更大比例的私人股東，他們設立董事局，決定銀行的借貸政策，管理第一銀行的其他商業事務。

有了高信譽度的中央銀行，漢密爾頓在償還政府債務上有了底氣。不過，他很清楚，一個政府要長期健康運轉，穩定的財政收入是必需的。什麼才是穩定的財政收入呢？隨便印紙幣顯然是不行的，那基本上就只有這招——徵稅。

當時，幾乎所有的國家都有關稅，因此，漢密爾頓提出，美利堅合眾國也要徵收關稅。此言一出，南部和西部的農場主、種植園主就炸了鍋。因為徵收關稅，難免會與其他國家打貿易戰，按照當時盛行的重商主義的慣例，各國往往會鼓勵本國商品出口，並提高從他國進口商品的關稅。由於美國早期是個農業國家，出口主要以農產品為主，打貿易戰會讓美國農產品面對別國的高關稅，出口將受挫，傷害南方農場主、種植園主的利益。而北方商人的工業原料大多靠進口，受到的影響偏正面。

漢密爾頓還瞄準了正在興起的一種酒品——威士忌，並推動國會通過了對穀物類酒徵收聯邦稅。在邊疆的賓夕法尼亞州，農民們用剩餘的穀類釀造威士忌酒，以此賺錢，他們自然反對徵稅並經常拒絕納稅。一七九四年，華盛頓總統派出稅官前去收稅，卻遭到抵制。華盛頓告訴抗稅者：「有問題，找法院。」結果抗稅者發動了武裝暴動，史稱「威士忌暴亂」。

聯邦政府的權威性受到了嚴重挑戰。漢密爾頓建議華盛頓派民兵鎮壓暴動，華盛頓則點齊一萬五千名民兵，越過阿帕拉契山，趕赴暴動發生地。

平叛過程中死了幾個人，所幸事態並沒有擴大，遭到逮捕的一百多人中，只有二十五人受審，兩人獲罪，這兩人隨後獲得華盛頓總統的特赦。

平定暴動讓聯邦政府的權威得以加強，更重要的是，聯邦政府徵稅的權力得到了武力的保障。這次平叛，使得華盛頓成為美國歷史上唯一一個親自領兵與本國人作戰的總統。我們該如何評價華盛頓的這個舉動？一個新的暴君嗎？在那些抗稅者眼中，華盛頓可能算是個「暴君」。但幾年之後，華盛頓退休回到自己的維農山莊時，也建立了製作威士忌的蒸餾室，一年左右的時間就生產了一萬一千加侖的威士忌，獲得利潤七千五百美元（當時也算是一大筆錢）。必須要說明的是，華盛頓為這些酒依法納稅了。

因此，在徵稅的問題上，似乎永遠也沒有一個完美的方案。國家沒有稅收就不能維持運轉，但只要徵稅，就會產生不公平。北美殖民者會因為糖蜜稅和茶稅感到不公平，威士忌釀酒者會因為酒稅而感到不公平。就算是印刷紙幣向全體國民收取「鑄幣稅」，產生的通貨膨脹也會對那些手握更多實物資產的人有利，而對手握更多紙幣的人不利，同樣存在不公平。

也許北美殖民者當年反抗英國徵稅時那句「無代表，不納稅」的宣言，能夠提供相對公平的徵稅機制。讓全國各地、各行各業的人們在國會裡有自己的代表，不同的群體一起討論如何徵稅，如何避免對某個群體的暴政，這些體制能夠在一定程度上消除不公平的現象，也讓國家稅收成為有源之水。

我殺死了銀行

凡是北方人漢密爾頓支持的，南方人傑佛遜都要反對，從中央銀行到威士忌稅，傑佛遜全都反對。傑佛遜甚至拒絕喝威士忌，提倡大家喝進口的葡萄酒，但進口的葡萄酒很貴，沒幾個人喝得起，傑佛遜的號召沒人響應。

當然，要真正為南方人撐腰，莫過於在政壇上位。

一八〇〇年，美國總統大選，傑佛遜出山，與另一候選人阿龍·伯爾（Aaron Burr）競爭總統寶座。結果，兩人的得票竟然相同，需要眾議院裁決誰來當總統。關鍵時刻，傑佛遜得到了政壇一位大老的鼎力支持，而這個大老不是別人，正是漢密爾頓。

漢密爾頓是不是腦子壞掉了，竟然支持自己的對頭傑佛遜？

其實，傑佛遜固然是漢密爾頓在政壇上的敵人，但伯爾是漢密爾頓的大敵，兩人互鬥了幾十年。因此，漢密爾頓「兩害相權取其輕」，幫傑佛遜當上了總統。不過，傑佛遜可不會因此心生感激，放棄自己的政治信仰，他一心想要關掉美國第一銀行，用各州自己的銀行取而代之。但國會當年給予美國第一銀行的營業權期限是二十年，要到一八一一年到期後才可以重新審議是否延續營業權。雖然傑佛遜連任兩屆美國總統，任期內卻無權讓美國第一銀行關門。

傑佛遜的夙願終於在其繼任者那裡實現了。下一任總統詹姆斯．麥迪遜（James Madison）任內的國會，並沒有批准美國第一銀行的營業權延期申請，於是美國第一銀行關門歇業了。

傑佛遜在親自書寫的墓誌銘上，提到自己是《獨立宣言》的起草者、《維吉尼亞宗教自由法案》的起草者和維吉尼亞大學的創始人，他的確是一個偉大的人，但這個評價不包括經濟領域。傑佛遜主義者們關掉了美國第一銀行，也把一場經濟災難帶給美國。

美國第一銀行有八十%的股份是掌握在私人投資者手中的，主要是一些來自歐洲的投資者。關掉了銀行，這些錢全都漂洋過海回歐洲去了，美國立刻陷入嚴重的通貨緊縮狀態，那些借著美國第一銀行關門而興起的各州立銀行，也沒有金銀鑄幣來償還大眾的擠兌，美元出現大幅貶值。

這場經濟災難讓美國人清醒地意識到，中央銀行不是萬能的，但沒有中央銀行，是萬萬不能的。

於是，就在麥迪遜總統還當政的一八一六年，美國第二銀行成立了。第二銀行的命運與第一銀行驚人地相似，都發揮了讓美國經濟繁榮的重要作用，卻也同樣引發了炒作和投機的經濟泡沫。更為巧合的是，第二銀行也遭遇到一位痛恨銀行的總統的狙擊，這位總統就是安德魯・傑克遜（Andrew Jackson），一位來自西部的平民總統。看出身，我們就能猜到他屬於農場主和種植園主陣營，與北方人和銀行不合，何況他還曾經被銀行追討債務達十年之久。

傑克遜總統針對第二銀行做的第一件事，就是讓聯邦的資本從第二銀行全部撤出，投放到各州的銀行。他的理由是，第二銀行總是把貸款發放給北方的工商業，國家財力如此集中於這個機構，該機構卻不公正，涉嫌違反憲法。

各州銀行獲得了大量聯邦存款，於是可以發行更多的銀行券，並以房地產為擔保，發放了非常龐大的貸款。一幕諷刺劇上演了，由於各州銀行濫發銀行券，最痛恨投機和紙幣的傑克遜總統竟然製造出了巨大的投機泡沫。

面對危機，傑克遜要求國會通過《鑄幣流通令》（Specie Circular），即人們購買土地的時候必須用金銀鑄幣支付，不能用紙幣。但國會議員們都捲入了投機之中，熱衷於炒買炒賣，不願意通過該法令。傑克遜不得不等到國會休息的一天，把《鑄幣流通令》作為一個行政命令強行簽署。傑克遜的目的達到了，全國性的投機活動戛然而止，可是，由於對金銀鑄幣的需求大增，手持銀行券的大眾紛紛要求銀行兌換金銀幣，許多銀行根本拿不出金銀幣，大量銀行因此破產。一八三七年，全美國九十％的工廠由於缺少貸款而被迫關門，這是美國歷史上首次遭遇經濟大蕭條。

至於美國第二銀行，由於二十年營業權期滿，沒有獲得延期，轉變成一家普通銀行，並在掙扎了幾年後破產。又過了幾年，傑克遜逝世，他的墓誌銘上只有一句話：我殺死了銀行！

路易斯安那經濟帳

在磕磕絆絆中，美國政府好歹有了像樣的金融系統，也有了自己的財政和稅收體系。手頭上有了點閒錢的美國政府，終於可以為美國人民做點正事了，比如說向西挺進。

若論北美獨立戰爭的起因之一，就是英國的北美殖民者向西擴張引起的國際糾紛。現在，美利堅合眾國踢掉了英國宗主國，要獨立面對本國民眾對於西部土地的強烈需求了，自然就要獨自面對阻擋在北美洲中部的法國殖民者了。

怎麼辦？和法國打一仗？新生的美利堅合眾國掂量一下自己，還真沒那個實力。但美國真的需要在密西西比河流域運送貨物，以及在河口的紐奧良存放貨物的權利。一方面，在阿帕拉契山脈以西生活著五十萬美國人，需要養家餬口；另一方面，正如當時的美國總統傑佛遜所說：「我國有八分之二的貨物必須經過它（紐奧良）進入市場。」

說白了，路易斯安那握有美國相當一部分的經濟命脈。為了能夠把經濟命脈掌握在自己手中，傑佛遜試圖和拿破崙溝通，想要在紐奧良附近購買一塊土地，代替紐奧良來存放美國人的貨物。但是，法國保持緘默。傑佛遜考慮了幾個方案，美國準備出一千萬美元的價格購買紐奧良和全部佛羅里達州，或者出七百五十萬美元購買紐奧良；如果法國拒絕出售大片土地和城市，那就協商一個永久通行權，給法國一筆費用。一八〇三年，傑佛遜政府籌集了一百萬美元，派遣詹姆斯．門羅（James Monroe）到巴黎去碰碰運氣，準備和拿破崙商量，看看能否購買紐奧良的部分土地。

一八〇三年四月十一日，拿破崙的部長塔列朗（Talleyrand）與美國大使羅伯特．李維頓（Robert R. Livingston）會見，突然提出：「你們打算為整個路易斯安那開個什麼價？」李維頓立刻目瞪口呆。

拿破崙的腦子裡在想什麼呢？原來，當時法軍鎮壓自己的殖民地海地島上的起義瀕臨失敗，拿破崙決定放棄海地島，也放棄自己設想的在新大陸建立帝國的計畫，轉而準備在歐洲入侵英國本土，與英國決一死戰。前文提過，拿破崙玩經濟並不在行，因此手頭上非常緊，為了籌集到戰爭經費，他大口一張，準備把廣闊的路易斯安那整個賣給美國。在拿破崙心目中，把路易斯安那賣給美國，總比留在那裡最後讓英國人搶走要強。

回過神來的李維頓隨口還價四百萬美元。塔列朗說：「太少了！想想看，明天見。」

天上掉下來一塊大餡餅，可是當時的美國政府財力有限，想一口吞下這塊餡餅難度太大，需要透過融資拿到更多錢。唯利是圖的英國銀行家們對這樁交易很感興趣，願意提供資金，協助美國從法國手中購買路易斯安那，於是在一八〇三年四月三十日，這筆史無前例的土地轉讓交易竟然成交了！美法兩國簽訂協定，美國以一千一百二十五萬美元現金，外加免除法國三百七十五萬美元的對美債務，把整個路易斯安那收入囊中。

賣掉路易斯安那，讓拿破崙獲得大筆軍費，代價是永遠放棄了法國在西半球的這塊殖民地。而美國將自己的領土面積擴大了一倍，擴大的部分就是未來的阿肯色州、密蘇里州、南達科他州、北達科他州、明尼蘇達州、內布拉斯加州、蒙大拿州、愛荷華州、堪薩斯州、懷俄明州和奧克拉荷馬州。

這不是美國唯一購買到的國土，除了路易斯安那，美國於一八一九年還從西班牙手中購得佛羅里達州，於一八六七年從俄羅斯手中購得阿拉斯加州。在國家主權意識濃厚的現代人看來，國家土地是非賣品，一個國家出售大片土地給另一個國家，實在是不可思議。但我們應該從當時的國際形勢和各個國家的經濟狀況來理解這類交易。

就拿路易斯安那來說，法國早在一七一八年就在密西西比河口建立了紐奧良，一七二二年建立廣闊的路易斯安那省，但是這塊殖民地的經濟收益一直不佳，根本原因就是人口太少。先到此地的法國殖民者，阻撓更多移民渡海而來，因為更多的移民意味著更多人和他們爭奪毛皮，影響他們的收入。此外，英國允許本國的宗教異端移民北美，但法國禁止本國的胡格諾派（Huguenot，俗稱法國新教）教徒移民北美。

人口過少而土地廣大，法國殖民地的防衛和管理成本非常高，但收益並不大，因此，法國承受了額外的財政壓力，而不是獲得了財政收益。這也是約翰．羅搞出來的密西西比公司的肥皂泡沫破滅的根本原因。

對路易斯安那的命運產生關鍵影響的另一個因素是，在那個時代，歐洲列強的國家重心在歐陸上，散布於全球各處的殖民地只是歐陸爭霸的一些籌碼而已。對拿破崙來說，歐洲是其政治、軍事的核心目標，如果歐陸爭霸失利，那些遙遠大陸上的殖民地也會一併丟掉，不再屬於自己。因此，為了能夠在歐陸競爭中勝出，必要的時候，確切地說是財政緊張的時候，賣掉路易斯安那也在所不惜。

但是，對於那個時期的美國來說，歐陸爭霸不關自己的事，北美才是自己的家門口。所以為了自己的長遠經濟利益，節衣縮食加舉債，多買一些北美的土地是很合算的。這就是路易斯安那交易背後雙方的經濟帳。

除了購買土地外，一八四五年，因為反抗墨西哥而建立的德克薩斯共和國要求併入美國，導致美國與墨西哥爆發戰爭，美國在獲勝後，獲得了亞利桑那州、新墨西哥州、猶他州、科羅拉多州、內華達州和加州等廣袤的土地。

美國一路向西，狂飆突進，直奔寬廣的太平洋而去。然而，就在此時，美國的南方和北方之間出現了深深的裂痕，差一點讓這個新生的國家分崩離析。

〔第12章〕

讓華爾街再飛一會兒

發動戰爭有兩個理由：一個是對外宣稱的理由，另一個是不對外宣稱的理由。

對於為什麼打仗，美國南北戰爭中交戰的兩方各執一詞。北軍高調宣布，他們是為了全人類的解放事業而奮鬥的，特別是要解放南方廣大的黑人奴隸。一八五二年，比徹．斯托（Beecher Stowe）夫人著名的《湯姆叔叔的小屋》（*Uncle Tom's Cabin*）出版，揭露了美國南方種植園中黑人奴隸的悲慘命運，激起了北方民眾廢除奴隸制的正義呼聲。

不過，南軍則針鋒相對地提出，美國憲法並無廢除奴隸制相關條款，甚至南方脫離聯邦獨立，也不違反憲法，而北方用道德理由汙衊南方，本身就是不道德的；北方為了所謂的「國家統一」不惜一戰，才是違背憲法的惡劣行徑，其罪罄竹難書。

以上都是對外宣稱的理由，並一直流傳到今天。但如今，歷史學家越來越關注表面理由背後的理由——關稅，一個讓美國陷入四年內戰的真正原因。

關稅闖大禍

關稅，說白了就是把國門關上，什麼東西進來都得繳稅。美國在建國之初，是一個典型的農業國，製造業很不發達。當英軍這個外部威脅消除後，美國國內的製造業開始起步。在一部分人看來，美國湧現出來的工廠的生產能力和競爭能力，與歐洲各國相比還很低，是應該重點保護的「民族產業」。而且，由於當時美國勞動力不足，工廠必須支付給工人比歐洲工廠更高的工資，才能招到工人，這也使得美國工廠生產的產品成本高、價格高、競爭力不強。

要怎麼扶持北美大陸上這些不景氣的民族產業呢？

徵收保護性關稅！對於從歐洲進口的工業品，徵收高額的關稅，使得進口工業品在本國的售價抬高，在本國市場上的競爭力下降。在當時的美國，新興的製造業主要集中在北方，而國會主要由北方人掌控著，於是美國關稅稅率不斷提高。到了一八二八年，更加嚴格的關稅法案在美國國會通過，歐洲工業品要繳的稅更多了。

北方人彈冠相慶，因為他們自己生產的工業品更有價格優勢，能賺更多的錢了。可是南方人不幹了，因為關稅戰從來不會只有一方出招，而另一方無動於衷。美國提高關稅的做法，會激怒歐洲各國，迫使歐洲各國也同樣提高關稅，來懲罰美國對自由貿易的阻礙。

這會帶來什麼後果呢？那就是美國出口的產品將被歐洲各國徵更多的稅，美國出口產品的競爭力下降。那麼，當時美國出口的主要是什麼產品呢？歐洲人才不稀罕美國那些粗製濫造的工業品，英國的紳士們購買美國的菸草，全歐洲的工廠採購美國的棉花，這些經濟作物和農產品都是美國南方種植園生產的。

關稅戰的結果是北方人賺錢，南方人賠錢，這樣的關稅顯然非常不公平。南方的南卡羅來納州反應最激烈，在州代表大會上，這個州甚至宣布關稅法案在該州無效。不僅如此，南卡羅來納州還通過了一些法令，準備組織軍隊和購置武器。

美國政府（主要由北方人控制）感覺事態嚴重了，南方這種做法哪裡是對關稅不滿，分明是要「另立中央」啊！一八三二年，當時的傑克遜總統派遣八艘軍艦封鎖了南卡羅來納州，動用武力迫使南方各州接受關稅法案。

在武力面前，南方暫時屈服了，他們只能眼睜睜地看著自己生產的棉花、菸草在歐洲失去競爭力，銷量下降，利潤減少。關稅戰讓南方人要麼購買北方生產的成本高、價格高的工業品，要麼購買附加了高關稅的歐洲進口工業品，總之都不是便宜貨。簡單地從錢的角度看，南方人的損失就是北方人的收益。

南方人也不是沒想過透過正當的議會對抗來為自己爭取權利，他們甚至在一八四四年還獲得了短暫的勝利，支持南方的總統在一八四六年通過了新的關稅制度，開始降低關稅。從一八四五年的關稅高點二十四%左右，經過數次調低，到一八五七年，美國關稅稅率降低到了十五%左右。這個稅率已經在南方人可以接受的範圍內了。

而且，降低關稅稅率並不意味著美國政府從關稅中獲得的收入減少了。南北戰爭前稅率最高的一八四五年，美國關稅收入是二千七百五十萬美元；十年之後，關稅稅率下降到二十%左右，美國關稅收入是五千三百萬美元；到了一八六〇年，關稅稅率為十五%，美國關稅收入是五千三百二十萬美元。關稅稅率下降而關稅收入還在上升，這得益於稅率下降激發了美國和歐洲各國之間貿易量的大幅增長。所以，美國關稅下降的這段時間，不論對於南方農場主還是美國政府來說，都是美好的。對於購買歐洲工業品的美國人，以及購買美國菸草、棉花的歐洲人來說，也是美好的。

但對於生產工業品的北方人來說，生活不美好了，輪到他們感到不公平了。關稅稅率下降，就意味著歐洲工業品在美國市場更有競爭力，北方人再也不能用自己粗製濫造的工業品「坑蒙拐騙」本國人，就算他們巧舌如簧地號召大家熱愛祖國、支持國貨，他們的產品還是賣不動。

什麼是公平？以「保護不景氣的民族產業」的名義提高關稅，讓自己的父老鄉親購買粗製濫造的產品，這算是公平嗎？北方人習慣了高關稅時候的好日子，並把那段日子視作公平。當那段日子隨風而逝，他們就不習慣，感到不公平了。

北方人純粹是被當年的美國政府慣壞的。現在，他們試圖讓往日美好的時光重現，重新執掌美國政府，制定高關稅。可怕的是，他們居然成功了。一八六〇年，北方人控制的國會通過新的關稅法，提高了關稅稅率。這個新的關稅法的關稅稅率定在多少呢？

這個新的法案叫作《莫里爾關稅法》（Morrill Tariff Act），目的就是換掉一八五七年通過的那個關稅稅率十五％的法案。新法案的稅率定在令人瞠目結舌的三十七．五％。這還不算，國會還打算擴大徵收關稅的進口項目。

這哪裡是要徵稅，分明是想打劫，北方人要借新法案打劫南方人的財富。南方人搬出美國憲法，找到了第一條第八款：「聯邦政府透過立法徵得的各類稅收用於償付國債，支付國防開支，以及提供大眾福利。」

保護北方民族工業免受歐洲工業品的衝擊，這算是提供大眾福利嗎？顯然不是。因此，大幅提高關稅，就是違背了憲法。既然北方人連憲法都不遵守，南方人還有必要和他們在一口鍋裡吃飯嗎？

局勢日趨緊張。一八六〇年十一月，公開主張廢除奴隸制和支持高關稅的林肯當選為美國總統。一個月後，上次帶頭鬧事的南卡羅來納州率先發難，正式宣布退出聯邦。隨後，南方其他六州先後獨立。林肯就職前兩天，《莫里爾關稅法》通過並執行。慘烈的南北戰爭隨即爆發了。

林肯是南方人恨之入骨的人物，並在南北戰爭結束時遭到暗殺。雖然他支持高關稅，但《莫里爾關稅法》並不是出自他手，他只是在矛盾激化的時刻剛好站在火山口上。

南方李將軍在華爾街的支援軍

戰爭是人打的，但打的都是錢。南北戰爭一爆發，不論是北方人還是南方人，立刻面臨了財政危機。

早在戰爭爆發前的一八五七年，美國就爆發了嚴重的經濟危機，歐洲資本大量撤離，美國經濟一片蕭條。聯邦政府的財政稅收銳減，只能靠發行短期貸款來度日，這也是《莫里爾關稅法》能夠通過的重要原因之一，聯邦政府病急亂投醫，希望靠高關稅來彌補財政虧空。當南方各州紛紛開始獨立時，南方農場主欠北方銀行家的貸款全都作廢，導致北方銀行紛紛破產。聯邦政府的國庫徹底空了，就連支付給國會議員的薪水都發不出來。

南方人的錢袋子也好不到哪裡去。南方的經濟是靠賣棉花和菸草維持的，戰事一起，國際貿易沒法做了，南方的棉花和菸草都賣不出去，沒錢入帳，這仗也不好打。

大規模的戰爭，需要大規模的融資，兩邊政府首先想到的方式，自然是徵稅。為了打贏這場戰爭，北方聯邦政府徵稅的手段不斷翻新，任何可以徵稅的商品都徵了，還創造性地開始向富人徵收「個人所得稅」，收入在六百美元到一萬美元的富人，上繳收入的三%；收入超過一萬美元者，上繳收入的五%。

這個稅目想必讀者們並不陌生，對於今天的薪水階級來說，當月收入超過免徵額的時候，就要繳納個人所得稅。在南北戰爭時期，這個稅目只向富人徵收。就像物理學裡的自由落體運動一樣，當物體從高處落下時，一開始速度很慢，越向下落，速度越快。個人所得稅也在自由落體，一開始只向富人徵收，當政府缺錢的時候，個人所得稅落到了中產階級頭上，當政府繼續缺錢的時候，個人所得稅就落到了普通薪水階級頭上。

除了收稅，另一個能夠想到的籌錢管道就是印刷鈔票了。南北戰爭之前，美國人的貨幣體系還是以黃金和白銀為基礎的貴金屬本位制。當戰爭開始的時候，北方銀行紛紛倒閉，停止用黃金支付他們發出去的那些票據，北方聯邦政府也沒有足夠的黃金來收拾殘局，於是北方放棄了貴金屬本位制，開動了印鈔機。在整個戰爭期間，北方聯邦政府一共印刷了面值高達四億五千萬美元的「綠背紙幣」。沒有貴金屬壓箱底，這些綠背紙幣當然會引發通貨膨脹，北方的物價水準在戰爭期間上漲了八十%。

作為戰敗方的南方，情況更加糟糕。南方經濟本來就落後於北方，融資管道又少得可憐，只能不斷開印鈔票，導致南方經濟爆發了惡性通貨膨脹，到戰爭結束時，南方的通貨膨脹率高達戰前的九〇〇〇%。

金子會發光。雖然紙鈔橫行無忌，但老百姓明白那東西貶值很快，黃金和白銀才是亂世中的硬通貨。由於當時華爾街的股票交易所裡允許進行黃金交易，於是就發生了有趣的一幕：當北方軍隊獲勝時，人們預感戰爭要結束，綠背紙幣要贏了，於是黃金的價格就會下跌；而當南方軍隊獲勝時，黃金的價格就會上漲。在著名的蓋茨堡之役（Battle of Gettysburg）爆發前，由於北軍節節敗退，二百八十七美元紙鈔才能兌換官方宣稱的一百美元的黃金，創下了綠背紙幣的價格新低。

這些黃金交易商為了在黃金投機中獲利，經常毫無情感地把賭注壓在北軍失利的一邊，動搖北方軍隊和大眾的心。北方媒體怒斥這幫唯利是圖的傢伙為「李將軍在華爾街的支援軍」，意思是這些人幫南軍的統帥李將軍在北方搗亂。林肯也曾經憤怒地說：「所有這些罪惡的腦袋都該被砍掉！」然而，真正給北方聯邦政府籌措到大筆軍費的管道，恰恰是他們詛咒的華爾街。

在一次戰場慘敗之後，北方聯邦政府的財政部長薩蒙．波特蘭．蔡斯（Salmon Portland Chase）

親自到華爾街，以七．三%的年利率發行五千萬美元的債券，以便籌措戰爭經費。經過一番哀求，蔡斯勉強籌措了這筆錢。但是他清楚，即使是過去富得流油的華爾街，現在也不太可能再拿出錢來支持戰爭了。怎麼辦？

一個陪同財政部長去華爾街籌款的小人物在此時站了出來，他就是傑伊．庫克（Jay Cooke）。庫克是一位年輕的銀行家，他的父親和蔡斯是老朋友，於是蔡斯希望他能夠作為代理人，發行一些五年至二十年期的新債券，年利率六%，用黃金償付。

庫克沒有像過去發行債券那樣，把債券賣給財大氣粗的銀行家和經紀商，而是說服財政部把新債券的面額縮小到五十美元一張，這樣一來，即使是美國當時的薪水階級也可以買得起一張債券了。然後，庫克透過報紙和傳單大肆做廣告，告訴普通大眾，購買這種新債券不僅是愛國精神的表現，更是一筆很好的投資，能夠給債券持有者帶來豐厚的回報。

庫克的「愛心國債大派送」活動圓滿成功。在南北戰爭前，美國只有不到一%的富人持有證券類資產，普通人習慣把自己的那點現金藏到床底下或地板下面。在庫克的鼓吹下，北方有五%的人購買了他發行的新債券。庫克是如此成功，以至於當南北戰爭結束的那一刻，他賣出新債券的速度竟然超過了聯邦政府戰爭部門的花錢速度。這些新債券也流入華爾街的交易所，並催生了華爾街一次繁榮的大牛市。

「行了庫克，你可以歇會兒，錢已經夠多了，你是支持聯邦政府打贏戰爭的大功臣。」

戰爭結束了，但庫克並沒有回家歇著。他的銀行不僅在政府債券市場擁有很大的份額，還涉足了當時方興未艾的美國鐵路大建設的事業，擁有了幾家興建中的鐵路的股權。然而，正是鐵路讓庫克折戟沉沙。

為了完成一條名叫「北太平洋鐵路」的建設，庫克發行了高達一億美元的債券，但這筆錢在鐵路尚未完工時就花光了。不得已，庫克只能繼續發行債券，他試圖把那些歐洲人的錢圈到自己的鐵路計畫上，他用當年推銷戰爭債券的方式來推銷自己的鐵路債券，甚至把鐵路沿途的一座城市取名叫「俾斯麥」（Bismarck）——當時歐洲最有影響力的德國政治家的名字，以吸引歐洲投資者購買債券。

可惜的是，精明的歐洲人並不像南北戰爭時期的美國人那麼衝動，庫克的鐵路債券銷售舉步維艱。一八七三年，庫克終於撐不住了，他的銀行宣布暫停營業，這直接觸發了華爾街的大震盪，南北戰爭後的大牛市就此終結。我們談論庫克，並不是要給他寫傳記，而是要談談南北戰爭後美國為什麼能在幾十年間就快速崛起，一躍成為世界第一經濟強國。

在內戰結束後的和平年代，美國的高關稅政策得到了延續，一直「高空飛行」到一九一〇年，關稅稅率才重新下落到十五%。正是在這段時間，美國實現了工業化，經濟也突飛猛進。因此，一些學者認為，正是高關稅保護了美國的民族工業，讓他們累積了自己的第一桶金，然後透過技術改造，最終戰勝了歐洲老牌強國的工業。

心理學中有一個名詞叫作「歸因偏差」，說的是我們經常會在解釋一件事情時找錯原因。比如說，晚上七點鐘天黑了，剛好這時候電視裡開始播新聞。如果你說是播新聞導致天黑了，或者天黑了導致電視開始播新聞，這就是歸因偏差。

美國民族工業獲得第一桶金，是不是因為高關稅的保護呢？高關稅的確對民族工業免受歐洲工業衝擊，發揮了一定的作用。但關稅直接進入了聯邦政府的口袋，而不是進入各行各業中。南北戰爭後，美國每年的關稅收入不過一億多美元，還沒落到企業家的手裡，主要用於維持聯邦政府運轉。考慮還要和別國打關稅戰，滅敵三千也要自損八百，那筆關稅收入還得打折扣。

與之相比，當時華爾街的股票市值已經有幾十億美元，而且還在突飛猛進，迅速追趕著倫敦的證券市場；倫敦是當時世界的金融中心，但不久之後就將讓位給紐約和華爾街。真正讓美國民族工業獲得初始資本的人，是庫克和華爾街的那幫傢伙。

華爾街證券交易所幾乎是伴隨著美國的誕生而出現的。這種新型的金融形式和古老的銀行有著本質的不同。傳統的銀行是厭惡風險的，銀行家在投資某個項目的時候，總是盡可能迴避那些風險較大的項目，選擇那些儘管回報不高，但風險很低的項目。華爾街這樣的證券市場則歡迎風險，古語云「風險越大，收益越大」，透過公開發行債券和股票的形式，華爾街把一個高風險的項目賣給許多投資者，風險被這些投資者分攤了，因此投資者可以承受投資失敗的損失，從而激勵了他們去追求高風險、高回報的項目。

美國立國的頭一百年裡，能夠從一個昔日的帝國邊疆殖民地，一舉超越所有的競爭國家，包括昔日的宗主國大英帝國、歐洲大陸上的普魯士和法蘭西、東方的中國，這些國家都被美國甩在身後，一個重要的原因就是華爾街對美國經濟的強力推動。當時的大英帝國由於受到「南海投資泡沫」破滅的負面影響，投資人心有餘悸，寧願發展傳統銀行，四平八穩地賺點利息，也不願發展高風險的證券市場。而新生的美國「年輕沒有失敗」，繼承了牛仔冒險血液的美國人，毫不畏懼地發展證券市場，使華爾街一步步做大，籌措了大筆的資金。

華爾街的投資者在美國支持了許多超大型、高風險的計畫。就拿鐵路建設來說，在一八六五年南北戰爭剛剛結束的時候，美國只有三萬五千英里的鐵路。到了一八九〇年，這個數字飆升到十六萬四千英里，占全世界鐵路總里程的三分之一。歐洲投資者嗅到了賺錢的機會，為美國鐵路業的繁榮貢獻了三分之一的資金。

沒錯，許多購買華爾街股票的資金，來自歐洲的投資人。這些人透過購買股票的方式，出資幫助美國興建鐵路和其他設施。歐洲人持有的這些鐵路股票，本來是可以靠股票紅利來獲利的。但是，在那一場把庫克打翻在地的股市大崩盤中，歐洲人紛紛拋售持有的美國股票，一八七三年至一八七九年，歐洲人手中的美國各種證券的價值下降了六億美元，而美國人以很低的價格接盤，把這些股票又買到手。

結果是，美國人利用歐洲人的錢修成了鐵路，然後還擁有鐵路的股票。不論是在大牛市還是在大熊市裡，華爾街都讓美國人賺大了。至於關稅那一點錢，對美國來說真的不算什麼。

鍍金時代誰鑄就

有一種似是而非的說法，即美國是一個只有兩百多年歷史的國家。如果從獨立政權建立來講，這句話倒也沒有錯。但是，如果認為美國是一個歷史短暫、文化積澱薄弱的國家，那就錯得離譜了。美國的建立者和建設者，來自歐洲乃至世界各地，繼承了全世界的知識、技術和奮鬥意識，這是美國在十九世紀這一個世紀中，即使經歷了慘烈的南北戰爭，仍然以火箭般的速度在經濟上超越了其他所有國家的根本原因。是的，它超過了所有國家，包括日不落帝國——英國。

美國的經濟狂飆是如何發生的？

首先，在經濟活動中，人是最寶貴的因素。十九世紀，地球上出現了有史以來最大規模的海上移民浪潮。這首先要拜蒸汽船的發明和普及所賜，蒸汽船把歐洲和美洲緊密地聯繫起來，整個大西洋變成了「移民之海」。

據統計，一八二〇年至一九二〇年的這一百年間，歐洲有三千六百萬人移民到北美洲，三百六十萬人移民到南美洲，二百萬人移民到澳洲和紐西蘭，也有少數移民到非洲和亞洲。可以說，整個世界經歷了一次歐洲化的過程。

美國是這次移民浪潮的最大受益者。南北戰爭後，美國經濟的迅速上升，吸引了大量的歐洲移民。在當時的北大西洋海域，大型客船魚貫往來，很多人懷揣著在美洲大陸的新天地獲得成功的夢想而來到這裡。

一八六〇年代之後，多家航運公司共同在北大西洋海域舉辦了一項活動，授予一條細長的藍絲帶給以最快平均速度橫跨大西洋的船隻，允許其繫在桅杆的最高處。這就是「藍絲帶獎」，對於擁有最快速度船隻的公司來說，這是最好的宣傳。

這種獎項的出現，表示運輸服務業的繁榮和移民規模的龐大。南北戰爭結束後的一八六五年至一八九四年，每年從歐洲移民到美國紐約的人中，大約有十二萬英國人、十一萬德國人。一八九五年至一九一四年，每年有十六萬義大利人移民紐約。

相比同時代的美國吸引了大批移民，西班牙和葡萄牙在拉丁美洲的殖民地吸引的移民數量，根本不值得一提。因此，美國這片熱土一定是有更好的機遇，才抓住了移民的心。

美國給了移民十分優厚的政策支持，特別是在土地上。尚在南北戰爭激戰正酣之際，林肯總統為了獲得西部那些急需移民的各州的支持，於一八六二年簽署了《公地放領法》（Homestead Acts），「只要交付十美元，即可在西部得到一百六十英畝的土地，連續耕種五年，就可成為其主人」。按照一英畝約等於六公畝來算，一百六十英畝大概是接近一千公畝的土地面積。只要交十美元，再做五年的工作，這麼一大片土地就都是你的了。

怎麼樣，你心動了沒有？

獨立戰爭後，美國聯邦政府獲得了阿帕拉契山以西的大部分領土，而在路易斯安那購地案發生後，密西西比河流域的廣大土地也被收入囊中，美國領土仍然繼續向西擴張，直到太平洋東岸。大片的領土地廣人稀，需要勞動力進行開發。以《公地放領法》為代表的各種優惠政策，順應了西進時代的人口和人才要求，激發了大批移民前往美國奮鬥的萬丈豪情。

讓移民振奮的是，相比歐洲那些開發了幾千年的土地，美國的土地儲存著千萬年來累積下來的肥力，只需要付出一點點勞動和照料，就能有可喜的收成。所以，十八世紀時美國農民的生產力很高，一八三〇年，美國農業的生產力比英國農業高了五十％，比歐洲大陸農業高一倍以上。

但是，只有人和肥沃的土地是不夠的。當時的拉丁美洲，巴西、阿根廷甚至墨西哥也不缺這兩個要素，但是農業發展很緩慢。差別在哪裡？

理論上說，巨大的農耕地的開發，除了人力和土地要素之外，還需要巨額投資來打造交通運輸網絡，需要提供生產工具和日用品的有效貿易網絡，還需要能給農民提供貸款的金融網絡，以及把農產品賣掉的市場網絡。簡單地說，向西開拓邊疆的農民到達哪裡，這些網絡都必須及時擴展到哪裡。

這不是容易的事情，在那個時代，只有美國做到了。美國的優勢是，在經濟上它其實是「大歐洲」的新增部分，而不是「另立山頭」的孤島。

早在美國獨立之前，費城、波士頓、紐約和查爾斯頓等港口城市就十分發達，與歐洲那些繁忙的港口沒有區別。美國獨立後，美國和英國乃至歐洲的經濟聯繫，不僅沒有中斷，反而越來越密切。打不打仗是政治家、軍事家的事情，在歐美商人眼中，生意就是生意，有錢賺幹嘛不做？

一八六〇年，紐約已經崛起為美國的第一大港，占據了本國三分之二的進口量和三分之一的出口量，成為一個繁榮的海港，也創造出一個商業精英雲集的市場中心和金融精英雲集的金融中心，人口已經增長到八十多萬，甚至開始挑戰倫敦的規模。以紐約等沿海城市為紐帶，運輸網絡、貿易網絡、金融網絡、市場網絡等，向北美大陸的西部不斷蔓延開來。

如果把美國的西部農民比喻成開疆拓土的戰士的話，那麼這些網絡就是後勤補給線。戰場上的軍隊需要一支龐大的後勤部隊輸送補給、情報和命令，那麼西部的農民也需要一個個臨近的城鎮作為後勤基地，提供農耕工具、市場訊息以及吃喝玩樂等服務設施。

如果我們回到一八二〇年代至一八三〇年代的美國西部走一走，會發現湧現出很多新興城鎮，城鎮裡可以找到鑄造廠、精煉廠、雜貨店、磨坊、郵局，甚至還有銀行，這些設施是為周邊的農民提供服務的。當時的美國西部甚至可以在本地組裝蒸汽機，用於各類加工廠裡，或者往返於河湖中的蒸汽船上。

所以，美國西部農民絕對不是刀耕火種、白手起家的，他們的背後有著那個時代工業文明的強力支持。

一八五〇年，美國國民生產總值的二十二％來自製造業和採礦業，當時世界霸主大英帝國的相關數據也不過是三十四％而已。一八五一年，芝加哥的一家工廠每年能夠生產一千部收割機，賣給本國的農民使用。由於勞動力缺乏，勞動報酬很高，美國農場主更加青睞能夠節約勞動力的各種農用機械，使得美國農民的人均生產力明顯高於歐洲農民，更不用說那些還停留在傳統農業的亞洲農民、非洲農民了。毫不誇張地說，美國向西擴張也是農業機械化推進的過程。

美國的農業機械化是如此成功，到了十九世紀末期，美國農場對於勞動力的需求急劇減少，新一代的農村人口大量湧入城市尋找工作機會，給城市提供了勞動力。十九世紀初，美國還是世界上較人的農業國之一；到了一八八〇年，美國的城市人口已經占全國的四分之一；到了一九〇〇年，美國城市人口已經占總人口的四十%。

從南北戰爭結束到二十世紀初葉，被稱為美國的「鍍金時代」，這個名詞來自美國著名作家馬克·吐溫（Mark Twain）的諷刺小說《鍍金時代》（*The Gilded Age: A Tale of Today*）。雖然大作家對於那個時期的美國充滿了嘲諷，認為那是一個政商勾結、拜金主義盛行的墮落社會。但事情要從兩面來看，也正是在這個時期，美國政府扶持企業和個人發展、減少政府干預，整個美國從上到下，幾乎所有人都懷著開發土地、辦工廠、做生意的發財夢，美國經濟才迎來了突飛猛進的時代。

隨著美國的富商開始累積私人資本，在尋找投資機會的過程中，開始出資成立聯合有限公司，並不斷地要求各州立法機構，頒布更寬鬆的法律法規，使有限公司脫離州政府的束縛。有錢人能夠合夥成立大規模的企業，並且透過華爾街等金融市場向大眾出售股票，籌集資金來建設過去私人企業和合資企業無法負擔的巨型計畫，比如橫跨整個大陸的鐵路線。這種脫胎於荷蘭海上貿易的股份公司制度，終於在鐵路時代的北美大陸上大顯神威。

以鐵路建造計畫為首，這種融資方式開始進入美國蓬勃發展的鋼鐵製造、肉類包裝、原油和其他產業。於是，企業家得以建立起以往無法想像的超大型企業。這些有限公司的發展分為兩種主要形式：其一是橫向聯合的公司，透過合併或收購競爭對手的形式，獲得巨大的市場份額，一部分公司甚至成為壟斷企業；其二是縱向聯合公司，不僅掌握原材料的來源，同時也力求控制產品的分銷管道。

當時最成功的縱向聯合企業家，就是後來聞名天下的安德魯．卡內基（Andrew Carnegie）。卡內基原本是一個貧窮的蘇格蘭移民，長期從事鐵路工作，最後把所有的資產用於鋼鐵製造。

一八七三年，他在匹茲堡城外開設工廠，生產優質廉價的鋼材。利用煉鋼帶來的利潤和從股票市場籌集到的資金，他開始投資一系列輔助行業。例如，他不僅購買附近的煤礦用於熔爐之外，還在明尼蘇達州富含鐵礦的山脈購買了大量土地。為了把礦石運到工廠，卡內基購買了一支能夠在五大湖區航行的船隊。與此同時，他購買鐵路，不僅僅是為了運輸產品，同時也確保了鐵路的橋梁和鐵軌建築能夠用自己的鋼鐵產品。

卡內基相信，就算不能為自己的鋼鐵創造一個國際市場，至少也可以創造一個國內市場。最終，他的鋼鐵企業統治了十九世紀末的美國鋼鐵市場。

橫向聯合企業家的標誌性人物則非約翰．洛克菲勒（John D. Rockefeller）莫屬。從一八六三年建立第一家煉油廠開始，洛克菲勒一直致力於控制石油工業，穩定該行業極端不穩定的價格變化。他的策略是盡量控制石油供給，因此利用自己的俄亥俄標準石油公司盡量收購所有的煉油廠。到了一八八〇年，他已經擁有全國九十%的煉油廠。

由於能夠控制市場價格，公司利潤大幅增長。雖然此後洛克菲勒的公司受到《休曼反托拉斯法》（**Sherman Antitrust Act**）的影響，但他透過把總部遷到紐澤西，成立了控股公司來規避法律問題，因此仍然可以控制石油行業。洛克菲勒曾寫道：「大型有限公司的發展就是適者生存，這是自然和上帝的法則。」

華爾街的證券市場以及美國牛仔們的冒險精神，締造了鍍金時代。卡內基、洛克菲勒、摩根……這些於實業領域，或於金融市場上呼風喚雨的大鱷們，是美國輝煌的鍍金時代的大明星。

一八六〇年，美國的製造業在全世界排名第四，到了一九〇〇年便躍居首位，其產品總量達到歐洲三強英國、法國、德國的總和。如此高速的增長，不可能透過以前老派的家族企業一點一滴地累積來實現。

然而，也正是在鍍金時代美國如此無所顧忌地肆意生長，釀成了日後美國乃至全球的一場經濟大災難。

附記：墨西哥灣時代

美國遼闊國土中埋藏的豐富資源，是美國經濟騰飛的基礎，尤其是作為能源和化工原料的石油。

一八七六年，美國從木頭中獲取的能量，仍是從煤中獲取能量的兩倍，但木頭的使用量正在急速減少。而在一八五〇年至一八九〇年，每過十年，美國煤炭的消耗量就翻一倍。一八九〇年代晚期，美國終於超越了英國，煤產量躍居世界第一。但美國經濟要想真正地稱霸全球，還需要煤炭之外的資源助力。

現今人們談到石油時，言必稱中東，因為那裡是現在世界石油的主要儲藏地。其實在二十世紀上半葉，美國的墨西哥灣才是世界的油庫。

早在一八五九年，美國人就在賓夕法尼亞州打出了第一口油井，這是石油商業性開發的開端。其後，世界石油產量從一八五九年近乎空白的水準，猛增到一九三〇年的每天將近四百萬桶，其中美國的原油產量達二百五十萬桶，占世界總產量的六十四%。一直到一九五〇年代，美國都在世界石油市場上占據統治地位，出產了石油總量的六十%。

美國是這個歷史階段當之無愧的世界能源中心，由於美國的石油業集中在德克薩斯州等墨西哥灣沿岸，所以有人把這個歷史階段稱為「墨西哥灣時代」。

墨西哥灣時代也正是美國走向世界第一經濟強國的時代。論單位品質及體積所含的能量，石油大約是煤炭的兩倍。考慮到液態石油在開採、運輸等方面，比固體的煤炭更容易，石油的能量效率就更高了。從理論上講，以石油為能量基礎的國家，必然比以煤炭為能量基礎的國家要更有「動力」。高能量效率、多用途的石油，成為美國經濟騰飛的強大推動力。

順便說一句，美國兒童文學名著《綠野仙蹤》（*The Wizard of Oz*）的作者法蘭克・鮑姆（Frank Baum）的父親原本是個桶匠，後來到賓夕法尼亞州開採石油發了大財，因此鮑姆的童年是在父親的大莊園裡幸福地度過的，衣食無憂的他從小就踏上了寫作的道路。

感謝石油給我們帶來了桃樂絲、稻草人、鐵皮人和膽小的獅子！

〔第13章〕

黃金與白銀之戰

曾經，牛頓爵士一聲令下，英倫三島建立了金本位制。當時的天下大勢是，雖然西班牙的「無敵艦隊」已經被英國皇家海軍打沉到大西洋底，在深深的大西洋底深深傷心，但在金融市場上，還沒輪到英國人號令天下。

建立金本位制，不過是揭開了黃金與白銀數百年大戰的序幕，這場大戰讓世界主要大國幾家歡喜幾家愁……

黃金對上白銀，英吉利對上西班牙

十八世紀之前，世界貿易的中心其實並不是歐洲，而是亞洲，特別是印度和中國，歐洲各國都夢想和印度、中國做生意。然而，在工業革命之前，歐洲人真拿不出什麼像樣的東西，能與中國人交換精美的絲綢、瓷器和茶葉，與印度人交換香料和棉布。歐洲人手裡的東西，只有一樣是中國人感興趣的，那就是白銀。而且我們不要忘了，這白銀可不是歐洲出產的，而是西班牙人和葡萄牙人從美洲掠奪的。

西班牙人把美洲白銀鑄造成錢幣，這就是風行世界幾百年的白銀材質的貨幣：披索（peso）。西班牙人攥白銀披索而令諸侯，讓全歐洲人都為自己打工。一六七五年，一位自豪的西班牙官員阿方索．卡斯楚誇口，整個世界都在為西班牙工作，他說：「讓倫敦生產纖維吧，讓荷蘭生產條紋布吧，讓佛羅倫斯生產衣服吧，讓西印度群島生產海狸皮和馱馬吧，讓米蘭生產織棉吧……我們的資本會滿足他們的……所有的國家都在為馬德里訓練熟練工人，而馬德里是所有議會的女王，整個世界服侍她，而她無須為任何人服務。」

洶湧的白銀浪潮在十六世紀、十七世紀席捲全球，披索成為世界各國都願意接受的國際通用貨幣。十七世紀，西班牙人在美洲的殖民地墨西哥，用當地的白銀直接鑄造披索，史稱「墨西哥披索」，然後用船把墨西哥披索運回歐洲。

如此巨額的財富自然會招惹強盜前來，海盜們蜂擁而至，組成了一批又一批加勒比海盜，瞅準機會就下手，洗劫運輸銀幣的西班牙船隻。為了對付加勒比海盜，西班牙人組建了全世界最龐大的海軍，保護運輸船的安全。

即使「無敵艦隊」已經覆滅，即使美洲殖民地墨西哥宣布了獨立，只要全世界都接受白銀披索作為貨幣，整個世界的金融體系依然是以白銀和披索為中心，西班牙人就依然可以過著舒服的日子。這種世界金融格局令崛起的英國很不高興，白銀和黃金必須分出高下。

當時的局面是，大部分歐洲國家都選擇了銀本位制，因為大家要和亞洲做生意，特別是中國，不用白銀怎麼行？法國則實行金銀複本位制，既有用白銀鑄造的里弗爾，也有用黃金鑄造的金路易；而在大西洋對岸的新興國家美國，金融體系很亂，各種鑄幣都流通，而且大小銀行林立，各自都發行自己的銀行券充當貨幣，有些銀行沒有什麼鑄幣本金，也胡亂發行銀行券，以至當時有人還出版過類似《銀行券鑑別指南》的小冊子，幫助人們鑑別哪些銀行券有價值，哪些一文不值。

總之，只有英國堅持金本位制，而且憑藉自己強大的商業實力，拒不向其他歐洲國家妥協。不同本位（金屬貨幣）的競爭，本質上和商品的競爭是一樣的，都受到供需關係的影響。人們對一種貨幣的需求量增加了，這種貨幣就會變得強勢，相對於其他貨幣出現升值。反之，弱勢貨幣會相對於其他貨幣出現貶值。當英國一腳踢開白銀，建立金本位制的時候，白銀的需求量就下降，白銀披索不值錢了，這對西班牙的披索無疑是一種打擊。

另一個影響金屬貨幣戰爭的因素是供應量。日常生活中，如果一種商品物美價廉，人們就會樂於購買，貨幣也是一樣。當白銀價格便宜、量又足的時候，人們就樂於使用白銀貨幣；當黃金供應充足，相對便宜時，人們就樂於使用黃金貨幣。

人們開採金礦和銀礦，鑄造錢幣，說穿了也是為了能夠盈利。人們選擇某種貨幣而放棄另一種貨幣，說白了也是從自己的利益考慮，希望選擇的這種貨幣能夠實現自己利益的最大化。

歐洲列強固然有國家政權強權來維護本國的貨幣，但如果不能順應貨幣供需的市場規律，恐怕也難以如願。

英國在金融領域裡若要單挑世界諸強，不僅需要實力，還得有一點運氣。

加州黃金普照全球

一八四八年一月二十四日清晨，木匠出身的詹姆斯．馬歇爾（James Marshall）正在北美加利福尼亞的一條河流旁，檢查他建造的水渠，水渠從河流引水，推動磨坊的水輪。馬歇爾用水沖洗設備裡的碎石，突然間，他發現有什麼東西在水裡閃閃發光。

西部拓荒者都是全才，即使不是全才，艱苦的西部生活也把他們打磨成全才，馬歇爾也不例外，他對礦物知識是略知一二的。碎片裡的金屬礦物有很好的光澤，馬歇爾用石塊敲打這種礦物，發現它的延展性非常好。他的心臟立刻怦怦地跳了起來，確信自己找到的是金子。

轟動世界的加利福尼亞（後來的加州）淘金熱就此拉開了大幕。但其實，馬歇爾發現金子的時候，那個地方還不屬於美國，幾天之後，美國和墨西哥的停戰協議才達成，星條旗才真正飄揚在這片土地上。馬歇爾和他熱衷於農業的老闆薩特，想守住發現金子的祕密，然而，「是金子，早晚會閃光的」，這個消息從加州開始，以光速向外傳播。

有趣的是，首先抵達加州的淘金大軍不是美國人，而是其他國家的人。當時還沒有橫貫北美大陸的鐵路，即使是最勇敢的旅行家，也需要三個月的時間橫穿美洲大陸，把發現金子的消息從加州帶到美國東海岸。加州原本是墨西哥的土地，因此墨西哥淘金大軍最早抵達，約五千人徒步穿越沙漠，趕了過來。加州毗鄰太平洋，便捷的船隻讓太平洋沿岸的人們比美國東海岸的人更早知道消息。於是，幾千名生活在南美洲的智利人、秘魯人也緊接著抵達了，夏威夷、大溪地各個島嶼上的人們，也懷揣發財夢趕來。遠在澳洲的幾十名被判流放的英國犯人，得到消息後也逃出了澳洲，抵達加州，組成了礦區令人聞風喪膽的黑幫。太平洋彼岸的中國人同樣激動萬分，人們採取先賒帳的形式，乘坐快速帆船到達加州，靠著在美國的收入償還船票欠款。

直到一八四八年年底，當時的美國總統才在國會上宣布，發現金子的傳聞是真實可靠的，為了更有說服力，他還帶上一塊二十磅重的金塊，這塊拳頭大小的金塊在當時價值五千美元，夠一大家子人舒服地生活兩年。眼見為實，東海岸的美國人組成了浩浩蕩蕩的淘金大軍，趕赴加州。

加州的黃金沒有辜負淘金者的期望。在發現金子的前一年，美國的黃金產量只有四萬三千盎司，而且大多數還是開採其他礦產時的副產品。但就在發現金子的那一年，黃金年產量激增了十倍之多。此後，黃金產量節節攀升，年產量突破了三百萬盎司。

一八四八年至一八六〇年，加州出產的黃金，比此前一百五十年間人們開採的黃金總量還多。加州黃金很快地銷往世界各地，金幣的光輝普照大地。

英國人和金本位制的機會來了。加州黃金，加上之後在澳洲發現的黃金，使得世界上黃金供應充足，於是大英帝國把金本位制推廣到自己的勢力範圍，比如澳洲、南非、加拿大等地。此時，西班牙的國力已經衰落，無力對抗英國在金融領域的改朝換代，真正令英國頭疼的對手，一個是英吉利海峽對岸的法國，另一個就是加州黃金的產出國——美國。

讓我們先來看看法國的情況。當時法國是拿破崙三世掌權，希望能夠維持金銀複本位制，最好國際上能以法國法郎作為基準，與黃金和白銀按照一定比率兌換。雖然拿破崙三世是曾經威震全歐洲的軍事天才拿破崙．波拿巴的侄子，但他除了繼承叔叔的野心之外，戰略和視野就遜色多了。以法郎作為世界貨幣，不要說英國和西班牙不答應，就是正在完成德國統一大業的普魯士也不曾答應。

野心勃勃的拿破崙三世意圖先拿普魯士開刀，模仿自己的叔叔稱霸歐洲，於是在一八七〇年發動了普法戰爭，在前文已經提及此戰。打仗只有野心是不夠的，還得有實力和韜略，後面這兩樣，拿破崙三世都沒有。普法戰爭中，法國慘敗，普魯士席捲了法國國庫中的黃金作為戰爭賠償。對普魯士這個本國沒太多金銀產出的國家來說，採用金本位制還是銀本位制，並沒有太大的歷史負擔。既然洗劫了法國的黃金，手頭上金子充足，那就實行金本位制好了。統一後的德國就此採用了新的記帳貨幣：金馬克。

每個美元都該如黃金般神聖

說起來有些奇怪，坐擁加州和其他一些大金礦的美利堅合眾國，竟然遲遲不加入金本位制。其實這並不奇怪，因為十九世紀下半葉，美國人不僅在加州發現了黃金，在內華達州和洛磯山脈裡也發現了大銀礦。到底實行金本位制還是銀本位制，讓美國從民間到國會，在幾十年裡吵得不可開交。事情得從南北戰爭說起。戰爭期間，北方為了打贏南方，發行了大量的紙幣，也就是俗稱的「綠背紙幣」，這自然會引發通貨膨脹，因此政府的想法是，等到仗打完了，天下太平了，再把多餘的紙幣收回來，美國人民還是盡量用金幣和銀幣。

美國立國之初其實是個農業國，農場主是國家經濟和政治的重要支柱，開國元勳華盛頓就是一個大莊園主，以農業為生。即使在獨立戰爭打得昏天黑地之時，華盛頓都不忘寫信告訴家裡的弟弟們，今年種什麼作物的收益會更好。

美國早期的農場主，基本上是自給自足的經濟，只不過他們土地廣大，每年的作物產量也大，因此不能算「小農經濟」，得稱其為「大農經濟」。這些農場主對紙幣是嗤之以鼻的，在他們看來，地裡產出的礦產和糧食才是真正的財富，是人們需要的財富。印刷出來的紙幣，還是紙，怎麼能算是財富呢？

這種淳樸的觀點是沒錯的，如果紙幣算財富，那麼印刷紙幣就是創造財富，今天貧窮的國家只要開動印鈔機，就脫貧致富了，還需要國際援助幹什麼？

不過，隨著美國經濟和世界經濟融為一體，美國農場主的農作物大量出口國外，他們對紙幣的態度產生了一百八十度的大轉變。

原因是，他們要購買更多機械設備、良種和肥料，來耕種廣闊的農田，提高農作物收成，這就必然要和外界打交道，要和錢打交道。農業的一個基本特點是春種秋收，春天是播種的季節，農民需要往農田裡大量投入，卻不會立刻得到回報；到了秋天收穫的季節，農民開始從農田中獲得收入。對於美國這些從事大農經濟的農場主來說，春天缺錢，往往就會去貸款，然後等到秋天把糧食賣掉後，再還貸款。

對於欠別人錢的人來說，通貨膨脹是好事，多印刷紙幣是好事。就拿這些美國農場主來說，假如春天借了錢，到了秋天，由於通貨膨脹，糧食價格比年初上升了，這些農場主能夠輕鬆還款。南北戰爭前後的美國，綠背紙幣、白銀、黃金都可以當錢花，農場主當然更青睞能製造更大通貨膨脹效果的綠背紙幣了。

一八七〇年前後，美國的白銀產量大增，導致銀價下跌，從貨幣供應的角度看，我們可以說，白銀貨幣也引發了通貨膨脹。因此，農場主對於銀本位也持歡迎的態度。農場主最痛恨的是金本位，因為加州淘金熱之後，美國經濟一度陷入了長期的通貨緊縮，就在這個農場主的艱難時期，一八七三年，美國財政部竟然停止使用白銀鑄造錢幣，農場主們立刻怨聲沸騰。

和農場主一起沸騰的，還有銀礦礦主和礦工。白銀當然是有許多用途的，但一個主要的用途是鑄造銀幣，現在白銀不能鑄造銀幣了，銀礦產出的白銀就銷不出去，直接斷了礦主和礦工的生計。兩股勢力合兵一處，強烈要求美國國會給予白銀和黃金相同的待遇，那就是也應用於貨幣鑄造。

善於和稀泥的國會為了平息民怨，通過了一些法規，要求財政部每個月購買不少於四百五十萬盎司的白銀，鑄造成錢幣。這個數量大概相當於全美國的白銀產量。國會還規定，同等品質的白銀與黃金的比價是一比十六。這意味著美國將繼續維持金銀複本位制。

農場、礦山的廣大民眾滿意了，然而，金銀複本位制的頑疾很快就爆發了。由於國家大量收購白銀，而且白銀還與黃金固定比價，真是天上掉下來的餡餅，美國西部銀礦區開始以前所未有的速度開採白銀。毫無疑問，市場上的白銀大增，銀價開始下跌，到了一八九〇年，銀價與金價的比率已經下跌到一比二十。

劣幣驅逐良幣的定律又發威了，白銀是劣幣，黃金是良幣，人們紛紛把黃金儲存起來，使用白銀和綠背紙幣做交易。由於美國白銀和綠背紙幣的信譽遠比不上黃金，於是歐洲各國在與美國做生意的時候，支出的時候用紙幣，收入的時候用黃金，美國的黃金儲備迅速地從國庫中流出。

此情此景，與當年牛頓接手英國鑄幣局時英國市場上的局面何其類似，只不過當時牛頓面對的是白銀大量外流，國家無銀可鑄幣，現在美國國會面對的是黃金大量外流，黃金儲備嚴重不足，牽連著綠背紙幣的信用也大大降低。一旦美國財政部的黃金流光，人們對綠背紙幣的信心就會崩盤。

一八九四年二月的第一週，形勢已經到了千鈞一髮的時刻。當時美國總統格羅弗·克里夫蘭（Grover Cleveland）正在和內閣開會，財政部長接到一通電話，得知國庫的黃金儲備只有九百萬美元了。只要有一張面額大一點的匯票寄來，要求美國用黃金支付，財政部就面臨無法償付的局面了。迫於無奈，總統向華爾街的投資銀行家約翰·皮爾龐特·摩根（John Pierpont Morgan）請教：「您有什麼建議？」

關鍵時刻，還是華爾街拯救了美國。從年輕時就在華爾街金融戰場上飽經風霜的摩根告訴總統，此刻在國內市場發行債券來收集黃金，已經毫無意義，因為民眾不可能願意交出手中的黃金，解決之道應該在國外。他承諾去國外推銷美國的政府債券，兌換黃金回來補充國庫。

由於摩根在金融界有著非常卓越的信譽，因此，由他出馬承銷的債券在英國倫敦大受歡迎，美國國庫中的黃金儲備開始回升，並在一八九五年六月穩穩地停在一億零五百萬美元。

但用債券套取黃金，基本上屬於空手套白狼，拆東牆補西牆，用美國未來的收益來填補今天的國庫。而且更嚴重的是，白銀劣幣驅逐黃金良幣的趨勢並未改變，國庫裡的黃金仍然有可能會全軍覆滅，覆水難收。

白銀與黃金注定要在美國做個了斷。一八九六年美國大選，這將是兩種金屬貨幣的最後決戰。共和黨候選人威廉·麥金利（William McKinley）來自華爾街，他高呼「神聖的貨幣絕不能成為賭局，每一個美元都應該和黃金一樣神聖」。而他的對手，民主黨候選人詹寧斯·布萊恩（Jennings Bryan）則一生都在為提高農產品價格而戰，高呼「我們不應當把帶刺的王冠壓在勞動者的眉上，更不能將人類釘死在黃金十字架上」。

兩人的競選風格迥異，麥金利扮演著「宅男」的角色，整天坐在家裡，等著選民上門來和他談，每天他都會問選民們一個問題：「如果今天白銀可以成為貨幣，那麼，明天您手中的美元又會是什麼？」布萊恩則在全國各地奔跑，到處演講，反覆說農民們在債務的壓榨下是多麼痛苦，而銀幣將會解決整個國家缺錢的問題，解放勞苦大眾。

看起來，親民的布萊恩很可能會獲勝，並維持白銀的貨幣地位。然而，就在選舉前幾週，美國經濟突然之間變好了，農產品價格在連續三十年低迷後開始上漲。在人們看來，這是以摩根為首的財團穩定黃金儲備的結果。至於是不是摩根的功勞，短期經濟上的波動，原因太複雜了，誰能說得清呢？能說得清的是，這個消息對於麥金利非常有利，他以二百七十票對一百六十三票的較大優勢，擊敗了勞心、勞力又命苦的布萊恩，當選美國總統。

經此一役，美國黃金與白銀的戰局日趨明朗，黃金的勝局已定。美元幣值與黃金掛鉤，美元如黃金一樣「神聖」了。雖然美國這個時候還會鑄造一些銀幣，但主要用於和東方的中國做貿易，以及在自己的殖民地菲律賓使用。

銀價大跌，清朝的賠款怎麼算

銀本位的最後堡壘，正是東亞的中國和製造白銀披索的墨西哥。一八七三年，世界上還有一半的國家把白銀披索作為法定貨幣，但到了一九〇〇年，只有中國和墨西哥還堅持以銀幣作為貨幣。由於大部分國家，特別是英國、美國這樣的政治和經濟大國放棄以白銀作為貨幣，白銀的使用量大幅下降，一八七三年至一九〇〇年，白銀的價格下跌了一半。

當時的清朝已近末年，國力衰微，而墨西哥雖然是個獨立國家，但經濟命脈已經被北方鄰居美國的財閥所控制。指望中國和墨西哥這對難兄難弟維護銀本位，顯然是不實際的。此時，美國的經濟實力已經隱隱超越老牌強國英國，身邊的墨西哥要是和自己的貨幣不對路，顯然有損面子，更有損經濟。於是，美國向墨西哥承諾，只要墨西哥同意把披索和美元掛鉤，美國就援助墨西哥，支撐起白銀作為商品的國際價格。與美元掛鉤，實際上就是讓披索與黃金掛鉤。

墨西哥作為一個離上帝太遠，離美國太近的國家，當然無力對抗北方強大的「山姆大叔」，於是屈服了，以銀本位為基礎的披索就此完結。

銀本位最後的歲月是在中國度過的。自從明朝的張居正在全國推廣「一條鞭法」以來，幾百年的時間裡，中國以白銀作為基本流通貨幣。由於人口眾多，長期以來經濟規模大，中國成為世界上最大的銀窖，全球約一半的白銀在中國作為貨幣流通著。

清朝末年，清軍連吃敗仗，從第一次鴉片戰爭、第二次鴉片戰爭直到八國聯軍侵華，賠款條約簽了一堆，用什麼賠就成為談判雙方爭論的焦點。

《南京條約》簽訂的時候，清朝人手裡有銀子，當時白銀披索還是世界上的硬通貨，雖然英國人已經實行了金本位，但仍允許清朝以銀圓的形式賠款。這個慣例一直持續到中日甲午戰爭的時候，情況才有了變化。根據中日《馬關條約》的規定，清朝要賠給日本二億兩白銀，分八次繳清，第一次於簽訂日六個月之內繳清，第二次於十二個月之內繳清，其餘六次從第二年起每年繳一次。

《馬關條約》是一八九五年簽署的，當時的國際大背景是銀本位日薄西山，白銀正在退出國際貨幣體系，白銀的價格一路下跌。如果仍然以白銀作為賠償款，由於賠款時限拉長到七年，清朝繳給日本人的白銀，如果按照英鎊來計算價值，實際上是逐漸減少的，這就是所謂的「鎊虧」。

日本人很不滿，於是要求清朝在支付賠款的時候，把白銀折算為英鎊，在倫敦的銀行支付賠款。後世有人計算，改為英鎊支付賠款後，清朝等於多掏近一千五百萬兩白銀的賠款給日本。

把白銀賠款轉換成英鎊賠款，日本人賺了嗎？首先，我們要知道，這筆賠款是日本與清朝簽訂的不平等條約，這筆錢本身是掠奪中國的財富，是不義之財。其次，從貨幣角度看，日本人要求用英鎊支付倒是沒有太多可指責的，我們說劣幣驅逐良幣，是在市場上人們都把良幣留在自己的口袋裡，用劣幣做交易。對於賠償款來說，日本人要把錢拿到自己的口袋裡，自然希望獲得良幣，也就是當時以黃金為價值基準的英鎊。清朝要把錢賠出去，自然希望用劣幣（即不斷下跌的白銀）來支付，只可惜戰敗之國，沒什麼討價還價的餘地，也只能接受日本的要求。用英鎊結算，日本人只是避免了損失，而清朝則是沒有享受到白銀價格下跌帶來的益處。

值得一提的是，日本自從明治維新之後，一直希望脫亞入歐，參與全球的競爭。在金本位逐漸一統天下的大背景下，雖然日本自古以來是白銀產地，卻也想建立起金本位制，與歐美列強平等地做貿易。無奈日本崛起得太晚，家底薄，黃金儲備又很少，想實行金本位制，卻沒有本錢。《馬關條約》的賠款讓日本發了一筆橫財，利用清朝賠來的英鎊，日本終於建立起金本位制，融入國際貿易的主流之中。

只有清朝還在銀本位的末路上狂奔。對於清朝來說，更大的貨幣亂局是在幾年之後，八國聯軍攻入北京城，強迫清朝簽訂了喪權辱國的《辛丑條約》。根據這個條約，每個中國人要賠款一兩銀子，總計四億五千萬兩，從一九〇二年開始繳款，一直要繳到一九四〇年。之所以把賠款時限拉長到幾十年，是因為列強怕清朝財政吃不消這筆鉅款，所以讓清朝慢慢還。不過，利息是不能少的，連本帶利，清朝一共要賠九億八千萬兩！

這筆賠款一開始是用白銀償付的，但很快列強就發現白銀不斷貶值，自己吃虧了，於是向清朝施加壓力，要求以金本位的貨幣賠償。一九〇五年，清朝被迫讓步，答應向列強支付英鎊等金本位貨幣作為賠款，同時，對於一九〇五年之前以白銀支付的部分，也要進行一定的補償。

列強們終於滿意了，沒想到天有不測風雲，清朝幾年之後竟然「倒閉」了，辛亥革命推翻了清朝政權，「中華民國」建立。列強們當然不願放棄巨額的賠款利益，要求孱弱的民國政府繼續償還清朝政府的「債務」。民國政府則虛虛實實地敷衍，列強得到的賠款聊勝於無。此後，在兩次世界大戰中，中國政府都站在勝利者一邊，是同一個戰壕的兄弟，大家好說好商量，最終，清朝的剩餘賠款都被列強逐漸免除了。

更為搞笑的是，段祺瑞執政的北洋政府時期，還曾從日本那裡大肆借款，總計一億四千五百萬日元，史稱「西原借款」，貸款的抵押物包括中國山東和東北地區的鐵路、礦產、森林等。段祺瑞在借款的時候，其實就沒打算要還。後來時局動盪，軍閥更迭頻繁，日本借出的這筆款基本上打了水漂，日本政府竟然吃不消了，不得不發行公債，填補這筆虧空。只是日本在中國山東加強了自身勢力，算是撈回一點政治帳。

銀價大漲，銀本位歸天

民國初期，中國依然逆著金本位的大勢而動，堅持銀本位，一九一四年，袁世凱就曾經鑄造銀幣。一九二八年，國民黨北伐勝利後，依樣畫葫蘆地發行銀幣，重量、成色、規格都一樣。

一九二九年，從美國開始的經濟危機爆發，迅速蔓延到世界各國，逼得各國接二連三地讓貨幣貶值，短期內放棄了與黃金的固定匯率，金本位體系一度動搖。

此時東方的中國卻沒有受到太大的影響，成為世界經濟大蕭條中的一處避風港，正是因為中國實行銀本位，和世界各國不走一條道。而且在白銀不斷貶值的背景下，中國的貨幣相對於其他各國的貨幣出現貶值，這就使得中國貨在國際市場上變得相對便宜，也就更有競爭力。在一九三〇年和一九三一年西方世界一片蕭條的時期，中國竟然出現了國際收支盈餘，在世界主要國家遭受嚴重通貨緊縮困擾的時候，中國國內居然出現了溫和的通貨膨脹。

好日子總是很短暫。等到美國等國家從經濟危機中恢復元氣，中國銀本位的滅頂之災就來臨了。

對銀本位的最後一擊，居然是來自美國。

前文提到，一八九六年美國大選，讓金本位制擁護者徹底戰勝了銀本位制擁護者。但廣大農場主和礦工們依然手握選票，不是那麼容易屈服的。在後來的經濟大蕭條時期，美國的白銀不斷貶值，從一九二八年每盎司白銀五十八美分，下降到一九三〇年的三十八美分，到了一九三二年下半年，更是下降到二十五美分。白銀擁護者掀起了聲勢浩大的遊說活動，要求美國政府拯救白銀的價格，比如讓政府高於市場價格購買白銀，讓白銀作為國庫儲備，發行白銀貨幣。如果這些措施真的施行，銀本位在美國就死灰復燃了。

白銀擁護者控制了美國西部幾個州的選票，大概可以占到選票總數的七分之一，這個比例當然不足以讓銀本位在美國鹹魚翻身，卻完全有實力對誰當美國總統產生影響，並進而影響美國的政策。

一九三四年，羅斯福總統簽署了《白銀收購法案》（The Silver Purchase Act），要求美國財政部在國內外市場上收購白銀，直到白銀價格達到每盎司一．二九美元，或者財政部白銀儲備達到了黃金儲備的三分之一。這個法案的通過，雖然沒有讓白銀把黃金從貨幣體系的王座中掀翻，卻等於是短暫地實行了金銀複本位制。

一隻南美洲亞馬遜河流域熱帶雨林中的蝴蝶，偶爾搧動幾下翅膀，可以在兩週以後引起美國德克薩斯州的一場龍捲風，這是氣象學裡的蝴蝶效應。同理，美國通過了《白銀收購法案》，一舉粉碎了中國短暫的經濟繁榮和銀本位，美國蝴蝶搧動翅膀，在中國引發了一場貨幣災難。

此話怎講？美國干預白銀市場價格，讓白銀價格急升，以白銀計價的中國貨在國際市場上的價格上升、競爭力下降，嚴重打擊了中國貨的出口。例如，一九三四年，中國主要的出口商品「生絲」全年的出口量，只有一九三〇年出口量的二十二％。更糟糕的是，國際市場上白銀價格迅速飆升，到了一九三五年春天，國際銀價超過中國國內銀價，達到五十％，使得從中國向國外轉賣白銀成為有利可圖的營生。

此時，侵略中國北方的日本也趁火打劫，利用兩邊的銀價差大肆轉賣白銀，甚至直接掠奪中國的白銀，並攻擊中國的金融體系，使中國的外匯儲備幾近彈盡糧絕。中國境內出現了嚴重的通貨緊縮，加上國際貿易環境惡化，國民黨政府撐不住了，於一九三五年正式宣布放棄銀本位制，實行法幣，規定法幣一元等於英鎊一先令二．五便士，在英鎊與黃金掛鉤的前提下，法幣等於也採取了金本位制。

隨著國民黨政府轉向金本位制，黃金與白銀的幾百年大戰終於落下了帷幕，金本位制一統江湖，可惜，它不能千秋萬代地統治下去。

〔第14章〕

運河上駛來世界霸主

一提到運河，中國人心中就充滿了自豪感。中國古代的京杭大運河北起通州，南至餘杭，全長約一千八百公里，其長度傲視古往今來所有運河。論單條運河長度，全世界沒有任何一條運河能夠與京杭大運河相提並論。

當工業革命興起後，西歐各國才開始了大量修建運河的歷史。那麼，你知道工業革命時代英國的運河總長度是多少嗎？

在那個不大的大不列顛島（南北長九百公里）上，英國修建的運河總長度，竟是京杭大運河的三倍！英國和美國能夠先後稱雄世界，很重要的一個原因是他們依靠修建運河，突破了阻礙經濟發展的運輸「瓶頸」，打通了自己的「任督二脈」，功力大進。

運河，英國工業革命的血脈

法蘭西斯．埃格頓（Francis Egerton）是一位年輕的英國貴族，世襲了家族的布里奇沃特公爵（Duke of Bridgewater）爵位。他生於英國棉紡織業的重鎮蘭開夏郡，不過他的生意並不是生產棉布，而是經營家族所擁有的沃斯利（Worsley）煤礦。雖然這個煤礦距離附近的大城市曼徹斯特只有十幾公里，但是陸地運輸煤炭的成本依然很高，推高了煤炭的價格，也限制了煤炭的銷售量。埃格頓為此十分苦惱。看著煤礦與曼徹斯特之間的丘陵苦思良久，埃格頓突然靈機一動，為什麼不修建一條運河，靠便宜的水路來運輸煤炭呢？

這位公爵曾經在歐洲大陸旅遊，參觀過法國一項神奇的工程——米迪運河（Caral du Midi）。米迪運河修建於一六六六年至一六八一年，與太陽王路易十四的霸業有關。當時，路易十四正在雄心勃勃地增強法國的海軍力量，他下令修建一條穿過法國南部，連接大西洋和地中海的運河，這就是全長二百四十多公里的米迪運河，它使得法國艦隊不必再繞道歐洲大陸西南角的直布羅陀海峽，就可以在大西洋和地中海間自由穿梭。雖然米迪運河最初開鑿是為了軍事目的，但一樣可以用於經濟領域，通航後，運河流經地區的經濟立刻活躍起來。米迪運河在工程上極具創新，修建了上百個水閘、給運河供水的水壩、跨越水系的橋梁，甚至還修了一條運河隧道。

米迪運河只是此前西歐低地國家長期開鑿運河的一個里程碑成果。西歐各國地勢低窪，河流、湖泊、泥沼密布，因此很早就嘗試改善水網，提高運輸能力。比如，荷蘭地區為了讓船隻從河流的一個水位通航到另一個水位，就廣泛修建船閘，到了十六世紀早期，還修建了許多小運河，來補充天然河道的水量。在德意志地區，人們也開工了連接易北河與西里西亞河的運河。這些溝通和改善天然水系的運河，大大改善了西歐國家的貿易運輸狀況。

米迪運河的工程成就鼓舞了埃格頓，他相信自己也可以在煤礦場和曼徹斯特之間複製這個工程奇蹟。說做就做，一七五九年，四百個勞工開始辛勤地開挖運河。當時，幾乎沒有人相信年輕公爵的這個幻想能夠實現，因為這段距離裡充滿了技術難題。大家都覺得這位公爵一定是瘋了，離破產不遠了，曼徹斯特和利物浦的銀行甚至拒絕給公爵開具五百英鎊的支票。

僅僅兩年後，等著看笑話的人們就經歷了見證奇蹟的時刻，布里奇沃特運河全程通航，一條巨大的三孔運河橋矗立在河道上，十二噸重的貨船在離河面一百八十二公尺高的運河橋下輕鬆駛過。

其實，這條短短的運河還有大眾看不到的經濟奇蹟。透過運河把煤炭運送到曼徹斯特所花費的成本，比埃格頓先前計算的數據還要低，他甚至可以把過去的煤價砍掉一半，來和其他燃料商進行競爭。埃格頓的煤炭銷售量大增，這位布里奇沃特公爵一舉成為英國最富有的人，雖然他本來就很富有了。錢對他來說很重要，但運河帶來的成就感可能對他更重要，埃格頓被世人譽為「英國內河航行之父」。一七六二年，政府又批准他開挖從曼徹斯特到利物浦的運河，這段運河全長四十八公里，於一七六七年竣工，不僅可以把煤炭運送到利物浦，運河上還展開了客運業務。

布里奇沃特運河開鑿成功，掀起了大不列顛島上的運河建設熱潮。埃格頓再接再厲，帶著工程師又投資修建了從特倫特河到梅西河的運河，一舉橫穿英國中部地區，把島嶼兩邊的北海和愛爾蘭海連接起來。

必須強調的一點是，英國運河的開鑿與京杭大運河的開鑿，有著一個本質的不同，那就是英國運河是政府授權、民間投資的工程，運河的所有權和收益是屬於投資者的，而京杭大運河則是古代朝廷的政府工程，運河的所有權和收益是屬於朝廷的。從十七世紀中葉到十八世紀後期，英國議會通過了幾百項改善河道、海港和修建馬路的各類法案，鼓勵和支持民間改善本國的交通運輸設施。運河公司獲得議會法案的許可後，利用民間投資來開鑿運河，透過向使用運河的來往船隻收取通行費，或是自備船隻出租給有運輸需要的人來回收投資成本，並獲取利潤。

在幾十年間，蓬勃發展的私人運河，給英國創造出一個規模巨大的內陸水路網絡，在大不列顛島原有的約一千六百公里的內陸河道基礎上，增添了五千多公里的運河河道。就像人體由血管網供給營養物質那樣，透過這個運河網絡，煤炭可以廉價且方便地運抵英國中部、北部，泰晤士河沿岸和各個海港，為工業革命期間的各類工廠添加燃料、輸送原料。人員往來也可以方便地乘坐船隻愜意航行，不用像過去那樣在英國泥濘的道路上艱苦跋涉。

就這樣，大英帝國的運河上萬船競渡，載著整個國家衝上了歷史的峰尖。

伊利運河：美國翻山越嶺，奔向太平洋

一七八三年，美國與英國簽署《巴黎和約》，英國正式承認美國為獨立國家。一位勝利返鄉的美國老兵開始考察波多馬克河（Potomac River）。

這位老兵在獨立戰爭前是維吉尼亞州的大地主，擁有波多馬克河沿岸的大片土地。由於這條河流是從阿帕拉契山脈西部向東流淌，注入大西洋的，因此老兵設想，把這條河流改造成可以通航的水

路，這樣就把山脈西面密西西比河流域的定居點和東部沿海連貫起來了，美國西部的定居者可以沿著波多馬克河直接向東，與沿海各州做貿易，不必繞道到北方由英國控制的加拿大，或繞道到南方西班牙控制的紐奧良出海，他在波多馬克河沿岸的土地也會因而升值。

一七八五年，他在考察了波多馬克河，尋找該河與密西西比河最大支流——俄亥俄河連接起來的可能性後，爭取到維吉尼亞州名流們的支持，從私人投資者那裡籌集了一筆資金，由他出任波多馬克運河公司的董事長，開始改造波多馬克河水道。但幾年的努力卻未見成效，河道中巨石林立，不同河段瀑布散落，有的地方河床又太淺，開發波多馬克河的技術難度太大了。

一七八八年，這位老兵心灰意冷地從公司高級主管的職位上退下來，前去擔任人們提供給他的另一個工作職位：美利堅合眾國第一任總統。

他，就是喬治．華盛頓，一位被總統職務耽誤了的董事長。雖然他未能馴服波多馬克河，但還是給這條河流打上了自己的烙印；該河流經一座名叫華盛頓的都市，並為這座城市提供飲用水，城市河岸邊還矗立著華盛頓紀念碑。

華盛頓的這個故事告訴我們，北美各州與英國在科技交流上十分緊密，在英國興起運河建設的時候，北美的有識之士幾乎在同一時間啟動了本國的水路網絡建設工程，後者顯然非常瞭解英國的潮流動向。

就在喬治．華盛頓試圖改造波多馬克河的時候，另一群紐約人也在試圖改造莫華克河（Mohawk

River），這也是一條穿越阿帕拉契山脈的河流，在山中切出了深深的峽谷。雖然這條河流也有許多淺灘、瀑布和急流，但它的坡度比波多馬克河更平緩。這群紐約人的計畫是，改造河道，把莫華克河延伸到尼加拉瀑布以南的伊利湖，這樣就能夠與密西西比河連接起來。遺憾的是，他們的計畫跟華盛頓的計畫一樣失敗了。

就在那時，一位偉大的工程師出現了，他將在美國運河歷史上留下重要的一筆，這位工程師就是羅伯特・富爾頓（Robert Fulton）。

一七六五年，富爾頓出生於賓夕法尼亞州，當時美國獨立戰爭尚未打響，他算是一位殖民地居民。青少年時期的富爾頓學習繪畫，並前往歐洲拜師學藝。當時，英國已經掀起了運河建設熱潮，受此影響，他開始對機械設計進行研究。他在乘船航行時突發奇想，寫了一篇有關利用小運河提高內河交通效率和發明潛艇的論文，然後前往法國，竟然在那裡真的製造出一艘鐵殼的潛艇。

一八〇一年，在法國巴黎發展事業的富爾頓，遇到了美國財政部長羅伯特・李維頓，後者就是參與美國和法國談判購買路易斯安那的人使。雖說富爾頓漂泊歐陸多年，真不好說他算是美國人、英國人還是法國人，但李維頓一見到富爾頓，就老鄉見老鄉，兩眼放光芒。因為李維頓在擔任美國財政部長之前，就獲得了壟斷紐約汽船航行二十年的權利，他需要優秀的工程師為自己設計汽船，在機械設計上天縱奇才的富爾頓，簡直是上帝賜予李維頓發大財的不二人選。

兩人立刻結成合夥人，富爾頓從馬修・波爾頓和詹姆士・瓦特那裡弄到了一部二十四馬力的蒸汽機，然後帶回美國研究。一八〇七年八月，富爾頓設計製造的「克萊蒙特號」（Clermont）汽船在紐約港下水，完成了從紐約到奧爾巴尼（Albany）的二百四十多公里航程，耗時三十二小時。在此之前，人們使用帆船完成這段旅程需要四天的時間。

讓我們回到運河的話題。就在一八〇七年，富爾頓給美國聯邦政府提交了一份報告，內容是關於如何改善美國內河交通。在報告中，富爾頓精細地計算，沿著莫華克河修建一條運河到達伊利湖的成本和收益。他充滿激情地寫道：「運河，便宜和便利地從所有方向通往市場，從相互交往和混合在一起的商業中產生利益，透過這些因素把美國約束在一起，到那時，就不可能把各個州分成若干獨立和分離的政府了。」

雖然有富爾頓這樣的天才工程師進行了論證，但私人資本顯然被一次次的失敗嚇怕了，沒有人有膽量投入巨額資本，來修建一條長達五、六百公里的現代航運運河——伊利運河。紐約政治家迪威特·柯林頓（De Witt Clinton）看到運河將帶來的巨大經濟效益和政治價值，便站了出來，爭取到紐約州議會的支持，由州政府投資建設伊利運河。

一八一七年七月四日，伊利運河破土動工。這是一個巨大的工程，柯林頓提交給州政府的工程預算是六百萬美元，當時美國聯邦政府一年的財政支出還不到二千二百萬美元，何況一個州政府了，更是財力有限。在一些反對者眼中，這筆預算超出了紐約州的財政承受能力，他們譏諷這條運河是「柯林頓溝」，意思是紐約州要被柯林頓「帶到溝裡去了」。而大部分普通民眾覺得，這條運河即使能夠建成，可能也要花費幾十年的時間。但柯林頓高調宣稱：「我們將在十年內看到伊利湖的水流進哈德遜河。」

恰好在一八一九年，美國金融市場出現了一次蕭條，起因正是從法國那裡購買路易斯安那，美國聯邦政府急需一大筆資金，使得市場出現恐慌和波動。幸虧紐約州政府穩定地給運河計畫撥款，才確保了工程順利推進。有趣的是，由於金融市場動盪，沒有其他具有吸引力的計畫，於是大家為了保險起見，紛紛購入伊利運河工程的債券，甚至引來英國投機家前來搶購，使工程借款變得容易了。伊利運河建設因禍得福，一八一九年秋天，伊利運河中段工程竣工，開始注水。第二年，已通航的運河段開始徵收運河使用費，大大減輕了工程支出的壓力。

一八二五年，伊利運河全線修建成功，比柯林頓宣稱的截止時間提前了兩年。在當時，這條運河堪稱美國的工程奇蹟，它全長五百八十四公里，從伊利湖到哈德遜河要經過八十三道水閘，十八座渡槽，落差達一百七十公尺。十月二十六日，州長柯林頓乘坐一艘馬拉豪華駁船，從紐約州布法羅啟程，隨船攜帶了兩桶伊利湖的湖水。在抵達紐約灣時，柯林頓表演了具有象徵意義的「水婚」，把兩桶伊利湖水倒入大西洋。同時，被邀請來的社會名流，把從世界上十三條大江大河中取來的水也注入大西洋，那些河流包括了恆河、印度河、尼羅河、泰晤士河、塞納河、萊茵河、多瑙河、密西西比河、亞馬遜河等。

伊利運河的使用費設定在每英里四美分，等於是一夜之間把相同距離的貨運成本減少了九十%。

運河開通的第一年，就向在伊利運河裡航行的七千條船徵收了使用費，僅僅十二年的時間，整個運河的債款就全部還清。當時一位運河上的旅客抒情地寫道：「站在運河無數大橋上的任何一個地方，你會看到令人難以忘懷的景象，在運河上下兩個方向，目光所及的範圍內，都可以看到長長的船隊。到了晚上，船頭閃爍的燈光就像是一大群螢火蟲在飛舞。」

千萬別忘了那個天才工程師富爾頓和他的汽船，美國運河開鑿的時代也是汽船橫行的時代。一八一五年，第一艘汽船逆著密西西比河而上，僅用四週時間，就從紐奧良趕到了北部伊利湖畔的俄亥俄州；此後五年，有六十艘汽船在美國西部河流中穿梭；到了一八四〇年，在美國河流和運河中航行的汽船已不計其數，那時美國西部河流中汽船的運載量，已經趕上了整個大英帝國的汽船運載量。

伊利運河廉價的運輸費用，激發了美國中西部地區出產的小麥、玉米和燕麥洶湧地衝出當地，衝向美國東海岸，再漂洋過海衝向歐洲乃至全世界。同時，全世界的先進技術和產品，以及大量的移民方便迅捷地湧向了美國中西部。在伊利運河盈利的激勵下，一八二五年，這條運河全線開通的時候，美國同時有上百個運河計畫開工。到了一八四〇年代後期，美國境內已經修建了總計近五千公里的運河，大概有四分之三的建設資金是私人投資的。以伊利運河通航為分界點，十九世紀的前二十五年，美國每年的經濟增速平均為二．八%；而在一八二五年至一八五〇年，美國每年的經濟增速平均為四．八%，這段時期是美國歷史上經濟增長最快的時期。

南北走向的阿帕拉契山脈，再也不是美國人家門口的障礙了。我們知道，古代中國的南方與北方地理阻隔曾經很嚴重，但隋唐大運河以及後來的京杭大運河的修建，把南北方更緊密地溝通起來，提升了國家的政治凝聚力和經濟效率。同樣的，以伊利運河為代表的美國各運河，把被山脈阻隔的美國東部沿海和中西部原野有效地連結起來，也提升了美國的政治凝聚力和經濟效率，並為美國擴張到太平洋沿岸譜寫了序曲，意義十分重大。一個區域性的大國正在美洲大陸拔地而起，它與運河的故事還將續寫新篇章。此時讓我們暫且離開美國，到非洲去，見證另一條偉大運河的誕生，它將給全世界帶來翻天覆地的變化。

蘇伊士運河：維持大英帝國的世界霸權

地球表面的七大洲中，亞洲是面積最大、人口最多的大洲，非洲是面積第二、人口第二的大洲。有趣的是，這兩大洲竟然只有短短一百多公里的陸地界線，即亞洲西南方、非洲東北角的西奈半島處。那裡曾是古代人類走出非洲故鄉的必經之地。

注重陸地的人會把那個角落視作「陸橋」，通過狹窄的陸橋，人們可以在兩個大洲間遷徙。注重海洋的人，則會看到那個角落在海洋貿易中的意義，假如有一條運河穿過狹窄的陸地，北面的地中海和南面的紅海將連接起來。地球表面七十%以上是被水覆蓋的，一條運河將連接起比兩個大洲面積更大的海洋世界。

早在四千年前，古埃及人就具有超前的海洋意識。他們開鑿出一條連接尼羅河支流與紅海的古運河，由於尼羅河向北注入地中海，因此，這條古運河相當於連結了地中海和紅海。可惜的是，西元前七世紀，古運河由於泥沙淤積而失去通航價值，被廢棄了。

三千年過去了，埃及地區迎來了新的運河建設者。一七八九年，法國將領拿破崙率軍攻占埃及，當時埃及在名義上是鄂圖曼土耳其的領地。雄心勃勃的拿破崙帶來了很多工程師，要求工程師去尋找古運河舊址，研究重新開鑿一條貫通紅海和地中海的新運河。然而，浪漫的法國工程師的計算水準實在糟糕，他們把紅海和地中海的水位計算錯了，認為紅海水位比地中海水位高十公尺。如果開鑿運河，紅海海水奔湧向北，會把地勢低窪的尼羅河三角洲淹沒。

拿破崙得到錯誤的資訊後，打消了開鑿運河的念頭，返回法國忙於政壇事務去了，幾年之後，他就登上法國權力的頂峰，成為法國皇帝。實際上，紅海與地中海的水位基本相同，以當時的工程技術開鑿運河，是完全可行的。

拿破崙壯志未酬，他開鑿一條新運河的夢想，仍將由一位法國人來實現，那個人就是法國外交官費迪南．德．雷賽布（Ferdinand de Lesseps）。雷賽布長年從事外交工作，在埃及擔任外交官期間，與埃及總督的關係非常密切。這位外交官擁有一顆改造世界的心臟，他向埃及總督提出了修建運河的計畫。不過，老總督對此並不感興趣，他認為，如果埃及修建了這條運河，就會引來歐洲列強控制埃及，老總督希望埃及最終從鄂圖曼土耳其獨立出來的夢想將成為泡影。雷賽布沒能說服老總督，但利用自己家庭教師的身分，影響了老總督的兒子，即未來的總督。

一八五四年，新總督熱情邀請雷賽布回到埃及，啟動修建運河的計畫。雷賽布抓住機會，成立了一家私人公司，準備修建運河。正如前文屢次提到的，修建運河需要巨額的資金。雷賽布回到歐洲尋找投資者，而當時世界上最財大氣粗的族群應該是英國人，很多英國投資者也有興趣購買運河的股權。然而，英國政府跳了出來，不同意本國投資者投資修建這條運河。英國政府考慮的是自己殖民地的安全，特別是印度的安全。英國政府始終對法國人的舉動充滿戒備之心，覺得一條打通地中海和紅海的運河，會讓以法國為首的歐陸列強威脅英國的印度殖民地，因此阻撓本國投資者去投資。

最後，數以萬計的法國人購買了運河的股權，支持雷賽布的事業。而這條新運河最大的股東是埃及政府，占四十四%的股權。

雷賽布預計運河的工期是五年，實際上，這條運河花了十年的時間才建成，期間經歷了霍亂流行、勞工暴動。當地勞工使用傳統工具進行挖掘，在炎熱的埃及沙漠地帶，工程進展慢得像蝸牛爬。直到公司從歐洲引進了蒸汽動力的大型挖掘機和推土機，同時從歐洲引進了訓練有素的技術工人，工程才得到有效的推進。

一八六九年十一月，偉大的工程——蘇伊士運河竣工，全長一百九十公里，主河道供蒸汽輪專用，旁邊另有一條小型的淡水渠，用於傳統的帆船航行。

蘇伊士運河的開通，使歐洲船隻可以通過該運河前往亞洲，比繞道非洲南端的好望角前往亞洲，足足縮短了八千到一萬公里的距離，不僅大幅減少了航行距離和時間，新的航線穿行於陸地之間，還更加安全。

波蘭裔英國作家約瑟夫·康拉德（Joseph Conrad）曾經漂泊海上二十多年，他評論道：「打穿蘇伊士地峽，就像打掉水壩，讓大量的新船、新人、新貿易方式，滾滾湧進東方世界。」

曾經冷眼旁觀蘇伊士運河修建的英國人終於幡然醒悟了。英國人發現，在蘇伊士運河上航行的英國蒸汽輪，僅需三週就可以到達印度，而繞過非洲之角航行到印度，需要三個月的時間。因此，蘇伊士運河開放一年內，大量的印度小麥裝船出口到英國。無數英國船隻經過蘇伊士運河並被收取了「過路費」，一想到這件事，英國人就一陣陣地肉疼。

「假如蘇伊士運河歸我們大英帝國所有……」

英國人的機會說來就來了，說到底，這個機會的產生，竟然與世界棉花大戰有關！

運河修建前後，正值美國南北戰爭期間，而埃及是世界上重要的棉花產地，埃及長絨棉質地優良，工業革命時期的歐洲各國對長絨棉有著巨大的需求。為了擴大耕地面積，埃及甚至排乾開羅下游的尼羅河三角洲的沼澤地，開墾新的耕地來種棉花和糧食。美國南北戰爭刺激了世界棉花價格暴漲，埃及總督一夜之間暴富，花錢大手大腳。

在蘇伊士運河落成典禮時，埃及總督花費鉅款，邀請幾千個世界名流蒞臨，包括奧地利皇帝和其他皇室成員，以及諸多文學藝術家，如法國小說家埃米爾·左拉（Émile Zola）和挪威劇作家亨利克・易卜生（Henrik Ibsen）等。開羅還修建了一座歌劇院，義大利作曲家朱塞佩・威爾第（Giuseppe Verdi）受邀，為蘇伊士運河落成寫一部歌劇，這就是著名歌劇《阿依達》（*Aida*）的出來。《阿依達》虛構了古埃及與古衣索比亞的紛爭，講的是古埃及大將拉達梅斯愛上了淪為奴隸的衣索比亞公主阿依達，最終雙雙殉情的悲劇故事。

歌劇《阿依達》如鬼魅一般，似乎預言了現實。當時野心膨脹的埃及總督為了爭奪尼羅河的控制權，與上游的衣索比亞兵戎相見。打仗是需要錢的，本來棉花價格飆升，埃及總督不缺錢。沒想到，美國南北戰爭結束後不久，美國棉花生產迅速恢復，全球棉花價格又暴跌了。窮兵黷武的埃及總督立刻陷入了債務的深淵，國家債務高達一億英鎊。一八七五年，走投無路的埃及總督把持有的蘇伊士運河四十四%的股權拿出來，以四百萬英鎊的價格向英國出售。天賜良機，時任英國首相立刻採取行動，從歐洲財團那裡借貸資金，購買這份股權。

與此同時，為了讓埃及償還欠下的巨額債務，英、法兩國開始監管埃及的財政。歐洲列強對埃及主權的威脅，激起了一部分埃及軍人的強烈不滿。一八八一年，埃及軍人發動政變，架空了埃及總督，並取締英、法兩國對埃及的財政監管。

英、法兩國面臨著埃及欠款無法收回的麻煩。而真正的麻煩則是蘇伊士運河可能會脫離英、法兩國的控制，但這條運河的經濟價值和戰略價值太巨大了，不論是從每年收取的巨額過路費角度，還是從全球霸權的角度，英、法兩國都不想放棄蘇伊士運河。於是，「炮艦外交」又一次左右了歷史。一八八二年九月，英軍轟炸了埃及亞歷山大港，然後派騎兵突襲埃及軍隊，迅速結束戰鬥，英軍占領了蘇伊士運河。

英國宣稱自己出兵蘇伊士運河只是暫時的，但是這個「暫時」沒有設定結束的時間，於是英國「暫時」地占領運河長達七十多年！埃及老總督的擔心變成了現實，蘇伊士運河造福全世界，提升並維持了英國的世界霸權，但是對於當時的埃及，卻不是福音。

巴拿馬運河：美利堅號駛向世界巔峰

蘇伊士運河通航後的風雲變幻，已經不是雷賽布能夠控制的了。作為蘇伊士運河的修建者，雷賽布被法國人視作民族英雄。這位外交官改造世界的心臟依然劇烈地跳動著。在蘇伊士運河竣工十年後，已經七十四歲的雷賽布再次登高一呼，向全世界宣布，他要把美洲大陸從中間劈開，開鑿巴拿馬運河，連接太平洋和大西洋。

當然，巴拿馬運河的設想並非雷賽布首創。一八一一年，德國博物學家、自然地理學家亞歷山大·馮·洪堡德（Alexander von Humboldt）就提出，應在巴拿馬地峽開鑿一條運河，運河的開通將連接太平洋和大西洋，能夠大大加強太平洋沿岸與美洲的聯繫。

烈士暮年，壯心不已。雷賽布發現，從當時隸屬於哥倫比亞的巴拿馬省切穿中美洲地峽，只需要修建長八十公里的運河就實現了，這個長度差不多只有蘇伊士運河的一半。更為美妙的是，地峽兩邊的太平洋和大西洋的水位差也很理想，不需要另外修建水閘就可以實現通航。這不就是蘇伊士運河的縮小版本嗎？只要如法炮製上一次的成功案例，巴拿馬運河就會出現在世人眼前。整個法國被雷賽布的新計畫點燃了，他的運河公司股票價格一路飆升。

豪情萬丈的雷賽布有些盲目樂觀，忽視了一個非常要命的問題：氣候。

蘇伊士運河穿過的區域，氣候乾燥炎熱，屬於缺水的環境。而圖紙上的巴拿馬運河穿過的區域屬於熱帶雨林氣候，雨水傾盆、河流氾濫、山洪洶湧，想在這樣的澤國裡挖一條有固定河岸的通航河道，太困難了。更加麻煩的是，中美洲叢林中蚊蠅如箭雨，瘋狂地傳播著瘧疾和黃熱病。工人施工沒多久，就紛紛中招，成千上萬的管理人員和工人倒在運河施工現場，再也沒能爬起來。

雷賽布與熱帶雨林環境絕望地搏鬥了十年時間，耗資二億八千七百萬美元，超出蘇伊士運河建設總價的三倍還多，工程依舊步履維艱。歷史沒有再給年邁的雷賽布翻盤的機會，法國政府開始調查他的失職問題，並宣判這位曾經的民族英雄有罪。一八九四年，雷賽布懷著滿滿的不甘之心，離開這個被他改變了的世界。

雷賽布出師未捷身先死，似乎在冥冥之中預示著，美洲的這條運河注定將由美洲人而非歐洲人來開通，世界霸主的寶座將從歐洲流轉到美洲。

阿爾弗雷德·賽耶·馬漢（Alfred Thayer Mahan）是美國職業海軍軍官，曾擔任一所海軍戰爭學院院長，長期研究與海洋有關的歷史。一八九〇年，馬漢發表了自己的名著《海權對歷史的影響》（*The Influence of Sea Power Upon History*），正式提出自己的「海權論」思想。

透過對歐洲十七世紀中葉到十八世紀末葉這段歷史的研究，馬漢提出，海上霸權是國際商業成功和國家富裕強大的關鍵。有利的海上地理優勢只要利用得當，就能成為便宜、容易和安全的交通通道，從而在關鍵商業競爭中，讓獲得航海優勢的國家，控制世界海上運輸航線和戰略通道。「一個國家的沿海地區，是這個國家的邊疆陣地之一。許多海灣和深水海灣都是國家富強的來源，如果這些港灣處在可航行河流的節點上，那麼這些港灣更是國家富強的來源，它們是國際貿易的集散地。」

這位海權論之父當然會關注到正在開鑿中的中美洲的運河。他認為，如果這條運河建成，「加勒比海將會從終點站，轉變成世界級的公路之一。美國與這個通道的關係，類似於英國與英吉利海峽的關係、地中海國家與蘇伊士運河的關係。」馬漢的海權論影響了當時的很多世界名流，甚至國家領導人，比如美國總統西奧多．羅斯福（Theodore Roosevelt）。

一九〇一年，西奧多．羅斯福走馬上任，立刻把在中美洲建造一條運河作為美國政府工作的重點之一，當時很多美國公司傾向於在尼加拉瓜境內修建運河。而工程停滯的法國人則急於把修了一部分的巴拿馬運河賣給美國，挽回一點經濟損失。美國國會內部就此展開激烈的爭論，最終巴拿馬運河方案戰勝了尼加拉瓜運河方案。

當時的巴拿馬屬於哥倫比亞，美國國會通過了方案，哥倫比亞同意了嗎？並沒有。作為對巴拿馬擁有主權的國家，哥倫比亞拒絕了美國租借巴拿馬修建運河的提議。於是，在埃及的蘇伊士運河上發生的一幕，又在巴拿馬重演了。羅斯福總統「霸王硬上弓」，鼓動巴拿馬從哥倫比亞獨立出去，並派出三艘美國軍艦前往巴拿馬助陣。有了美國的支持，巴拿馬分離力量發動叛亂，占據了巴拿馬城。一艘哥倫比亞軍艦在美國軍艦的注視下向城內開炮，打死了一個華裔商店老闆和一頭驢子，然後就望風而逃了。第二天，巴拿馬宣布獨立；又過了兩天，美國正式承認巴拿馬共和國。「炮艦外交」又得逞了。

一九〇四年，美國國會批准支付給法國公司四千萬美元，收購巴拿馬運河爛尾工程的議案。這是美國人與法國人的又一次「大宗交易」，上一次是百年前的路易斯安那購地案。

現在，美國人接了法國人的爛攤子，要直接面對熱帶雨林環境裡的各種困難了。

令全世界，特別是失利的法國人震驚萬分的是，美國公司展現了無與倫比的工程技術能力，那些折磨法國公司的各種難題，在美國公司那裡都不算什麼。

美國另起爐灶開工建設巴拿馬運河，一年之內，就調集了超過兩萬名各國勞工、美國軍隊及技術工程人員，來到巴拿馬，幾乎相當於當時巴拿馬人口的八分之一，此後，人員不斷增加，最高峰時有四萬四千人在施工現場，九十九%的人員都是外來者，本地勞工人數微不足道。沿著運河兩岸，綿延著龐大的工程宿營區，其中包括五千座簡易建築和四座旅館，以及警察局、監獄、餐廳、洗衣房、雜貨鋪、學校……為了給這座雨林中憑空誕生的「城市」，提供維持運轉的物資，這裡每日進口兩萬五千條麵包，以及超過十噸的凍肉與醃製肉類，洗衣房每天需要清洗及熨燙超過三千件衣物……宿營區耗費的電量，超過了當地巴拿馬與科隆兩個大城市用電的總和。

為了把挖出來的龐大土方及時運走，美國人擴建了當地年久失修的巴拿馬地峽鐵路，將其改造成雙軌道鐵路。最繁忙時，每天有超過八百列火車呼嘯著穿過地峽鐵路，每個月運送的土石方超過三百萬立方公尺。

美國人用現代醫學方法掃蕩了肆虐運河工地的蚊蠅，有效控制了黃熱病的流行；創造性地採用了船閘運河方案，使工程更容易展開；至於阻礙工程腳步的大片熱帶雨林和沼澤地，美國人用機器設備將其全部砍掉、排乾，直接把它們從地圖上抹去了。

想想看，以上這一切都發生在一百多年前的熱帶雨林裡，距離美國本土最南端的佛羅里達半島二千公里，距離美國首都華盛頓，則還要加上一千多公里。

英國駐美大使詹姆斯．布賴斯（James Bryce）於一九一〇年參觀運河區後，大為歎服，他向英國彙報說：「美國人依賴的並非肌肉與汗水，而是機械無窮的力量，美國機械製造大亨們把這項工程視為新產品的最佳試驗場，挖掘機、拖拉機、最新式的渣土揚撒機、液壓千斤頂和打樁機，以及延綿成串的卡車，都和法國人痛苦而緩慢的開掘形成了鮮明對比。」

的確如此。一九〇六年，羅斯福總統親臨巴拿馬運河工地，登上一輛蒸汽載重挖掘機，並操縱機器幹活。這部挖掘機一次可以鏟起八噸土，比法國人使用的機器功率大了三倍多。

順便說一句，羅斯福的這次出訪，是美國建國以來歷任總統的第一次海外出訪，此舉具有重要的象徵意義，它表示，強大的美利堅合眾國正在「衝出美洲，走向世界」！

一九一四年八月十五日，一艘郵輪緩緩駛過巴拿馬地峽，巴拿馬運河正式通航。美國人以雄厚的人力資源和先進的工程技術，使巴拿馬運河工程的總造價僅為三億五千二百萬美元，並且比預計工期更早完成。

建造這條運河的錢是誰出的？答案是，美國聯邦政府。

正如伊利運河的工程費用是由紐約州政府承擔那樣，巴拿馬運河的工程費用由美國聯邦政府支出，而英國的布里奇沃特運河、法國人主導的蘇伊士運河，則是私人投資開通的。從運河的資金來源，我們可以看出美國與老牌歐洲列強在經濟體制上的差別。

具體來說，到了十九世紀，英國自由放任的市場經濟體制已經比較成熟了，政府負責自己的事情：收稅和打仗，並不介入國家的經濟領域，民眾努力生產和賺錢，修建運河這種大型基礎設施建設，在英國由私人資本推動，政府只是履行一個批准的手續。法國在經歷了拿破崙時代之後，經濟體制也逐漸向英國靠攏。

美國則有所不同，美國的聯邦政府和州政府在經濟領域更加積極，會幫助私人資本開發國家的資源。除了為大型運河的修建提供資金外，美國聯邦政府還給鐵路建設公司提供獎勵，給願意去西部開發土地的農場主提供獎勵。到了二十世紀，美國政府資助私人資本的現象更加明顯，比如修建大型水壩等。這種「政府加民間」的混合經濟模式，可能更適合美國早期地廣人稀的情況，一些大型計畫需要政府出手，幫助民間來完成建設，使民間資本獲利，政府也最終獲利。

混合經濟模式給美國聯邦政府帶來多大的利益呢？看看巴拿馬運河就知道了。在運河通航後，以美國東海岸為起點，到達美國西海岸的航程減少了一萬公里，到達南美洲西海岸的航程減少了九千公里，到達亞洲的航程減少了一萬八千多公里。借助運河，美國富裕的大西洋沿岸與太平洋地區緊密地連結起來了。在通航的頭十年，每年大約有五千艘艦船通過巴拿馬運河，規模與蘇伊士運河相當。

僅僅用經濟效益來衡量巴拿馬運河的價值，就太狹隘了。一八九七年，羅斯福總統還只是美國海軍助理部長。當時美國與西班牙激戰，美國主力戰艦「俄勒岡號」從西海岸的西雅圖出發，繞過南美洲最南端的合恩角，前往佛羅里達參戰，全程一萬五千公里，足足航行了六十八天。這件事讓羅斯福印象深刻，他堅定了要在中美洲地峽修建運河的決心。雖然美西戰爭以美國的勝利告終，但頭腦冷靜的羅斯福在報紙上發表文章警告說，下一次如果敵人入侵美國西海岸，美國海軍主力仍然要繞過南美洲去迎戰的話，最後的結果將是疲憊不堪的美國海軍只能望著舊金山和洛杉磯的廢墟悲痛萬分，而敵人已經撤離到夏威夷附近海域，在歡慶勝利。

羅斯福的警告是正確的。巴拿馬運河開通幾十年後，敵軍艦隊突然偷襲了美國夏威夷的珍珠港。有了方便的巴拿馬運河調集兵力，美國海軍如怒濤般席捲整個太平洋，一路追殺敵人，攻打到位於東亞的敵人本土。在兩顆原子彈爆炸後，敵人無條件投降了。這個敵人，就是我們接下來要瞭解的日本。

巴拿馬運河，就是世界新霸主——美利堅合眾國的「登基宣言」。

〖第15章〗

日本憑什麼能「脱亞入歐」

一八五三年七月，四艘黑色的巨大軍艦駛入了江戶灣（今東京灣），並對江戶灣海岸線展開測量活動。統治日本的幕府驚恐地看著美國軍艦在本國海岸自由馳騁，卻無能為力，在國內耀武揚威的日本武士階層彌漫著深深的屈辱感。這就是歷史上的黑船事件。

一八七五年九月，日本三艘軍艦駛入朝鮮江華灣，炮擊漢城（今首爾）的門戶——江華島。在日本的武力威脅下，朝鮮被迫簽署條約，打開國門。這次江華島事件，距離黑船事件只有二十多年。

一八九四年七月，日本海軍在朝鮮海域不宣而戰，襲擊清朝水師，中日甲午戰爭爆發，第二年四月，戰敗的清朝被迫接受了《馬關條約》，割地賠款。此時，距離黑船事件不過四十多年。

在十九世紀後半葉，位於東亞的日本從一個閉關鎖國的落後島國，迅速躋身世界強國之列，日本的「脫亞入歐」之路如此迅猛，幾乎是近代非歐美國家崛起的單一特例。在歐美列強的威脅下，為什麼日本做到了富國強兵，而同時代其他國家卻沒能做到呢？

江戶時代的歐陸風範

日本近代有一位經濟學家叫作福田德三，年輕時曾經留學德國，師從德國經濟史教授盧約・布倫坦諾（Lujo Brentano）。布倫坦諾在講解「歐洲經濟史論」時，發現班上有一個非常聰明的日本人山福田德三，聽課時目光炯炯，不時面露微笑。

有一天，好奇的布倫坦諾問福田德三，為什麼他經常在自己的課堂上微笑。

福田德三回答說：「我聽先生所講的歐洲經濟史論，都和日本的歷史一樣。」

布倫坦諾感到很詫異，於是囑咐福田德三把日本的經濟史介紹給歐洲的讀者。一九〇〇年，福田德三出版《日本經濟史論》，布倫坦諾為這本書寫了序言。

我們習慣上以為，古代日本是東亞國家，在各方面學習古代中國的制度和文化，因此應該與中國更為相似。其實不然，正如福田德三感受的那樣，古代日本其實與中世紀的歐洲更為相似，而與古代中國不太一樣。

這一切要從幕府建立的幕藩體制說起。在日本的戰國時代臨近尾聲的時候，豐臣秀吉曾經揮師入侵朝鮮半島，與明朝和朝鮮的聯軍廝殺。豐臣秀吉病死後，日本侵略軍撤軍，國內經過激戰，德川家康勝出，建立了德川幕府，由於其統治中心位於江戶，因此那個時期又被稱為江戶時代。

當時的日本社會，幕府和各藩組成了統治力量，這就是幕藩體制。雖然天皇是名義上的國家最高統治者，但基本上處於權力架空狀態，幕府將軍才是實際統治者，在其下是分布在全國的兩百多個藩國，由各藩大名管理。其中，親藩大名地位最高，除了輔佐幕府外，如果德川宗家沒有子嗣，將軍的繼承人就會從親藩中選出。其次是譜代大名，他們的藩國很早就追隨德川家康。再次就是外樣大名，雖然聽從幕府將軍，但關係較遠，是幕府一直想牽制和削弱的地方勢力。

幕府將軍在經濟和軍事上都占有絕對的優勢。在經濟上，幕府擁有全國四分之一的土地，比下面任何一個藩國大名所擁有的土地都要多很多；幕府土地的產量多達七百萬石。幕府還控制了全國的森林，以及大阪、長崎、京都、奈良和駿府等主要城市，並占有佐渡、石見和伊豆等地的金銀礦山，壟斷了鑄造金銀貨幣的經濟大權。

但是，外樣大名仍然是幕府不可忽視的力量。在江戶時代中期，二十三家親藩大名擁有封地二百六十萬石，一百四十五家譜代大名擁有封地六百七十萬石，九十七家外樣大名擁有封地九百八十萬石。更重要的是，各藩的統治有很大的自主權。各級大名仿效幕府將軍的政權機關，建立起一整套獨立的藩政機關。比如，藩國內有總理藩政的「家老」，管理農村司法行政的「郡奉行」，掌管城下町司法行政的「町奉行」，負責藩財政的「勘定奉行」。

各藩大名在履行將軍規定的義務和職責外，在自己的領地享有獨立的行政、司法、徵稅和指揮軍隊的大權，可以在藩內制定和推行各項政策，各藩實際上相當於有一定限制的割據政權。

把日本的幕藩體制與中世紀的歐洲對比，會發現許多相似點。

兩者都由軍事貴族統治，士兵與農民有截然的職業分工；貴族們擁有自己級別的封地，各自對上級領主效忠，而在自己封地擁有自主權。日本有武士階層，歐洲有騎士階層。甚至於，日本社會有神一樣的天皇，對應於中世紀歐洲的教宗……

英國人很早就發現了這種跨越時空的相似性。清朝乾隆時期，英國曾經派出馬戛爾尼使團（Macartney Embassy）來到中國，希望與中國做貿易。馬戛爾尼使團描述中國的制度是：「在中央帝國各地，地方官吏代表皇帝，同時施行行政權、立法權和司法權。他們貫徹皇帝的旨意，而且往往容易做過頭，因為做過頭是不受懲罰的，而違抗諭旨則會受到嚴懲。」在他們眼中，清朝是一個與歐洲封建社會不同的中央集權社會。

幾十年後，另一位英國外交官阿禮國（Sir John Rutherford Alcock）曾經先後在中國和日本旅居，他在中國生活了近二十年，卻從未談到清朝與歐洲政體有什麼相同的地方。相反的，他根據自己三年的日本生活經歷，認為日本的幕府政治與歐洲中世紀的政治相近，主權者（將軍）以下是分立的封建諸侯（大名），封土與名號受賜於主權者，大名在自己的領地享有一些獨立於將軍的權力，對自己的家臣有生殺予奪的權力，家臣對大名的命令絕對服從。

不論是歐洲人，還是日本人自己，都發現相距萬里的中世紀歐洲與江戶時代的日本有著大量的相同點，這真是世界歷史上有趣的現象。這個現象並不是日本打開國門後向西方列強學習而產生的，而是古代日本自己形成的體制。我們有理由猜測，古代日本與中世紀歐洲在政權體制上如此相似，日本透過改革來「脫亞入歐」，在難度上應該比其他亞洲國家小得多。

其實，江戶時代的日本與近代歐洲還有一個重要的相似之處，人們很少注意到，那就是：幕府將軍控制各藩大名的制度，不經意間推動了日本的城市化和手工業的繁榮，讓日本在經濟面貌上很像近代歐洲。

幕府用「石高分封制」來管理全國的土地，大名及武士階層擁有地租徵收權，依靠收租生活；農民承包土地使用權，透過勞動生產糧食，上繳作為地租的糧食。大名不能分割、轉讓和買賣土地；老大名死後，新大名繼位，也須經過將軍批准，才能繼承本藩的地租徵收權。將軍有權對各藩大名進行轉封和削封土地，甚至沒收地租徵收權，但將軍不會肆意妄為，他要避免激起強而有力的大名的造反，畢竟後者擁有本藩忠於自己的軍隊。

幕府將軍對大名的控制透過「參勤交代制」來強力實施。這個制度要求各藩大名的妻子和孩子要留住在江戶，大名也要每隔一年到江戶來居住一段時間，每月定期朝覲將軍大人，並協助將軍從事一些行政管理工作。江戶是幕府將軍的大本營，這種制度確保了將軍對於大名人身自由的限制。大名手下的那些高級武士也要聚居在各自領地的城下町裡，比如姬路、名古屋等地，或者作為侍從跟隨大名去江戶居住。

大詩人白居易初到長安城時，曾經用他的名字開玩笑說：「長安米貴，居之不易。」對於身處「參勤交代制」下的大名、大名家眷和高級武士來說，如何在江戶等大城市生活，是個嚴肅的問題。在江戶時代，大名、武士加上他們的家眷奴僕，總人數大約二百萬，都屬於不事農耕的階層。大名和武士階層從自己的藩裡，只收繳了農民上貢的實物地租，基本上也就是大米，而要在城市生活，需要其他生活必需品和奢侈品。

江戶物貴，居之也不易啊！

大名和武士們的生存方式是，把手中多餘的米拿到城市的市場上去賣掉，用換來的錢購買其他產品，滿足自己的各種需求。「參勤交代制」把各藩的上層人士集中到江戶，同時也把各地的大米集中到江戶來了。當時日本的米總產量中，大概有一半都投放到市場上進行交易了，換句話說，米的商品化率高達五十%。以米為核心的商品經濟，也刺激了其他手工業的繁榮，社會上又湧現了大量的工匠，他們透過製造手工業品，出售給上層人士來謀生。

所以，早在日本打開國門之前，國內的手工業就已經非常興盛了。朝鮮半島的陶瓷製造業曾經領先日本，在豐臣秀吉入侵朝鮮後，很多朝鮮手工業者被帶回日本，提升了日本的陶瓷製造水準。日本各島的氣候和土地條件多樣，非常有利於棉花、絲、菸草和蔗糖等各種作物的本土化生產，雖然產量未必很高，但品質令人稱讚。

十八世紀末到十九世紀初，日本的一些鄉村就形成了手工業帶，比如越後地區形成了著名的絲織品「小千谷絲綢」的集中產區，村民把自己的耕地出租給附近的農民，自己專門生產和經營絲綢。一八四二年，宇多大津村有十八家織布行，工人有一百三十七人，其中八十七人是雇工。當時，美國的軍艦還沒敲開日本國門，日本國內的手工業已經有一點英國蘭開夏紡織工廠的苗頭了。上層人士、糧食、手工業品向江戶集中，一座巨大的東方城市出現在日本本州上。

一七〇〇年，江戶的百萬人中，有一半是大名家眷和武士僕從，他們居住在本藩設在江戶城內的藩所裡，他們的居所幾乎形成了城市四分之三的建築群。他們龐大的消費能力，需要各藩的地租收入來支撐，反過來刺激了日本農村提高生產力；他們頻繁往來於江戶與自己的藩地之間，刺激了沿途客棧的興起，形成了日本較為發達的海陸交通網絡；他們在江戶等大城市的消費，支撐起龐大的商人階層和金融階層。比如早在十七世紀末，商家「鴻池善右衛門」的收入就相當於十個藩的財政收入；比如大阪巨商淀屋，他以經營木材起家，不僅擁有房宅、地產，而且擁有大量珍貴的財寶，由於財力雄厚，向他借款的大名就有三十多個。

一八〇〇年，世界上僅有六個城市的總人口在五十萬以上，包括英國倫敦、鄂圖曼帝國伊斯坦堡、中國的北京和廣州，以及日本江戶。

閉關鎖國，瓦解了幕府經濟

看到江戶時代的日本有如此多的經濟亮點，人們都差點以為，日本馬上就要獨立開啟自己的工業革命了。但是……

幕府統治下的日本是閉關鎖國的，導致了日本國內的科學技術不進反退，離工業革命的大門越來越遠。

在德川幕府之前的戰國時代，日本原本是一個開放的國度，彼此征戰的各藩國想方設法從外界獲取技術和財富。當豐臣秀吉一度統一日本，揮師入侵朝鮮半島時，日本軍隊手中竟然有數萬支仿製西班牙設計的「山寨版」火槍，打得朝鮮潰不成軍，打得來增援的明朝軍隊損失慘重。

當時的日本城市裡，能夠生產並出口海外高品質的紙製品、棉紡織品和武器。當時的日本鄉村裡，農民飼養著數量龐大的綿羊、山羊、豬，一定數量的牛和馬，畜力的犁已經被普遍用於耕作，靠牛或馬來拉。正如前文透露的，在西方人來到東方，在東亞、東南亞廣泛展開海洋貿易時，日本商人和海盜（倭寇）也熱衷於在日本、中國和東南亞島嶼之間做海洋貿易。然而，欣欣向榮的對外經濟活動隨著德川幕府上臺後，逐漸萎縮了。

德川幕府逐漸關閉國門，減少了與外界的接觸。

幕府執行閉關鎖國的政策，很大的原因是擔心外國的滲透和入侵。熟悉中國歷史的朋友都知道，元朝曾經兩次跨海征日本，日本在自然力量（神風）的協助下，勉強守住了江山，這樣的經歷讓日本人心有餘悸。豐臣秀吉入侵朝鮮，又與幾個鄰國，特別是強大的明朝結了梁子，日本生怕明朝和之後的清朝打過來。此外，在戰國時代，西方宗教也在日本廣泛傳播，吸收信眾，而德川幕府知道西洋人火器的厲害，生怕本國信眾與西方列強裡應外合，推翻自己的統治。

閉關鎖國的確給日本帶來了一段時間的安全感，可是代價很大。日本是一個不算很大的島國，人口密度大使得環境壓力變大，如果斷絕了與外界的交往，僅靠自身發展，弊病很多。

伊莎貝拉·博兒（Isabella Bishop）是一位活躍在十九世紀末、二十世紀初的女探險家，尤其喜歡到亞洲旅行並記錄所見所聞。一八八〇年，她描述了自己看到的日本：「因為沒有用於擠奶、運貨或食用的牲口，當地沒有牧場，鄉村和農場呈現出一種沉默又了無生機的奇異樣子。」

她發現，當時的日本連馬車和手推車都很稀少，運輸基本上是靠人來完成，用肩膀挑擔子，背上扛架子；水車很少使用；水稻脫粒和碾磨用的是人推磨盤或是雙腳踩踏的石頭碾子。就算是在東京這樣的大城市，也經常能聽到舂米工人裹著一條兜襠布，賣力苦幹的聲音；灌溉稻田所需的水泵，往往是苦力們用腳踩來驅動的。整個國家幾乎沒人知道犁是什麼。耕田就靠男人和女人拿著鋤頭刨。總之，當時歐洲採用牲畜、水力和風力的生產領域，日本幾乎全靠人力來完成。

看起來，一百多年的閉關鎖國，讓日本的技術水準大幅退步了。日本國內的養殖牲畜基本上消失了。綿羊和山羊幾乎沒人認識，牛和馬極為罕見，連豬也不多。日本的工匠甚至忘記了怎麼製作威力巨大的火槍，他們又撿起古老的製作刀具的技藝，透過不斷地擊打鋼鐵坯子，使刀身的鋼質柔軟有韌性，刀鋒又尖利無比。這樣製造出來的日本刀的確享譽世界，但是在大炮、巨艦、火槍橫行的時代，精良的日本刀除了被當成收藏品把玩，還能有什麼軍事用處嗎？

一百多年裡，日本唯一的重要進步，可能只有耕地面積擴大和糧食產量提高。日本全國的耕地面積在十七世紀初大概有一百六十四萬町步（一町步約等於一公頃），到十八世紀初增加到二百九十七萬町步，到一八七四年已增加到三百零五萬町步。從數字趨勢可以看出來，日本在十七世紀末期後，耕地面積幾乎已經達到極限，很難再增加了。幸好日本農民擅長精耕細作，不辭辛勞地收集天然肥料和人類糞便，為田地施肥，提高了單位面積田地的水稻產量，在不到一百年中，使單位面積產量增加了二十%之多。

再來看看那個時期日本人口的變化。一六〇〇年日本全國人口約為一千萬人，一七二〇年增加到二千六百萬人，一八四〇年約為三千萬人。簡單計算可知，一六〇〇年至一七二〇年的一百二十年間，日本人口增加了一．六倍，而一七二〇年至一八四〇年的一百二十年間，人口僅增加了一五．四%。

基本上，進入十八世紀後，日本的耕地面積和人口數量就保持穩定了。這意味著什麼呢？日本落入了馬爾薩斯陷阱！

正如前面介紹英國的章節所說的，當古代國家的人們生育率很高，身體又比較健康時，高生育率將導致人口急劇膨脹，然而，耕地有限、糧食產量提升有限，社會落入馬爾薩斯陷阱，之後發生戰爭、饑荒、疾病等週期性危機，導致人口下降。在這樣的人類社會中，人們的生活水準長期徘徊在生存線附近。

在德川幕府的統治下，日本國內糧食產量先是大幅增加，使人口迅速膨脹。日本人又講究衛生，健康狀況好，人口增長到了導致田地稀缺的程度。

勞動力越來越廉價。與其空出寶貴的田地放牧牛馬來拉犁、拉車，還不如用人力耕田成本更低。於是，日本人逐漸放棄先進的技術，退回到人力勞作的時代。

進入十九世紀後，日本農民中沒有土地的農戶，已經達到總農戶數量的五十％。幕府製造了江戶這樣繁華的商業城市，同時也製造了掙扎在生存線上的落後鄉村，城市裡湧現了手握財富且敢於和大名挑釁的富豪，鄉村裡則有大量農民掙扎在生存線上，再也無力供養幕府將軍和他的武士階層了。閉關鎖國給德川幕府帶來了安全感，也讓德川幕府的經濟基礎越來越薄弱，幕府的力量越來越虛弱，最終那一絲絲安全感也不復存在了。

幕府將軍掌握著全國的最高軍事指揮權，擁有強大的軍隊。在十八世紀早期，將軍的直屬部隊有五千多人；嫡系的「御家人」兵力有一萬七千人，還有家臣擁有的幾萬大軍，總兵力達到了八萬人，遠勝任何一個強力大名的軍力。這是幕府將軍能夠統治日本的軍事根基。只是，當幕府的經濟出現大問題後，那些大軍就只是無水之萍了，倒戈的倒戈，看戲的看戲，散夥的散夥。

當幕府將軍的統治力下降時，全國的強力大名就看到了翻盤的希望，尤其是九州上的兩大強藩——薩摩藩和長州藩，他們敢於和將軍挑釁的資本也很簡單，那就是在下有錢有槍！

一八六三年，身處京都薩摩藩官邸的西鄉隆盛，寫了一封信給留守薩摩藩鹿兒島大本營的大久保利通，西鄉告訴大久保說，為了買下市場上的全部生絲，他已經將官邸的內用金二萬二千兩全部用作定金了，希望大久保再寄來八萬兩（購買生絲），這是成敗在此一舉的大事，務必要實現。

西鄉代表薩摩藩大肆購買生絲做什麼呢？日本的生絲品質優良，是外國商人苛求的貨物，薩摩藩地處於日本西南，與外界做生意很方便，購買生絲就是為了賣給外國商人賺大錢。

當時的幕府嚴密監視此類交易，薩摩藩的舉動顯然是破壞了閉關鎖國的政策，是要「割據」，即從幕府的統治下獨立出來。

有買家還要有賣家，福井藩是重要的生絲來源地，所以，薩摩藩從福井藩大量購買生絲。根據薩摩藩的紀錄，一八六五年，福井藩為了收購生絲和茶葉曾經融資十六萬兩，這個金額相當於該藩全年財政收入的兩倍，可謂數額巨大。福井藩其實和幕府的關係很近，並非要背叛幕府，但是，有錢賺為什麼不賺呢？何況賣生絲給薩摩藩，又不違反幕府的政策，雖然福井藩明知薩摩藩要幹什麼，仍然願意與小夥伴們快樂地轉賣生絲。薩摩藩收購生絲後，會在九州西南大海上奄美諸島的港口交付給外國商人，交易當然要祕密進行，以躲避幕府的監視。

同在九州的長州藩對於割據更加積極，早在一八六二年，長州藩的木戶孝允就在書信中提出了這個主張。長州藩犯上作亂的行為甚至招致了幕府將軍兩次召集大軍征討之，但兩次都沒有實質性地打擊長州藩的實力。各藩早就對幕府將軍抵禦西方列強的軟弱表現十分不滿了，現在幕府執意要打擊本國的長州藩，大家自然都是出工不出力的態度。

一八六六年爆發的第二次長州征伐戰中，薩摩藩終於和長州藩走在一起，組成了薩長同盟。長州藩透過薩摩藩迅速購買了西式步槍四千三百挺、滑膛槍三千挺，又購入汽船。原本勢單力孤的長州藩曾經悲觀地與薩摩藩約定，自己爭取頂住幕府大軍一年到一年半，請薩摩藩幫助在朝廷運作外交事宜。有了大批武器的長州藩立刻氣焰暴漲，轉守為攻，竟然連戰連捷，不僅把攻入九州的幕府軍隊趕下大海，甚至還連續攻克幕府陣營中幾個藩的城池。

面對有錢有槍的薩長同盟，衰弱的德川幕府大勢已去。幕府的閉關鎖國政策既沒有能夠擋住洋人進來，也沒能壓制住本國人的反叛。如浮世繪畫作一般古典甚至頹廢的江戶時代漸行漸遠，日本迎來了激昂如進行曲一般的明治維新。

明治維新：全盤改造，脫胎換骨

一八七二年一月二十三日，美國舊金山，伊藤博文登上講臺，用英文向美國人發表演說：

「……我國的諸侯們，自發地放棄了領地和領主權。在沒有放一槍、沒有流一滴血的情況下，廢棄了日本的封建制度。然後，開始推進象徵著近代文明的鐵路和電信設施……」

伊藤博文介紹的事件，正是明治維新的「廢藩置縣」。在幕府倒臺後，日本的政局主要由各藩的實力派家臣控制，他們推動薩摩、長州、土佐、佐賀等四藩的藩主，向以天皇為代表的新政府「版籍奉還」。「版」就是土地，「籍」就是人民，在名義上，土地和人民原本屬於天皇，由幕府和大名們代管。現在，各藩把這些東西歸還給天皇。然後，天皇重新任命原來的大名為「藩知事」，繼續治理原來的領地。不過，由於版籍經過了奉還，就不再像過去那樣世襲了，各藩逐漸過渡為受中央政府管理的各縣，行政長官也由中央政府委任。

與英國革命砍掉了查理一世的腦袋、法國革命砍掉了路易十六的腦袋相比，日本的演變可謂是「和平革命」了。伊藤博文在演講中強調和平的一面，是為了博取歐美各國的好感，支持日本的明治維新。

但很遺憾，伊藤博文的謀略被現實擊得粉碎。

實際上，這次演講是日本向西方列強派出使團途中的一個安排。這個使團由右大臣岩倉具視擔任特命全權大使，由「明治三傑」之一的木戶孝允（另外兩傑是西鄉隆盛和大久保利通）為副使，帶領了包括未來成為日本首相的伊藤博文、大久保利通在內的維新派精英。岩倉使團出行的目的有兩個，其一是希望與西方列強修訂強加給日本的一些不平等條約，其二是考察西方列強的長處，回來推動日本追趕西方列強。

西方列強對於修訂不平等條約毫無興趣，美國人耍花招敷衍，英國人乾脆一口回絕，還提出更苛刻的條件，德國、法國、比利時都和英國穿一條褲子。沒有人真心希望東方的日本強盛起來，也沒有人覺得日本能強盛起來。岩倉使團在各國一路碰壁，終於明白，只有自己強大起來，才會讓對方修改條約。

於是，岩倉使團把精力集中在第二個目的上，積極考察和學習西方的長處。西方列強的繁榮強大讓使團成員震驚，看到美國大地上蒸汽滾滾的場面，岩倉認定，其崛起的原因在於鐵路，日本也應當以鋪設連接東西的鐵路為急務。在大英帝國，以蒸汽和水力為動力，透過車床和齒輪運轉器械的工業技術，令使團成員極為震撼，「口舌與筆墨難以形容」。

他們先後考察了利物浦的造船廠、曼徹斯特的棉花工廠、格拉斯哥和紐卡斯爾的煉鐵廠、布拉德福德的紡織工廠，「無比巨大，機械精巧至極」。他們還注意到生產和銷售系統：工廠用煤做燃料，蒸汽機轟鳴著提供動力，生產出鋼鐵，再經由鋪好的鐵路和道路運送成品，最後用巨大的船舶送到世界各地……使團成員明白，是這個龐大而高效的系統支撐起大英帝國的富強。

更卓越的見解，來自沉默寡言且善於思考的大久保利通，他認為，英國令人驚異的發展，是建立在政治、經濟、產業、文化的綜合性基礎之上的。單憑導入知識和技術，模仿其中一二，不可能在日本實現英國式的進步。

帶著遺憾和收穫的岩倉使團回國後，立刻著手全面改造日本。在使團出發之前的一八六八年，天皇就頒布五條誓文，答應組建「萬機決於公論」的政府，以及「廣求知識於世界」。在一八七〇年至一八七三年暴風驟雨般的改革中，法律平等、職業自由、土地買賣自由，甚至使用西方日曆都確立了，一舉改變了德川幕府時代的社會模樣。

一八八五年，政府層面的內閣成立了，類似於西方列強的議會。長州藩出身的伊藤博文就任第一任內閣總理大臣。當時內閣的十名成員中，長州藩與薩摩藩各占四個名額，另一個來自土佐藩，還有一個竟然是幕府舊臣。這十位大臣中，當時年齡最大者才五十一歲，都是年富力強的幹才。

「全面」加「快速」，是日本能夠成功「脫亞入歐」的重要因素之一。

驚險與驚奇的自強奇蹟

說起來容易，做起來難。日本的維新之路充滿了危險，德川幕府遺留下來的龐大武士階層就是可怕的攔路虎。一八七三年，新政府實行了類似於西方列強的政府正規軍制度，用服兵役的軍隊取代過去的武士階層及藩兵，並用現金而不是米來支付武士的退休金。原本世襲的職位被取消了，很多武士頗為不滿。

日本近代著名啟蒙思想家、教育家福澤諭吉，在日本國內長期傳授西洋的知識和思想，因此被落魄的武士階層視為眼中釘。在很多年中，福澤諭吉在夜間都不敢出門，深怕自己會被暗殺。

武士階層對日本新政府最大的一次威脅，竟然是明治三傑之一——西鄉隆盛發動的西南戰爭。西鄉隆盛因為與大久保利通等人政見不合，於是辭職返回薩摩藩，興辦軍事學校積蓄力量。一八七七年，他在武士階層的支持下發動叛亂，竟然集合了三萬人的武裝，政府的新軍最終擊敗了薩摩藩叛軍，西鄉隆盛兵敗身死，維新政府度過了一次大危機。

維新政府能夠克服武士階層的抵觸，在於它相對順利地「轉化」了很多武士。很多武士被新政府吸納，成為軍人、官僚、員警和各級職員，這些工作原本也是幕府時期武士的日常任務，因此角色轉換很順利，他們成為維持社會秩序和穩定的重要力量。

另一些武士，原本在幕府末期就已經落魄了，為了謀生而從事手工業和商業。在十八世紀中葉，一些下級武士就為生活所迫，從事一些「賤業」，比如雕刻，製作扇子、提燈、漆器、傘，生產砂糖、茶、陶瓷，養蠶、紡織等等。一些下級武士甚至聯合起來，經營一些批發商行。明治維新後，社會鼓勵手工業和經商，一些頭腦靈活又勤勞的武士擺脫了武士的階層限制，在各行各業大顯身手，成長為武士企業家。

一些統計數字顯示，在明治維新時期，經營者中有接近一半的人出身於武士家庭，他們既有魄力，又遵守規則，把過去的「武士道」精神轉化為企業家精神，變成了「商人道」，這類知名人物有岩崎彌太郎、五代友厚、澀澤榮一……

馴服了武士階層這隻攔路虎，維新政府還要面對另一個重大難題：經濟自強。如果國家的經濟，特別是工業不能得到脫胎換骨般的升級，那麼日本「脫亞入歐」就是一句空談。

當時的日本經濟有一個十分有利的條件，那就是日本自古以來就盛產金銀貴金屬，這使得日本幾乎不需要向外借款，就可以依託自己的金銀儲備，來發行有公信力的貨幣。一八七二年，維新政府就發行了全國統一的貨幣，並在商業財閥和有財力的貴族（士族、華族）注資下，成立了多家國有銀行，初步建立起現代風格的國家金融體系。很多亞洲傳統國家在邁向現代國家的過程中，都因為缺少資本而向列強舉債，於是很多經濟命脈操縱在國際資本家的手中，使國家的經濟發展充滿波折。日本較為順利地躲過了這個發展中的「大坑」。

在經濟產業領域，幕府時代打下的手工業和商業基礎發揮了價值，維新政府很快就實現了經濟獨立。就像歷史上許多現代經濟剛剛起步的國家一樣，日本一開始也要走出口原材料來賺錢的發展道路。日本很早就廣泛種植棉花，明治維新後，棉花種植面積迅速擴大。根據統計，一八八三年至一八八七年，日本的棉花種植面積達到了九萬八千町步，皮棉產量四千萬斤。同時，養蠶業和茶葉種植業也快速發展，生絲和茶葉成為重要的出口產品，在十幾年中，生絲出口量和茶葉生產量都增長了兩倍多。棉花、生絲、茶葉這些初級產品的出口，給日本的工業起步提供了寶貴的資本。

日本維新政府建立之初，就高呼要「殖產興業」。那麼，工業該如何發展呢？具體來說，是該出政府來「集中力量辦大事」呢？還是由民間來個「百花齊放」呢？

其實對於這個問題，日本維新政府一開始的思路不清晰。就拿輪船航運業來說，當時的日本既成立了國有輪船運輸公司，也鼓勵民間資本購買新式輪船從事航運。一八七四年，日本悍然入侵臺灣，需要輪船來運輸軍隊和軍備。而靠政府投資的國有輪船運輸公司竟然難堪大用，日本政府只好再斥資購買輪船，委託民間公司三菱會社來協助運輸。戰爭結束後，大久保利通立刻向天皇上表，促使維新政府明確以扶植和資助民間企業發展航運的政策，並解散了國有輪船運輸公司，把該公司的船隻交給三菱會社。

在明治維新時期，雖然政府也興建礦山、模範工廠以及其他現代化設施，但一般來說，只要在這些企業步入正常運轉後，政府就把它們出售給民間公司來繼續營運。這種鼓勵民間公司的風氣，雖然可能會讓政府虧本，卻使日本國內的民間企業得以快速發展，政府最終從繁榮的企業那裡得到更多的稅收。此舉類似於美國聯邦政府和各州政府積極投資興建運河，再逐漸退出的策略，都屬於政府與民間通力協作發展經濟的典型案例。這又是讓日本能夠「脫亞入歐」的一步好棋。

如果說一八九四年日本透過甲午戰爭掀翻東亞霸主清朝，只是讓全亞洲國家感受到東瀛維新威力的話，那麼在十年後的日俄戰爭中，日本挑戰歐洲列強之一沙皇俄國並戰而勝之，則讓歐美列強不情願地承認，日本已經「脫亞入歐」了。

只是，明治維新給日本留下了一個致命的缺陷，與英國、法國的貴族光榮革命或國民革命不同，明治維新本質上是軍人革命，各藩的少壯派武士們掀翻了舊體制，導致軍隊具有超然的地位，在名義上並不屬於國民，而是屬於天皇，那時的日本軍界如同沒有轡繩的戰馬，隨時可能狂奔向未知世界。

明治時代的著名小說家夏目漱石，在一九〇八年發表一部小說《三四郎》，描繪了三四郎這個農村青年進入光怪陸離的現代城市東京後的各種不適。在小說中，三四郎與一位廣田老師相遇，詢問日本在日俄戰爭獲勝後，未來會怎樣。夏目漱石透過廣田老師的口回答：「毀滅吧。」

在戰勝歐洲列強之一俄國的舉國歡慶氣氛中，小說家憑著自己敏銳的直覺，預言了四十年後日本在第二次世界大戰中的結局。

在二次大戰的那次「毀滅」之後，日本再次鳳凰涅槃般創造了戰後經濟奇蹟，那是一個與明治維新前後「脫亞入歐」不一樣的故事。但是請相信，兩次經濟奇蹟一定有著相似的「基因」，奇蹟並不是偶然的。

附記：富士山竟是私有地

去日本旅遊，遊客可以不去看東京的時尚繁華，卻絕對不願意錯過富士山的風采，因為富士山自古以來就是日本民族的象徵。在日本人心中，富士山是最美、最有氣質和最神聖的山，是能夠代表日本這個國家的「鎮國」神山。

富士山是日本的第一高峰，位於本州中南部，跨靜岡、山梨兩縣，東距東京約八十公里，海拔三千七百七十六公尺，山底周長為一百一十五公里，山體呈優美的圓錐形，山頂終年積雪。

富士山的名字經常在日本的傳統詩歌「和歌」中出現。其名字的由來眾說紛紜，其中流傳最廣的是文學作品《竹取物語》中的說法：許多武士將長生不老的靈藥在最接近天的地方燒掉。但奇怪的是，這些藥總是燒不盡，一直冒著煙。這座高聳入雲的山名為「不死山」或「不盡山」，而在日語中，「不死」、「不盡」與「富士」的發音相近，富士山便由此得名。這樣一個具有國家標誌性的名勝歸誰所有呢？

說出來很多人不會相信，雖然富士山是大自然的山水，但實際上自從它被廣為人知開始，大部分時間都屬於私有地。

那麼，富士山究竟是誰的地盤呢？答案是：富士山本宮淺間大社。

淺間大社是全日本一千三百多家淺間神社的總社，位於富士山的山麓，它是人們到富士山朝聖的信仰中心，歷史悠久，至今建社已有一千二百多年。據說，最早是人們為了鎮住富士山不再噴發而修建的神社。這裡供奉著用來消災解難、順產、興業及航海等的守護神。所以，富士山一直被日本人視為「富嶽」、「靈峰」，這與淺間大社鎮守在此有很大的關聯。

富士山的歸屬有一段很精彩的故事，與德川幕府有關。

據說，這座山曾經屬於江戶時代的第一代將軍德川家康。一六〇六年，德川家康在一次戰役中大獲全勝，高興之餘便將富士山八合目（海拔三千二百五十公尺）以上的領地捐贈給淺間神社。不過，明治維新後，規定神社寺院必須將自己的土地上交給政府，富士山也於一八七一年至一九四五年期間一度被國有化。

二次大戰之後，日本新憲法推行政教分離，政府決定對神社寺院無償讓與部分土地，一些曾被國有化的土地又紛紛歸還給民間，其中也包括富士山，不過，山頂的那部分並不包含在內。為此，一九四八年，淺間大社向政府申請無償讓與山頂，但當時只獲得十六萬平方公里的土地，於是，淺間大社和日本政府打起了官司，並在一審、二審時都成功勝訴。日本政府不服判決並上訴，最終在一九七四年四月，日本最高法院宣判「富士山對淺間大社而言是宗教典禮及儀式上必需的土地」，駁回了日本政府的上訴。

雖然根據最高法院的判決，淺間大社又重新得到了山頂的所有權，但實際上判決結果一直沒有兌現。這主要是由於山頂附近是在靜岡、山梨兩縣境內，尚未劃定明確縣界，為此兩縣都在為富士山是屬於哪一個縣而爭執不休，因此也一直無法辦理土地登記。直至二〇〇四年，日本政府的財務省東海財務局將富士山海拔在二千七百至三千七百七十六公尺的山頂，都劃歸為淺間大社的「社地」，讓它既不屬於靜岡縣，又不屬於山梨縣，而是完全歸富士山本宮淺間大社所有。

兜兜轉轉，富士山終於又回歸民間私有。這段漫長的歸屬故事，反映了日本在邁向現代國家中逐漸建立起法治社會的過程。

〔第16章〕

「雙頭鷹」的榮耀與苦難

今日俄羅斯的國徽是金色的雙頭鷹，頭頂皇冠，鷹爪握著權杖和金球，胸前是騎著白馬的銀鎧騎士，身覆藍色披風。

俄羅斯以雙頭鷹作為徽章圖案，揭示了歷史上俄國的一段皇家姻緣。雙頭鷹本是拜占庭帝國君主的徽記。本書開頭已經談到，拜占庭帝國橫跨歐亞，因此，雙頭鷹一頭望著東方，一頭望向西方，象徵橫跨了兩個大陸。一四五三年，拜占庭帝國被鄂圖曼土耳其攻陷後，最後一任皇帝君士坦丁十一世戰死，他的一個女兒索菲亞．巴列奧略輾轉嫁給了莫斯科大公伊凡三世。於是，血統高貴的索菲亞把雙頭鷹徽記帶到俄羅斯的土地上。

冥冥之中似有天意，莫斯科公國此後東征西討，擴張成為橫跨歐亞的龐大帝國，雙頭鷹成為沙皇俄國榮耀的標誌。然而，幾百年來，俄羅斯人民深刻地知曉，他們在表面榮耀的背後，承受了多麼巨大的苦難。俄羅斯「雙頭鷹」在經濟發展和歐陸爭霸中屢戰屢敗、屢敗屢戰。

陸上毛皮之路

近代西歐各國開啟大航海時代，首先追求的商品是東方的香料。當葡萄牙人、西班牙人，以及後來的荷蘭人、英格蘭人，從海洋上向東探索，開闢香料之路的時候，俄羅斯「雙頭鷹」也在陸地上不斷向東挺進，他們擴張的目的很單純，那就是尋找毛皮。毛皮就是那個時代俄羅斯人的「香料」。

一五四七年，伊凡四世加冕成為整個俄羅斯的沙皇，並宣稱自己是拜占庭帝國皇帝的合法繼承者。他有資格這麼說，因為他是伊凡三世和索菲亞的孫子，也就是拜占庭帝國末代皇帝君士坦丁十一世的重外孫。

伊凡四世自認為是「第三羅馬帝國」的君主，他加強軍事力量，熱衷對外擴張，於一五五二年在伏爾加河中游地區擊敗喀山汗國，此後又征服了伏爾加河下游、裡海沿岸的阿斯特拉罕汗國，打通了前往廣闊的西伯利亞的道路。

不能帶來利益的軍事征服是毫無意義的。伊凡四世向東擴張的主要目標，就是獲取廣袤森林資源與草原上的動物毛皮。在工業革命之前，毛皮是奢侈品，是珍貴的服裝服飾材料。伊凡四世立刻指示聽命於自己的斯特羅加諾夫家族，令其越過喀山邊境線拓展殖民地、收集毛皮。

隨著哥薩克特遣隊於一五八二年擊敗了西伯利亞汗國，獵人、軍隊、殖民者紛紛前往西伯利亞，俄羅斯的城堡和貿易站也從歐洲向亞洲腹地推進建設。當時，俄羅斯政府是最大的毛皮商，透過各種手段獲取毛皮，比如向原住民居民收取毛皮作為稅收，向捕獵者和商人徵收十%以最好的毛皮繳納的稅收。另外，政府還購買民眾所獲得的最上乘毛皮。僅僅到一五八六年，俄羅斯國庫就透過上述各種管道獲取了二十萬張黑貂皮、一萬張黑狐皮、五十萬張松鼠皮，以及大量海狸皮和貂皮。

整個十七世紀，毛皮貿易是俄羅斯西伯利亞地區最重要的經濟支柱。在十七世紀和十八世紀，西伯利亞的毛皮是俄羅斯帝國的主要財政來源之一。實話實說，當時的俄羅斯農業落後，工業就更不用談了，想和其他各國做貿易，除了毛皮之外，真沒有什麼拿得出手的東西。

俄羅斯在對外貿易上的被動局面，一方面是沒什麼拿得出手的好貨，另一方面是沒有便捷的出海口，當時波羅的海沿岸都被控制在瑞典、波蘭等國手中。一五五三年，英國航海家理查．錢塞勒（Richard Chancellor）在北冰洋海域白海的一個海灣拋錨上岸，開闢出一條北極航線。伊凡四世大喜過望，親自接見了理查．錢塞勒。經由白海的阿爾漢格爾斯克（Arkhangelsk），俄羅斯出口繩索、蠟、油脂、毛皮、桅杆木材之類的商品，而穀物只有在價格特別高的時候才會在此出口，因為北極路線運輸費用昂貴。進口品則是布料和棉紡織品、金屬產品、武器和戰爭物資、酒、食鹽等。

從北冰洋進行貿易，成本太高了！看著距離自己很近、距離西歐富國也很近的波羅的海，伊凡四世雙眼放光。

俄羅斯必須獲得波羅的海的出海口！「雙頭鷹」不能只面向東方，更應該面向西方！

一五五八年，伊凡四世揮軍西伐，目標是波羅的海沿岸勢力相對較弱的立窩尼亞騎士團。當年俄軍就攻下了海邊重鎮納爾瓦（Narva）。伊凡四世一拿下這個出海口，立刻招徠穿梭於波羅的海的各國商船，吸引它們湧入納爾瓦港口，與本國做生意。這裡很快就成為俄羅斯毛皮的出口地，也是外國武器和其他軍需品的進口地。在俄軍的控制下，納爾瓦每年有數百艘商船往來貿易，規模足以與當時波羅的海東岸最大的港口里加（Rīga）相匹敵。

然而，伊凡四世的軍事行動招來了波羅的海沿岸各國的敵視。這段史稱「立窩尼亞戰爭」的廝殺持續二十多年，到了一五八一年，納爾瓦落入瑞典之手，而俄羅斯也無力再戰，不得不屈膝求和，波羅的海出海口得而復失，俄羅斯向西的海洋大門就此關閉，下一次開啟要等到一個半世紀以後。

農奴制：沙皇與貴族的妥協

慘痛的失敗給俄羅斯國內帶來巨大的衝擊，深刻地影響了俄羅斯的政治結構和經濟結構。談到近代俄羅斯的經濟結構，就無法迴避農奴制，這個長期存在於俄羅斯的經濟制度，把農民牢牢地束縛在土地和莊園上。毫不誇張地說，近代俄羅斯政治、經濟變革的歷史，就是一部與農奴制不斷搏鬥的歷史。

從氣候上看，俄羅斯的農業確實有先天不足的特點。由於地處內陸，而且緯度上更靠北，因此夏季短暫而冬季漫長，近代俄羅斯土地雖然廣闊，但是每年的農耕期只有五個月左右，從五月初到十月初。相比之下，西歐低緯度地區只有冬季最寒冷的兩個月不適合農業生產。因此，在農業機械化和化肥等現代科技在俄羅斯普及之前，俄羅斯的農業生產率是比較低的。

在這樣的農業條件下，「村社」這種組織形式應運而生，農民們抱團取暖、一起耕種、相互扶持，過著一種小範圍內的集體生產生活。這種農奴制的前身形式並非俄羅斯獨有，而是在整個歐洲東部都曾廣泛存在。

但氣候帶來的農業先天不足，並不是農奴制產生並不斷強化的根本原因。歐洲有很多靠北方的地區，那些地方的農業氣候條件和俄羅斯差不多，比如北歐的瑞典、芬蘭、丹麥，中歐的德國北部，西歐的英國北部和愛爾蘭。這些地方在艱苦的農業條件下，在近代依然能夠提高農業生產效率，允許農民更加自由地流動，從而給整個國家帶來活力和發展。為什麼以俄羅斯為代表的歐洲東部和以英格蘭為代表的歐洲西部的農民與農業，踏上了完全不同的道路呢？

原因很複雜，其中之一可能與黑死病肆虐歐洲後，對不同地區產生的不同後果有關。本書開篇談到，十四世紀時歐亞大陸爆發了十分嚴重的黑死病，歐洲人口數量大幅度下降。可以想見，勞動力數量的減少，使得歐洲在疾病流行期間和之後的恢復期裡，土地荒蕪、人力缺乏，因此有利於勞動者的實際收入上升和財富的增長。

從經濟原理上看，缺少人手、不缺土地的歐洲生產的產品中，那些勞動密集型產品的相對價格會上漲，而土地密集型產品的相對價格會下跌。於是，依賴貿易和技術的奢侈品、高端手工品市場走向繁榮，而那些依賴土地的糧食等基本產品的市場則走向衰落。而且人口少了，糧食消費量自然也就減少了。

歐洲的歷史證明了經濟原理的正確性。自十四世紀中葉開始，「小店主的國度」英格蘭地區的勞動者的實際工資急劇上升，因為這個地區的勞動者大多依賴手工技術和貿易來賺錢。之後，他們的實際工資持續增長了大約一個世紀。因而到十五世紀中葉時，勞動者所賺得的實際工資已經比他們在黑死病爆發前夕的所得高出兩倍多。

當我們把目光從英格蘭轉移到俄羅斯，悲慘的景象出現了。由於當時的俄羅斯基本上以農業為生，糧食市場的衰落嚴重打擊了俄羅斯的農村經濟。收入下降使得農民的生活陷入困難，一些農民開始離開村社，逃亡到歐洲西部那些勞動收入高的地區，村社面臨解體的境地。俄羅斯的貴族為了維持岌岌可危的農村經濟，不得不頒布嚴酷的法律，限制農民的自由遷徙，將農民越來越禁錮在土地上。

以上就是俄羅斯為什麼會陷入農奴制的一種經濟學視角的解釋。

曾有觀點認為，近代俄羅斯出現農奴制，與先前受到蒙古人的統治有關。但其實，蒙古人對於俄羅斯的統治往往是間接進行的，主要是利用俄羅斯各地的大公作為代理者，幫助自己收集貢品。如果說蒙古人對於俄羅斯有什麼重要的經濟方面的影響，只能說征服戰爭使得過去形成的一些俄羅斯城鎮被摧毀，給俄羅斯的商業貿易帶來了破壞，讓俄羅斯的經濟更加依賴於本就先天不足的農業。

而且農奴制逐漸確立和強化的時間點，是在蒙古人統治結束之後。雖然以莫斯科公國為代表的大公們的權力變得強大起來，但是由於村社經濟的存在，那些擔任封建主、莊園主的貴族階層之實力也非常雄厚，讓大公們不敢對他們輕舉妄動。

即使是強悍的伊凡四世，在打擊貴族勢力、集中權力的過程中也阻力重重。甚至於在一五六四年冬天，他自導自演了一齣「退位」鬧劇，帶著家眷離開莫斯科，跑到村子裡居住，對外宣布：「由於周圍有人背叛我，所以這個國家我不管了，我去跟隨上帝的指引了。」這齣鬧劇讓莫斯科出現了恐慌，最後在大主教許諾支持伊凡四世打擊敵對力量之後，他才重新回到莫斯科。

伊凡四世對俄羅斯的改革中，重要的部分是推行「特轄制」，把國土分成兩部分，一部分是特轄區，主要由俄羅斯的心臟地帶構成，歸國家或者說沙皇直接管理；另一部分是普通區，由貴族們分別管理。伊凡四世組建了國家軍隊——特轄軍，這成為他削弱貴族勢力和對外征戰的主力。

如果伊凡四世這一條加強國家集權、削弱地方貴族勢力的道路，能夠順利走下去，農奴制最終可能會被瓦解，俄羅斯說不定就會走上與西歐列強類似的經濟發展道路。

可惜，天不遂人願！持續了二十五年的立窩尼亞戰爭，以波羅的海出海口得而復失、俄羅斯被牢牢地封鎖在內陸而結束。

戰爭讓俄羅斯付出了巨大的代價，農村經濟完全失控，生產遭到嚴重破壞，大量農民開始逃亡。危急關頭，伊凡四世只能向農奴制和貴族們妥協，頒布禁止一切農奴流動的法令，加強對農奴的人身控制。即便如此，伊凡四世統治的最後階段，仍然是在一片混亂中度過的。

伊凡四世死後，俄羅斯差不多又經歷了二十年的混亂，直到一六一三年，米哈伊爾·羅曼諾夫（Mikhail Romanov）成為沙皇，羅曼諾夫王朝開啟，政局才穩定下來。必須強調的是，羅曼諾夫是經過貴族們的選舉而成為沙皇的，這充分說明了貴族勢力的強大。

一六四九年，俄羅斯頒布了《法律大全》，它規定：國有農民、宮廷農民歸村社管理；封地貴族的農奴和家奴歸當地貴族管理，農奴與家奴的區別在於農奴是納稅民，而家奴則不納稅。村社負責監督國有農民和宮廷農民納稅，封地貴族則負責監督自己管理的農奴納稅。這個法案讓許多農民被國家強制轉化成了農奴，逃亡的農奴將被捕捉歸案。

《法律大全》的頒布，說明了沙皇用維護農奴制來交換貴族的政治效忠，而底層的農民則成為最大的犧牲品，他們變成農奴，不僅要受到貴族的管理和剝削，還要給國家和沙皇納稅，受到雙重剝削。原本他們的農業生產就先天不足，在沉重的壓迫下，農民的日子更加苦不堪言。

當時各種農民、農奴在俄羅斯人口中的比例是什麼情況呢？一六七八年，俄羅斯做了一次統計，全體國民中納稅戶口、工商戶和國有農戶占十．四%，宮廷農戶占九．三%；教會、高級僧侶、修道院占十三．三%，世襲大貴族的農戶占十%，封地貴族的農戶最多，占五十七%。從資料上看，沙皇俄國可以直接說了算的臣民，大概只有全體國民的五分之一。

這就是當時俄羅斯政治和經濟結構的現實，俄羅斯確實是一個國土和人口都舉足輕重的歐洲大國，但並不是一個強國，沙皇自己能夠調動的資源是有限的，想做點事是挺難的。

用野蠻征服野蠻

一支二百五十人的龐大使團從俄羅斯出發，前往西方的荷蘭、丹麥、英國、普魯士等國。那是在一六九七年，前往國外的道路很糟糕，使團不得不使用雪橇、馬車及帆船前行。使團中有一位身材高大的年輕人叫作彼得．米哈伊洛夫，這是一個十分勤快的小夥子，他在荷蘭造船廠和工人們一起勞動，還在英國學習造船理論，並參觀了科學院、牛津大學、兵工廠、造幣廠、天文臺。

當龐大的使團回到俄羅斯，在祝賀勝利歸來的歡迎會上，這個小夥子終於變回了自己的本來面目，他就是當時俄羅斯的君主——彼得一世，他手持剪刀，動手剪掉了親信大臣的大鬍子，並頒布命令，除了神職人員外，禁止男人留大鬍子，否則就要繳稅！

彼得率領使團出訪歐洲列強，最初的目的是找到盟友，結成「反土同盟」。在此之前的一六九五年和一六九六年，彼得曾兩次率軍南下，擊敗土耳其，搶奪了黑海北岸的亞速，算是為俄羅斯取得了黑海的出海口。但是，土耳其僅僅是暫時失利，而黑海與地中海之間的土耳其海峽仍在土耳其手中，俄羅斯根本無法通過海峽與外界聯繫，因此，獲得黑海的出海口只是聊勝於無。

為了鞏固和擴大對土耳其的軍事勝利，彼得決定向西方列強尋求支持。俄羅斯有一個濃厚的傳統，即非戰事期間君王出國，幾乎被認為是對國家的背叛。在彼得之前，只有一位君王，即基輔大公伊茲雅斯拉夫，曾經跑到波蘭去，那是因為農民起義迫使其不得不出走。因此，彼得以君王之尊，敢於率領使團走出國門，甚至喬裝打扮「微服私訪」，足見他的勇氣和決心。

當時西歐各國繁榮的社會面貌讓彼得震驚，深感坐井觀天的俄羅斯已經遠遠落在西歐列強的後面。荷蘭、英國在海上的龐大艦隊讓他自慚形穢，「**俄羅斯需要的是水域！**」一六九七年十一月，彼得親自參與建造的戰艦下水，這是第一艘插有俄羅斯國旗的船隻出現在大洋裡。

彼得使團在各國雇用水手、水兵、船長，招聘專家、工程師，購買大炮、槍枝以及各種工具。由於荷蘭不願意幫助俄羅斯爭奪波羅的海的貿易權（這是顯而易見的事情），因此，使團招募到的人才以英國人居多。彼得不惜重金，禮賢下士，用平易近人、和藹可親的態度，贏得了各國專家的心。

考察歸來，在彼得的心中，土耳其與黑海在他的擴張計畫中已經被放置一邊，他的新目標已然確立，即瑞典與波羅的海。彼得一世重新拾起了一百多年前伊凡四世未竟的事業，也就是為俄羅斯打開通向波羅的海的大門。

從一六九九年開始，彼得一世首先啟動軍事領域的改革，解散了落後且經常跟自己作對的射擊軍，實行義務徵兵制，擴大兵源。幾乎是馬不停蹄，彼得統治下的俄羅斯和波蘭、丹麥簽訂結盟協定，建立了反瑞聯盟，意圖幹掉地區霸主瑞典，開創一個三國聯合稱霸波羅的海的新局面。一七〇〇年，反瑞聯盟對瑞典宣戰，「大北方戰爭」拉開序幕。

一七〇三年，彼得剛剛搶占波羅的海的出海口，就大興土木，在涅瓦河的沼澤溼地上建起了聖彼得堡，以鞏固俄羅斯對波羅的海地區的控制。一七〇五年，他又啟動一次普遍徵兵，要求每二十個納稅戶出一名壯丁從軍，確保了每年有三萬新兵可用。幾年後，面對反撲過來的瑞典大軍，彼得實施戰略退卻，誘敵深入，然後給予疲憊的敵軍致命一擊。這樣的戰術將在此後俄羅斯的歷史上重複上演。到一七〇九年軍事改革基本完成時，俄羅斯已經擁有二十七萬正規軍，一舉成為歐洲陸上強國。

大北方戰爭打了二十一年，瑞典終於被徹底打倒。一七二一年，俄羅斯與瑞典簽訂《尼斯塔德和約》，原屬瑞典的波羅的海南岸和東岸大部分土地劃歸俄國，還規定瑞典退出其霸占的丹麥領土。輝煌的勝利，讓彼得被國內尊奉為「大帝」，他統治的這個國家也改國號為「俄羅斯帝國」。

也正是對外戰爭的節節勝利，給了彼得大帝改革國內各項制度的底氣。在彼得之前，貴族勢力強大，他們組成的「杜馬」（註：為常設立法機構）掌握著國家權力，對君主形成了很大的壓力。彼得透過向自己的敵人瑞典學習，用樞密院取代杜馬，使其成為國家最高權力機構，最初下設九個院，後增至十二個院，各院要員由彼得親自任命。同時，他還設立了監察機構，監督各院的工作情況。彼得時期，全國分成五十個以省長為首腦的省，他可以直接監督省長，這是對當年伊凡四世「特轄制」的擴大和改良。

面對居心叵測的貴族勢力，一七二二年，彼得頒布了《官秩表》，用「論功取仕」原則取代了傳統的「貴族門第和血統」原則。根據這份法律，非貴族出身的文職官員凡升至十四級，賜終身貴族稱號；升至八級，賜世襲貴族稱號；非貴族出身的軍官凡升至十四級，賜世襲貴族稱號……這個法令為其他階層打開了通往貴族等級的大門，在很大程度上吸引了非貴族出身者進入國家機構。彼得大帝透過《官秩表》，構建了正式的俄國貴族等級框架，將貴族控制在軍隊和各級行政機關之中。

任人唯賢的體制，使一位馬夫被提升為陸軍院院長；農奴出身者後來擔任了副省長；放豬出身者當上了第一任總監察長……這些都是彼得大帝在任時的真實案例。

接下來，我們再來看看彼得大帝在經濟方面的表現。彼得大帝用對外軍事的勝利打壓國內貴族勢力，改變了俄羅斯的政治制度，使俄羅斯邁入歐洲強國之列。但是，俄羅斯的強大更多表現在軍事方面，即使經歷了彼得大帝的時代，俄羅斯在經濟方面依然乏善可陳。

公平地說，奪取波羅的海出海口、興建聖彼得堡，使俄羅斯與西歐各國之間的貿易通路打通了。在大北方戰爭結束後不久的一七二五年，俄羅斯幾個大的港口共停靠了九百多艘外國船舶，對外貿易興旺起來。當時，俄羅斯也興建了許多大工廠，包括各種不同的產業，比如冶煉業、紡織業、鋸木業和其他一些製造業等。

但是，俄羅斯的這些工廠與西歐（特別是英格蘭）的工廠，在性質上是截然不同的。雖然彼得大帝支持興建各種官營的手工工廠，並鼓勵私人開辦公司，但是這些工廠和公司只不過是國家軍用物資和貴族所需奢侈品的承包商，它們開工的目的之一是為國家軍事服務，另一個是為貴族享樂服務，並沒有形成西歐繁榮的商品經濟社會。

在官辦手工工廠和貴族手工工廠裡，幹活的也不是人身自由的工人，而是農奴，他們既沒有什麼高級技能，又被強制勞動，生產效率和生產品質的低下可想而知。

雖然貿易有所發展，但是彼得大帝對商業進行嚴格管制，商人要為國家負擔巨額的軍費開支，甚至商人做生意的地點、方式、商品種類，都要聽從政府的規定。彼得大帝就曾把全國不同城市的商人強行遷到聖彼得堡，還禁止從其他港口（比如阿爾漢格爾斯克港）出口食品，所有食品必須運送到當時還沒有什麼商業設施的聖彼得堡去。這種完全違背市場經濟的做法，使得很多商人破產，國內商品經濟一片蕭條。軍事強大的俄羅斯在經濟上仍然是虛弱不堪的。

在彼得大帝的統治下，嚴重阻礙俄羅斯經濟發展的農奴制不僅毫髮無損，而且原本較為自由的貴族階層也成為「國家的農奴」，必須依附在國家體制上才能生存。

彼得大帝強制推行「一子繼承制」，大量失去繼承權的貴族次子們被迫為國家服役，形成了沒有土地的新的中小貴族，這些人成為彼得大帝的「鷹犬」，被用來打擊舊的貴族勢力。彼得大帝打壓了舊貴族，卻也培育了新的官僚階層，而且在專制的體制下，由於權力沒有受到制衡，這個新的官僚階層不可避免地腐敗、再腐敗、更腐敗。

有人將俄羅斯的國徽雙頭鷹理解為，俄羅斯吸收了東方和西方的不同制度，既有野蠻的元素，又有文明的元素。其實不然，以彼得大帝時代的俄羅斯來說，它的野蠻也好，文明也罷，都是自己擺弄出來的，有些技術的確來自其他國家，但也僅此而已。

所以學者們曾一針見血地評價說：「彼得大帝用野蠻制服了俄羅斯的野蠻。」彼得大帝僅僅是學習了西歐的軍事制度和軍事技術，並沒有真正學到西歐的政治制度和經濟制度，他可能也沒想要學習那些東西。所以，俄羅斯想以彼得大帝指引的道路追趕繁榮的西歐，那是在緣木求魚。外強中乾的俄羅斯帝國很快就將被現實殘酷地打擊。

兩次敗仗，兩次改革

軍事強國俄羅斯的另一位大帝——葉卡捷琳娜二世在位期間大肆擴張領土，瓜分了波蘭，從鄂圖曼土耳其手中搶奪大量土地，向中亞瘋狂擴張。一七九六年，葉卡捷琳娜二世在臨死前感嘆：「假如我能活到兩百歲，歐洲就會全部落到我的腳下。我要建立一個包括六個都城的大帝國，這些都城包括彼得堡、柏林、維也納、巴黎、君士坦丁堡、阿拉斯特罕。把我的孫子取名為亞歷山大吧，我希望他像古希臘馬其頓的亞歷山大大帝一樣，建立一個橫跨歐亞的大帝國——大俄羅斯帝國。」

一八五三年，自恃軍力強大的尼古拉一世宣布，要解放鄂圖曼土耳其統治下的巴爾幹半島的一千四百萬東正教教徒，命令俄軍南下，進攻土耳其控制的多瑙河沿岸地區，意圖用武力來維護黑海出海口，以此來報復土耳其對俄羅斯封閉土耳其海峽的決定，這個海峽對於俄羅斯的黑海艦隊以及貿易來說至關重要。

英國和法國不願坐視俄羅斯向南擴大勢力，因為這威脅到了兩國在地中海的利益，於是他們加入土耳其一方，派出數量龐大的遠征軍，協助土耳其共同對抗俄羅斯，並進攻俄羅斯黑海沿岸的克里米亞。於是，克里米亞戰爭爆發了。

雖然戰爭初期俄羅斯的黑海艦隊大勝土耳其艦隊，但只是捏了一個軟柿子而已，那是歷史上最後一次大規模的風帆木製戰船的海戰。當擁有蒸汽驅動軍艦的英法聯軍艦隊趕赴黑海後，俄羅斯的黑海艦隊完全不是其對手。

俄羅斯引以為傲的陸軍也沒能挽回一點面子。雖然陸地戰爭在靠近俄羅斯的區域，甚至在俄羅斯國境內展開，但由於本國鐵路不足，南部基本上沒有鐵路，英法聯軍從海路趕來，三週就可以繞過整個歐洲抵達戰場，俄軍靠雙腿需要三個月才能到達本國南部戰場。俄軍的軍用物資只能依靠落後的公路運輸，彈藥、糧食供給困難。

由於本國軍事工業的落後，俄軍的滑膛槍射程遠遜於英法聯軍的來福槍。由於農奴制盛行，大部分人口都是被壓迫的農奴，學歷低、無技術、無訓練，無法被有效轉化為軍事力量，帝國龐大的人口大概只有十分之一的人有可能服兵役。雖然俄軍人數不算少，但缺乏有戰鬥力的後備力量。

劣勢之下，俄羅斯軍隊依然打得非常頑強。俄羅斯文豪列夫．托爾斯泰當時剛剛晉升中尉，被調往前線的軍港塞瓦斯托波爾。在海軍被英法海軍消滅後，俄羅斯士兵把軍艦上的大炮拆下來，在海港構建了複雜的炮臺和壕壘進行防禦。年輕的托爾斯泰一度非常樂觀，「一千五百門大炮對準塞瓦斯托波爾的轟擊，不但沒有使它投降，也沒有使我們二百分之一的炮隊沉默。」他被官兵們的勇武感染了，寫信給哥哥說，他自願來到被圍的塞瓦斯托波爾要塞，一方面是為了擺脫在高加索的生活，另一方面是為了目睹這次戰爭。他說：「我承認，當時這種愛國心曾經強烈地抓緊了我。」

塞瓦斯托波爾要塞奇蹟般地堅守了十一個月，然後，該要塞和托爾斯泰的樂觀就都被敵人的炮火轟塌了。「可以用肉眼看見像黑色斑點似的東西（即炮彈）正在從山上下來，從法軍的炮臺那兒，經過峽谷，向我們的棱堡進逼……從我們的各個棱堡上面，冒出了一簇簇的白色硝煙，好像在互相競賽一般……一切分散的聲音合成了一種天崩地裂的雷鳴。」

這場大戰沉重打擊了四處擴張的俄羅斯的雄心，也促使托爾斯泰這樣的貴族知識分子，對於國家的意義和未來進行深刻反思。

一八五五年，在敗局基本已定的情況下，一輩子以軍功為耀、以軍人治國的尼古拉一世，不堪此奇恥大辱，自我了斷了生命。第二年，戰爭結束，俄羅斯失去了黑海艦隊、黑海出海口、黑海海軍基地，甚至在波羅的海的軍事也受到了限制。俄羅斯帝國儼然淪為歐洲二流國家。

軍事上的慘敗折射出的是本國經濟的孱弱，農奴制這一頑疾對國家發展的阻礙暴露無遺。不廢除農奴制，俄羅斯就沒有未來！

克里米亞戰爭剛結束，接替尼古拉一世的亞歷山大二世就發布敕令，明確宣布農奴制將被廢除。這是一個對於俄羅斯來說傷筋動骨的決定，也是一個壯士斷腕的決定。為了安撫那些寄生在農奴制上的貴族們，亞歷山大二世解釋說，這個「自上而下」的改革總比農奴們發動「自下而上」的革命要好得多。一八六一年，他正式簽署法令，開始執行廢除農奴制的工作。其具體的內容是：農奴將獲得人身自由，並且可以贖買一塊土地；農民依附於村社之中，這種組織負責土地的集中分配。

農奴制的廢除解放了過去毫無人身自由的農奴，為俄羅斯接下來工商業的發展提供了潛在的勞動力，也給農業本身的發展帶來了一些活力。不過，由於農奴轉變為農民時，需要支付高額的贖金，所以大量農民又淪為無產的雇農。而村社這種組織的存在，使得當時俄羅斯的農業生產效率無法進一步提高，農業現代化依然難以展開。

雖然困難重重，亞歷山大二世此舉還是令俄羅斯有了脫胎換骨的變化。廢除農奴制後，俄羅斯執行市場開放的政策，允許跨國商品和資本自由流通，俄羅斯的工業得到了前所未有的發展。透過引進外國資本，一八六四年至一八八六年，俄羅斯工業年均增長速度將近四%，接下來的一八八七年至一九一三年，年均增長速度達六%以上。

一八八〇年代，俄羅斯開始鐵路網的建設，還籌畫修建穿越西伯利亞的大鐵路。為了籌集資金，俄羅斯在一八九七年實行金本位制，與西方列強的金融實現接軌。俄羅斯與西方列強間的經濟差距正在迅速縮小。

一切似乎都在往好的方向發展，除了大量底層民眾的生活。

廢除農奴制製造了大量無產的農民，而快速的工業化製造了大批無產的工人。俄羅斯人口的主體從農奴變成了無產階級，他們是俄羅斯農業和工業發展的主力軍，卻仍然被國家的舊體制所壓迫，受到層層剝削，收入微薄，生活艱難，完全無法與西歐強國勞動者的生活相比。國家的經濟確實在發展，但是底層民眾卻沒有分享到什麼經濟成果，更談不上有什麼政治權利和福利保障了。而俄羅斯好不容易累積起來的一點國家財富，也消耗在與歐洲列強的爭霸之中，使得國家的財政狀況依然慘澹。

十九世紀末到二十世紀初，俄羅斯社會略顯平靜的表面之下，似乎湧動著體積巨大的岩漿，隨時可能會因為一次震動而衝破地層，噴湧而出。

震動總會出現的。一九〇四年二月，日本突襲俄羅斯艦隊占據的中國旅順港，以阻止俄羅斯在東亞的進一步擴張，日俄戰爭爆發。在接下來的一年半裡，兩國在中國東北陸地上和東亞海面上持續激戰。雖然日本只是東亞的後起之秀，但是占據天時地利；俄羅斯雖然是老牌強國，但是勞師襲遠，加上長期迫害猶太人，歐洲大陸上的猶太銀行家聯合起來，拒絕給俄羅斯提供戰爭貸款，致使俄羅斯無法在東亞長期作戰。

日俄戰爭以俄羅斯的戰敗而結束。這次戰敗給俄羅斯帶來的震撼，絲毫不亞於克里米亞戰爭。令人難堪的是，克里米亞戰爭畢竟是輸給了歐洲兩強英國和法國，不是俄軍不努力，而是敵人太強大。但日俄戰爭中，俄羅斯卻輸給了一個亞洲國家，自從蒙古人的統治結束後，俄羅斯在亞洲一路擴張幾無敵手，這次算是俄羅斯「雙頭鷹」在東方的第一次大敗（如果不算清朝初年規模小很多的雅克薩之戰的話）。這也算是近代以來白種人強國在重大戰爭中第一次輸給了非白種人國家，俄羅斯大國顏面一夕掃地，以後還怎麼在歐洲列強面前混？

更可怕的是俄羅斯的國內局勢。戰爭的巨大開銷無法透過國外貸款解決，就只能從國內民眾身上榨取了，民眾需要繳納的苛捐雜稅多如牛毛。戰爭失利的消息傳來，地下的「岩漿」爆裂出來。一九〇五年，以士兵在冬宮外廣場向示威人群開槍為導火線，革命的烈火在全國蔓延開來。沙皇尼古拉二世軟硬兼施，費盡力氣終於暫時平息了這場革命。他被迫做出讓步，宣布成立國家杜馬（也就是議會），成年男性獲得選舉權，頒布基本法，允許言論自由、宗教信仰自由和語言自由；制定土地改革政策，讓農民更容易取得土地，以提高農民收益。

從這些政策內容看，很多都是西歐列強實施了很多年的政治制度和經濟制度。應該說，直到這次改革，俄羅斯才終於開始走到西歐的經驗道路上，面向西歐學習一些深層次的治國之道，希望能夠挽救內憂外困的國家。

可是我們知道，東方也有那麼一個王朝，在內憂外困中試圖透過立憲等方式，建立一個君主立憲制的國家，維持皇室對那個古老的東方國度的統治。可是一切都來不及了，一場革命要了這個東方王朝的命，這個王朝就是清朝。同樣的，在進入二十世紀初葉的時候，尼古拉二世的改革也來得太晚了，統治俄羅斯長達三百年之久的羅曼諾夫王朝，被一場革命掀翻在地；俄羅斯帝國這座巨大的冰山迅速融化，從此無影無蹤了。

而俄羅斯人民苦苦追尋了數百年的現代國家和現代社會之夢，只能留待後人來實現了。麵包會有的，一切都會有的。

〔第17章〕

普魯士：感謝英法「神助攻」

據說德國音樂家貝多芬創作第三交響曲時，本來是要獻給當時捍衛法國革命、引領民主和人權的拿破崙．波拿巴的。但當拿破崙稱帝的消息傳來，憤怒的貝多芬撕掉了封面頁上拿破崙的名字，改為「紀念一位英雄」，該交響曲於是被稱為《英雄交響曲》。

貝多芬的判斷是正確的，窮兵黷武的拿破崙把貝多芬故鄉的許多城鎮夷為平地。但貝多芬不知道的是，德意志的崛起還真得感謝拿破崙，而法蘭西和德意志彼此敵視的梁子，一直到二十世紀都還沒有解開……

文藝君主的開明專制

十八世紀剛開始的時候，後來統一德國的普魯士還不在強國之列，雖然國王的頭銜很響亮，叫「布蘭登堡選帝侯」，但也就是個諸侯級別。當時德意志境內小國林立，普魯士只是「矬子裡拔大個兒」，和當時統一且強大的法國、英國等國完全沒法比。

「選帝侯」這個名詞值得多說幾句，因為它涉及神聖羅馬帝國的政治體系。在中世紀的歐洲，曾經出現過一個強大的查理曼帝國，國土涵蓋了今天的法國、德國、義大利北部，以及周邊一些小國。查理曼帝國解體後，歐洲逐漸陷入邦國林立的局面。

到了西元九六二年，控制德意志地區的鄂圖一世（Otto 1）在羅馬城被教宗加冕為「羅馬皇帝」，神聖羅馬帝國正式登上歷史的舞臺。但是，這個帝國是由數百個公國、侯國、自由城市，甚至更小的政權聯合而成的，如同散沙一般，就好比中國歷史上的西周時期。

一三五六年，當時的神聖羅馬帝國皇帝查理四世，為了讓各大諸侯支持自己的兒子繼位，制訂了著名的《金璽詔書》，因為詔書上蓋有黃金印璽而得名。這個詔書規定了皇帝的選舉辦法和諸侯的許可權。

對的，你沒有看錯，神聖羅馬帝國的皇帝需要透過選舉產生。當時帝國境內權勢最大的七股力量的代表——三個教區大主教和四個王侯——選舉產生皇帝，不再需要羅馬教宗來加冕承認。七大選帝侯同時擔任帝國的一些重要職務，並監督皇帝的行為。選帝侯在自己的轄區裡擁有鑄幣、徵稅、開礦、執法等權力。也就是說，神聖羅馬帝國雖然有個皇帝，但是權力分散。從經濟的角度講，同樣也處於四分五裂的狀態。

回到布蘭登堡選帝侯，原本這只是個侯一級的爵位。在一七〇一年，布蘭登堡選帝侯腓特烈三世（Friedrich III）支持奧地利向法國宣戰，借此換取國王的稱號，從此，有了「王」的普魯士才正式成為一個王國，同時也在建國之時就和法國結了梁子。

皇帝受到七大選帝侯的分權制約，選帝侯自己也同樣受到轄區其他貴族的制約。其實，從更廣大的範圍看，在剛剛進入近代的時候，歐洲易北河以東的普魯士、奧地利、匈牙利等地，與前文介紹的俄羅斯一樣，經濟上基本還處於農耕社會，貿易和工業還很不發達。正如俄羅斯的經濟發展曾經長期受到農奴制的困擾一樣，神聖羅馬帝國也與之類似，當時中歐大部分地區施行的也是類似農奴制的領主制。普魯士的國王之下，有著大大小小的領主或者說貴族，領主擁有自己的村社和附屬的農民，這些農民的人身自由受到領主的很大限制。

普魯士若想崛起，邁入歐洲強國之列，必然要面臨改變自身領主制的難題。而另一個更為現實的難題是殘酷戰爭的影響，十七世紀上半葉，神聖羅馬帝國境內爆發內戰，歐洲各大國家紛紛捲入，戰爭從一六一八年一直打到一六四八年，史稱「三十年戰爭」。殘酷的戰爭主要發生在神聖羅馬帝國境內，因此戰爭過後，這裡的總人口減少了六十%，普魯士也不例外。直到十八世紀初期，普魯士的人口也只有二百五十萬左右，國土四散在神聖羅馬帝國北部，沒有明確的國界，還只是一個歐洲範圍內的弱小國家。

三十年戰爭也給普魯士帶來了一個有利條件，那就是原本凌駕於德意志各邦國的奧地利遭受重創，這個過程中，法國有意削弱奧地利的勢力。奧地利的哈布斯堡王朝原本把持著神聖羅馬帝國的皇位繼承權，與羅馬教廷相互支援。一場大戰之後，信奉新教的國家興起，奧地利在德意志地區內部一枝獨秀的時代過去了，羅馬教廷的權威也開始沒落。普魯士的機會來了。

一七四〇年，普魯士迎來了一位具有文藝氣質的新君主——腓特烈二世（Friedrich II）。這位君主酷愛音樂，年輕時為了音樂夢，甚至想從普魯士逃到西歐。這是一位被國王職業耽誤的音樂家。然而，誰也沒有想到，他即位後竟然成為推動普魯士崛起的偉大君主。

腓特烈二世樂於接受新思想，和當時著名的啟蒙思想家伏爾泰是好朋友。在新思想的影響下，他給自己定下了一個新形象：國家第一僕傭，言下之意，作為君主，他應該把全部的精力奉獻給這個國家。這個新形象與過去的君主形象還是有差別的，過去的君主就像是貴族中最大的那個貴族，除了對外作戰之外，其他時候服務國家的意識並不強。

腓特烈二世則不然，他勤奮工作，尤其鼓勵農業生產。在王室的國有土地上，他廢除了農民的農奴地位，農民的人身自由得到了提高。由於向新開墾的土地上移民，並允許農民租種土地，成千上萬的農業移民被普魯士肥沃的土地和政府給予的優厚待遇所吸引，紛紛到普魯士耕耘播種。普魯士的農業生產快速提高，國家的力量得到增強。雖然腓特烈二世時期，由於領主們的勢力仍然很強，他還無法徹底消除農奴制，但此消彼長之下，普魯士國王的權力得到了提高。

雖然腓特烈二世的父王是個「軍曹國王」，卻也向腓特烈二世灌輸了重視手工業的理念，「國家沒有手工工廠，就像人體沒有生命，是個死氣沉沉的國家，會一直窮下去，發展不起來，永無出頭之日。所以我請你，親愛的繼承人，要保持手工工廠，多加維護，不斷擴展，在你的國家裡加以推廣。」

腓特烈二世完全遵從父王的旨意，成立了專管工商業的國家部門，並對新任大臣作出指示：「要發展王國的羊毛和麻布工廠，然後盡量多開辦缺少的手工工廠，因為現在所有的外國和幾乎全世界都熱衷於辦手工工廠。」

手工工廠要發展，需要大批的技術工人。當時，法國正在驅逐境內的胡格諾派教徒，普魯士便向信仰各種宗教的人們張開了懷抱。很多到普魯士避難的宗教人士有實力、有資本或者有技術，這些移民開辦紡織手工工廠、玻璃工廠和各種奢侈品工廠，生產鐵、絲、紙等各種商品。

在這些移民的資金和技術的哺育下，普魯士的國家收入迅速增加，由一個神聖羅馬帝國的落後邊陲變成了發達的邦國之一。

腓特烈二世的施政措施，引領了當時歐洲君主圈子中的「開明專制君主」的風潮，除了他之外，同時代的神聖羅馬帝國皇帝約瑟夫二世（Josef II）和俄羅斯帝國的葉卡捷琳娜二世，也都積極推進本國的改革，保護和擴大底層民眾的生產生活條件及人身權利，積極培植工商業發展，並打壓寄生在農奴制上的大小貴族權勢。

然而，這並不是巧合，也不僅僅是因為受到歐洲當時的啟蒙主義思潮的影響，而是當時歐洲列強爭霸的現實所迫。

不論大國還是小國，整個歐洲都捲入了錯綜複雜的利益衝突之中，一個國家必須努力提升自己的實力，才能在如此複雜的國際環境中生存下去。對於一國之君來說，他希望能夠有效地集中全國的人力、財力，但是，君主之下的大小貴族也有各自的利益，很多時候與君主的目標並不一致。尤其是在歐洲東部農奴制盛行的地區，君主要對外擴張，提升國家的競爭力，但是，貴族從自己的利益考慮，不願意拿出自己的人力和財力去支持君主的行動。於是，如腓特烈二世這樣的開明專制君主們，自然傾向於跟更底層的民眾站在一起，利用底層民眾來反制貴族們。

在歐洲東部，誰能率先推翻農奴制和依託農奴制的貴族、領主們，誰就能夠搶占先機，在大國的競爭中處於有利地位。前文提到，俄羅斯直到十九世紀後期的克里米亞戰爭失利後，才逐漸廢除了農奴制，可謂困難重重。在神聖羅馬帝國內部，情況也類似。約瑟夫二世推出了激進的改革方案，農民和農奴們得到了解放，很感激他們的皇帝，但是貴族們卻不惜發動叛亂，與皇帝相拚，讓改革無法進行下去。在彌留之際，失望的約瑟夫二世評價自己說：「這裡躺下的王子純淨、天真，不幸的是，他卻壯志未酬。」

「開明」的君主只是面對普通民眾時拿出了自己的一點溫情，他們在歐陸爭霸時可一點都不宅心仁厚，反而如狼似虎。腓特烈二世極力擴張普魯士的勢力範圍，剛剛即位，就趁機併吞了西里西亞。此後，他還聯合奧地利、俄羅斯一起瓜分了波蘭。當腓特烈二世去世的時候，普魯士已經與英國、法國、俄羅斯和奧地利平起平坐，成為歐洲五強之一。

德意志與法蘭西的相愛相殺

眼看著崛起的普魯士大有占據德意志半壁江山的勢頭，沒想到卻被法國一棍子打暈了。普魯士先是被大革命時期的法國革命軍隊擊敗，被迫割讓了萊茵河以西的普魯士領土；隨後，揮舞大棒而來的就是赫赫有名的戰神拿破崙·波拿巴，並於一八〇六年把普魯士國王打得抱頭鼠竄。一年後，普魯士與法國言和，普魯士又損失了大片領土，並賠款一億三千萬法郎。

割地、賠款，聽起來普魯士就像中國清朝末年的衰敗樣。但普魯士人從此痛定思痛，開始了新一輪的全國改革之路。改革的矛頭，直指歐洲東部所有國家的頑疾：農奴制。

當時的首相斯坦因（Stein）宣布全部廢止普魯士的農奴制，允許土地自由買賣，鼓勵人民參與政治，實施地方自治，改組中央政府機構。農奴變成自由民，就意味著出現了許多有人身自由、可以雇用的勞動力；允許土地自由買賣，會提高土地的利用效率；人民參政議政，國家政策就更符合民情。

斯坦因的這些改革措施，讓普魯士開始從屈辱中崛起，卻引起了拿破崙的警覺，拿破崙藉口斯坦因有反法言論，逼迫普魯士將其免職。此時的普魯士還沒有力量挑戰拿破崙，斯坦因只好逃亡他國。此後，斯坦因致力於在歐洲各國斡旋，決心和氣焰囂張的拿破崙作對到底。正是由於他的努力，沙皇俄國站在法國敵對的一邊。

幾年之後，拿破崙終於被反法同盟徹底打倒，普魯士拿回所有割讓出去的土地，終於揚眉吐氣了。但是，拿破崙戰爭對普魯士並非全是壞事，經過戰火的洗禮，許多昔日的小邦國不復存在，整個德意志地區從大量小國寡民的「春秋時期」，逐漸過渡到少數群雄割據的「戰國時期」，為最終的統一掃清了障礙。

此外，在拿破崙侵占的那部分德意志領土內，推行了法國式的法律體系和經濟制度，沉重地打擊了德意志的貴族、領主階層。如果說除了武裝之外，拿破崙對於法國還有什麼其他重要貢獻的話，那就是他在位時期頒布的《法國民法典》（Code civil des Français），使法國邁向了法治化的國家。這些先進的法律制度和經濟制度讓普魯士人開了眼界，也在無形中給普魯士的君主掃清了國內的敵對貴族勢力。在德國統一的道路上，竭力打壓德國的拿破崙竟然上演了「神助攻」，他若能知曉此後歷史的演進，一定會哭笑不得。

但此時，普魯士連自己的國土都還沒「統一」，因為它的國土並不都是相連的，大體上分成了東西兩塊，中間被一些小邦國隔開了，本國內部做生意的話，還要通過別國境內，這太滑稽了。於是，普魯士開始和鄰國商量，成立了關稅同盟。這個同盟一開始只包括了普魯士和周圍幾個小邦國，後來一度擴大到三十八個邦國。關稅同盟有兩大協議，一個是建立一個由普魯士帶頭的統一對外關稅；另一個是取消同盟國間的通行費用和海關壁壘，建立一個共同的市場。

這個關稅同盟的目的，主要是方便德意志各國間的貿易，實行低關稅的自由貿易。但普魯士其實還有另一個目的：奉行貿易保護主義，孤立身邊的大敵——奧地利，即另一個德意志圈子中的大國、神聖羅馬帝國的殘餘勢力。奧地利也不甘示弱，組建了自己的關稅同盟，只是成員國相對較少。統一關稅之後就是統一貨幣。在關稅同盟成立之前，這幫雜七雜八的小國總共使用了七十多種貨幣，這對於從事貿易的商人來說太麻煩了，從數學上講，七十種貨幣彼此之間的兌換關係有二千四百一十五種（註：六十九＋六十八＋六十七……＋三＋二＋一），看來偉大的數學家卡爾·弗里德利希·高斯（Carl Friedrich Gauß）誕生在德意志，絕對是有道理的；德意志貿易中的貨幣兌換只有高斯這樣的人物才能玩得轉。一八三七年，關稅聯盟達成了協定，以普魯士的貨幣為基礎，創立了新的貨幣——馬克，商人們終於可以輕鬆地交易商品，而不必進行複雜到讓頭腦爆炸的計算了。

鐵路左右了歐陸爭霸戰

關稅同盟對德國經濟產生的另一個重要影響，是促進了鐵路網的修建。

與現代運河建設類似，鐵路最初也是在英國興起的，目的是為了把開採的煤炭運輸出來。早期的軌道上放置的是輪式馬車，靠馬匹來拉動。英國發明家喬治·史蒂文生（George Stephenson）設計的發動機，以蒸汽動力代替馬匹動力。一八三〇年，世界上第一條民用鐵路在利物浦與曼徹斯特之間開通，所用的機車均由史蒂文生設計、製造。

鐵路的發明，對於沿海港口和內陸水網不如英國及法國發達的德國來說，真是喜從天降。因為在沒有水路運輸的地方，鐵路可以降低當時內陸運輸八〇%的成本。在沒有鐵路的時代，內陸地區的大宗貨物運輸受到很大的限制，幾十公里的路程就會吞噬掉所有的貿易利潤，人們只好傾向於本地區自給自足的方式。有了鐵路，各地的產品就會便捷地運輸到遙遠的市場，促進了各地區的經濟專業分工，提高生產率，增加了整個社會的財富。

英國人發明的鐵路，成為德國統一和崛起的關鍵技術。

雖然當時德國還分成大大小小的邦國，但既然關稅都可以統一，鐵路建設也可以跨邦國修建。從一八三五年紐倫堡—富爾特鐵路開始，關稅同盟各邦國紛紛修建能夠聯通彼此的鐵路。有的邦國依靠國家投資來修建，有的邦國則鼓勵民間資本投資鐵路建設。短短幾年間，關稅同盟境內鐵路的總長度已經超過了老牌強國——法國。

雖然法國在一八四〇年代前就已經做出一個規畫，要修建以巴黎為中心的鐵路網，但是，法國國內在鐵路應該國有還是私有，鐵路幹線該經過什麼區域上爭來爭去，阻礙了法國鐵路網的建設步伐。同屬於德意志的奧地利，在鐵路建設上也與法國類似，但是進展更緩慢，原因是奧地利政府的財政更糟糕，沒有足夠的資金興建鐵路。到了十九世紀中期，奧地利控制的區域中，只有大約一千七百公里的鐵路投入營運，而且幾乎只局限在波希米亞地區。

鐵路網建設的快慢，不僅影響了歐陸這幾個強國的經濟發展速度，還直接影響了它們之間的爭霸結果。

在被拿破崙摧毀的神聖羅馬帝國的廢墟上，普魯士注定要和奧地利來一次了斷，以確定誰才是未來德意志的唯一領袖。一八六二年，準備就任普魯士首席大臣的俾斯麥向人吐露了他的野心：「我首先關心的是重組軍隊，無論是否得到議會的支援，我都會這樣做……一旦軍隊強大到令人生畏的地步，我就會找藉口向奧地利宣戰，同時解散德意志議會，征服小邦國，並將德意志的民族統一置於普魯士的領導之下。」

一八六六年，由俾斯麥治理的普魯士，對奧地利發動進攻，雖然奧地利得到了周邊絕大部分中小邦國的支持，但戰爭卻呈現出一邊倒的局面。由於普魯士有著發達的鐵路網，只需要三週就可以完成軍隊調運，而運輸落後的奧地利的軍隊調運，需要八週的時間。這一幕就如同俄土戰爭中，快速集結的英法聯軍與跋山涉水的俄羅斯軍隊作戰的翻版。

普魯士迅速布置好軍隊，等待奧地利人自投羅網。兩軍在薩多瓦（Sadowa）激戰，奧地利大敗。普魯士終於確立了自己的大國地位，俾斯麥馬上創立了「北德意志邦聯」，強迫二十二個邦國加入。德意志南部的邦國仍然保持獨立，但普魯士強迫它們簽署祕密軍事協議，使得它們與普魯士的聯繫更加緊密。

普魯士離統一德意志只剩下一個障礙了，這個障礙不是別的，正是屢次欺凌自己的鄰國——法國。拿破崙三世的法國在幕後操縱德意志南部的一些小國，對抗普魯士，阻撓德意志統一。

你不讓我舒服，我也不讓你舒服。當時，西班牙王位出現了空缺，西班牙國內推舉普魯士國王的親戚，也就是德意志的一位親王來當國王。這裡要說明一點，歐洲許多國家的王室，由於長期政治聯姻的緣故，大多沾親帶故，王室繼承有一套嚴格的規定，誰是第一順序繼承人，誰是第N順序繼承人，在國王還健在時就已經安排妥當了。因此，西班牙找一位德意志親王來當新任國王，並不稀奇。但是，拿破崙三世顯然不願意看到這個結果，因為這樣一來，普魯士和西班牙就走得很近了，法國將面臨腹背受敵的局面。拿破崙三世以為普魯士還是個軟柿子，要求普魯士割讓德意志南部的巴伐利亞等邦國。

但此時的普魯士已經不再是吳下阿蒙了，強悍的俾斯麥首相不僅拒絕了法國的無理要求，還故意把法國方面的要求洩露給巴伐利亞等邦國，引起這些地方的極大恐慌。俾斯麥趁機和這些邦國達成攻守同盟，承諾只要它們被攻擊，普魯士就是它們的堅強後盾。拿破崙三世找到了出兵的「藉口」，於是對普魯士宣戰，普法戰爭爆發。

普魯士「諸葛亮」——俾斯麥預料到，法國的入侵，將迫使德意志所有邦國同仇敵愾，尤其是南德意志的那些邦國，也會站在普魯士的陣營中。事實果真如此，許多曾經對德意志統一表示反對，特別是反對普魯士領導德意志的國內力量，現在全都開始反對法國的入侵。俾斯麥率領整個德意志各邦，共同對抗侵略者。甚至連剛剛被普魯士打敗的奧地利，都宣布保持中立，不敢公開支持法國。

高效的鐵路再次成為戰爭的決勝因素。行動遲緩的法軍，被快速移動的普魯士軍隊打得找不到北。戰爭的結果在前文介紹過了，拿破崙三世被擒，法蘭西第二帝國被推翻。

普魯士顯然並不滿足於把法軍趕出德意志，而是繼續進兵，包圍了巴黎，直到法國同意割讓阿爾薩斯和洛林，並同意三年內賠款五十億法郎才退兵。

當時一法郎規定含金〇・二九克，五十億法郎就是一千四百五十噸黃金，當年普魯士賠給拿破崙・波拿巴才一億三千萬法郎，現在轉身獅子大開口，把幾十倍的賠款往回撈。

令人驚訝的是，法國居然真的用三年時間就如數賠償了這五十億法郎，附帶支付一些利息。法國吃了大敗仗，還能夠在短時間內湊齊五十億法郎，也表示拿破崙三世的確是個建設經濟的好手。

一八七一年，在巨大的勝利喜悅中，包括普魯士在內的二十二個邦國和三個自由城市，宣布成立德意志帝國，由普魯士國王威廉一世加冕為帝國皇帝。

統一後的德意志帝國是一個歐洲巨人，其人口有四千一百萬，在歐洲僅次於俄羅斯帝國的七千七百萬。當時法國人口只有三千六百萬，奧匈帝國（奧地利和匈牙利的聯合體）也只有約三千六百萬，英國只有三千一百萬。相較於一八五〇年時，普魯士人口還只有一千六百萬。

德意志帝國的形成，真得感謝法國人，感謝拿破崙一世和拿破崙三世。

普魯士人一時之間有點忘乎所以了。就拿德意志皇帝加冕這件事來說，在自己帝國首都加冕是普通加冕，找個山清水秀的地方加冕是文藝加冕，威廉一世卻偏偏選擇在法國凡爾賽宮鏡廳舉行加冕典禮，正式宣布德意志帝國成立。這算是什麼風格的加冕呢？

巨額賠款，加上威廉一世在法國凡爾賽宮加冕一事，深深地刺痛了高傲的法國人的心。普法戰爭後，法國國內掀起了復仇主義的高潮，大家都琢磨著如何報復德國人，而德國人也對此很擔心。兩國緊張的關係深刻地影響了此後的歷史進程。

德意志大國崛起

法國的巨額賠款給了新興的德意志帝國一針強心劑，德意志確立了金本位制。人口優勢有利於德國迅速實現經濟的工業化，原本就已經起步的工業革命，現在更是一日千里。搶回來的阿爾薩斯和洛林，是鐵礦與煤礦的集中地，所以帝國的煤炭工業、鋼鐵工業產量可觀。同時，德國擁有世界上最好的教育體系，以及首屈一指的軍隊。

但德國人也有自己的煩惱，那就是他們崛起得有點晚了，世界上有點價值的地方都已經被搶得差不多了。十九世紀後半葉到二十世紀初，是歐洲列強瓜分世界的瘋狂時期，到了二十世紀，殖民國家及殖民地已經占了全世界八十五％的陸地面積。

各國的殖民地分布是不均衡的，號稱日不落帝國的英國搶占了大量的殖民地，從一個不大的島國進行對外擴張，在北美洲大陸、南部非洲、亞洲、澳洲大陸、印度次大陸，獲得了很多殖民地；法國在北部非洲、阿拉伯半島、東南亞，也獲得了大片的殖民地。雖然昔日強國西班牙、葡萄牙已經衰落，但瘦死的駱駝比馬大，它們手裡仍然掌握著大片的殖民地。

比較悲催的是新興的美國、德國、日本和義大利這些國家，只占有了一些面積不大、資源貧乏的「犄角旮旯」。就拿德國來說，僅僅占領了非洲的幾小塊殖民地，而且被英法廣闊的殖民地包圍著。此外，德國還占據了中國山東的膠州灣和大洋洲的新幾內亞的一部分。

這些殖民地即使有資源，也不夠德國工廠塞牙縫的，更何況管理這些殖民地還要一大筆費用，對德國來說得不償失。

搶不到太多的資源，德國人只能自力更生，他們發展了當時世界上最先進的化工工業和電氣工業。比如，一八五六年，英國科學家威廉．亨利．珀金（William Henry Perkin）發明了合成染料，但是英國的企業家對此沒有太大的興趣，因為當時的英國可以從殖民地獲得一些天然染料。結果，珀金的老師奧古斯特．威廉．馮．霍夫曼（August Wilhelm von Hofmann），把這項發明帶到德國，德國人如獲至寶，將發明應用到生產中，形成了染料化工行業，到了一九〇〇年，全世界八十％的染料都是由德國的工廠生產的，英國人被遠遠地甩在後面。至少從染料工業上看，有殖民地的英國敗給了沒有殖民地的德國。

繼鐵路之後，英國人又向德國人雙手奉送了一份珍貴的先進科技——合成染料。

一八七〇年代，英國的煤炭年產量是一億七千萬噸，而德國僅三千七百萬噸，美國僅三千三百萬噸。但是，在三十年後的一九〇〇年，英國的煤炭產量雖然已經增加到二億四千萬噸，但德國的煤炭產量已增加到一億四千萬噸，美國則增加到二億四千五百萬噸，最終超過了英國。在蒸汽機利用方面，一八七〇年代以後，英國已經不占有絕對優勢。鋼鐵產量方面，英國在一八五〇年占世界鋼鐵總產量的六十％以上，但是到了十九世紀末降到二十％，被美國和德國超越。

幾十年中，英國在工業總產值上被德國趕上並超越。一八七〇年普法戰爭爆發時，英國的工業產量占世界工業總產量的三十一．八%，而德國只占十三．二%。到了一九一四年時，美國的產量從占世界總產量的二十三．三%，猛增到三十五．八%，成為新的世界經濟霸主，英國工業產量所占的比例，已經快速下降到十四%。不過，這段時間，德國的產量快速增長，以致它占世界總產量的比例還略有上升，達到了十四．三%，已經大於昔日霸主英國所占的比例。

德國工業產量能夠迅速超越英國，和德國工業奉行卡特爾（Kartell）這種聯合壟斷組織有關。在當時的世界經濟中，英國、美國等國家，基本上奉行自由競爭的市場經濟，限制壟斷企業，但是在德國，壟斷組織不僅合法，而且勢力十分強大。卡特爾就是名義上相互獨立、生產類似產品的公司之間的聯合，大家一起壟斷市場，規定產品的價格、產量，反對其他公司的競爭。這種組織類似於今天世界上的石油輸出國組織，這些國家透過限制產量來達到抬高油價的目的，以獲得更大的利潤，避免同行業的競爭。

德國卡特爾組織的數量，在一八七五年只有四家，到了一八九〇年就增加到一百家，到了一九一四年的時候，已經接近一千家，達到了「三百六十行，行行卡特爾」的程度。按理說，卡特爾組織會限制產量，德國的工業產量應該不會快速增長。但這些卡特爾的產品不僅在國內賣，還大量出口國外，在國際市場上與別國的商品一較高下。

和拿破崙三世時期的法國奉行自由貿易不同，德國奉行保護性關稅，限制其他國家產品在本國銷售。這樣一來，卡特爾組織就可以在國內市場上呼風喚雨，抬高價格，維持高利潤。然後，卡特爾組織利用國內市場的利潤作為補貼，在國際市場上低價傾銷自己的產品，擴大市場占有率，與其他列強競爭。在國際市場上，卡特爾組織甚至可以採取比平均生產成本更低的價格來銷售產品，只要確保國內市場的高價足以彌補國際市場的虧損。例如，德國當時國有鐵路當局對運往邊境的外銷貨物收取較低的裝運費，而對境內貨物裝運收取高價，便是卡特爾組織盈利模式的一個典型。

這種低價傾銷的模式在現代社會司空見慣，但在十九世紀末、二十世紀初還是很反常規的，具有很大的殺傷力，國際市場上，德國產品的出口量迅速增長，名義上的世界老大——英國終於坐不住了。

德國產品在全球各個市場上與英國展開了激烈的競爭。雖然英國能在自己的殖民地透過各種限制手段，保持本國產品的優勢，但在拉丁美洲、中東和遠東等非英國殖民地的市場上，卻徹底輸給了來勢洶洶的德國商人。

想要擴張的列強太多，地球表面似乎有點不夠分了。

〔第18章〕

爭搶殖民地？那就是一個「坑」

「天無二日，人不二主」，在古代中國，皇帝是至尊且唯一的存在。其實從中世紀到近代，歐洲的君主也基本一樣。

西元九六二年，羅馬教宗為德意志國王鄂圖一世加冕，稱其為「羅馬人的皇帝」，這樣一來，德意志王國就演變為神聖羅馬帝國。在古代歐洲，得到教宗加冕，幾乎是取得皇帝頭銜的必經之路。到了十五世紀，奧地利哈布斯堡家族壟斷了神聖羅馬皇帝的職位，延續到十九世紀初期，拿破崙擊敗奧地利及其盟軍，得到教宗加冕而稱帝。此外，俄羅斯的君主由於有源自東羅馬帝國末代公主的血統，也自稱沙皇，但畢竟底氣不足，只是自娛自樂罷了。

當英國逐漸成為世界霸主後，英國人也想把自己的國王變成皇帝、王國變成帝國，以符合自己已然獨霸天下的江湖地位。

「教宗，您考慮一下我大英君主稱帝如何？」

「絕不！」

羅馬教宗堅決拒絕英國的稱帝請求，原因是在十六世紀中期，英王亨利八世因為自己的離婚問題，與羅馬教廷鬧翻，並在宗教問題上與後者決裂，拉出英國的教會自成一派，不受羅馬教廷遙控。鬧到這般境地，羅馬教宗自然不會給英國國王戴上皇冠。

最終，英國還是拐彎抹角地找到了「理論依據」，搖身一變，成了大英帝國，英國女王也可以自稱皇帝了。這頂帝國和皇帝的帽子是從哪裡「採購」來的？

說來好笑，大英帝國的皇冠居然是來自英國苦心經營的最大殖民地——印度。

一家公司成了印度的主人

在介紹荷蘭的章節中談到，當時羽翼未豐的英國在東南亞遭到了荷蘭人「安汶島慘案」的打擊後，轉而向南亞的印度大陸尋找貿易機會。從趨勢上看，從沿海到內陸，英國在印度大陸是一步步地攻陷或降伏了當時印度蒙兀兒王朝以及一些地區割據勢力，似乎英國對印度的殖民是有一個長久的計畫的。

其實不然，大航海時代前期的英國，與荷蘭在亞洲的思路是類似的，都是想依靠壟斷東方某些貿易，來賺取利益，根本就沒有把印度全盤變成自己殖民地的想法。英國人其實也是走一步、看一步、做一步的。我們來看看英國東印度公司的興衰，就會理解到這一點。

英國人最早販賣、經營印度的商品到歐洲，其實是透過自己的「黎凡特公司」（Levant Company）來運作的。所謂黎凡特，是指地中海東岸、亞洲沿海那一帶。英國國王准許這家公司壟斷從黎凡特地區進口貨物的貿易，而那些貨物很多都來自遙遠的東方。從貨物運輸路線上看，這些東方的貨物要麼直接經由陸地到達黎凡特，要麼經由印度洋海路進入波斯灣，再上岸經由陸地運輸到黎凡特。

英國黎凡特公司的生意做得不溫不火，小日子還算過得去。然而，當荷蘭人開闢出經過好望角的亞洲貿易路線後，黎凡特公司那些貨物立刻遭遇了強大的競爭對手。由於全部走海路，且善於在亞洲本地經營，荷蘭人銷往歐洲的亞洲貨物美價廉且數量巨大。英國黎凡特公司如果不迅速做出應對，很快就將血本無歸。

既然荷蘭人能繞過好望角做生意，那麼航海技術高超的英國人同樣也可以！有財力的英國資本家行動起來，向政府疏通關係，申請成立新的公司，直接開展東方貿易。一六〇〇年十二月三十一日，英國女王伊莉莎白一世頒發特許狀，就此誕生了一家對日後英國和亞洲，乃至世界歷史進程，都產生巨大影響的公司——英國東印度公司。

有趣的是，當時英國還使用比較舊的儒略曆，上面的日期是儒略曆的時間。如果按照現在通用的格里曆（西曆紀年法）進行換算的話，那一天應該是一六〇一年一月十日。

與荷蘭人剛開始展開遠洋貿易一樣，英國東印度公司一開始也採用一次航海結算一次的商業模式。在東印度公司為第一次前往印度的遠洋貿易提供資金的二百一十五名股東中的三分之一，以及二十五名公司董事中的一半，都是黎凡特公司的相關人士。

第一次募集資金達到了六萬八千多英鎊，而當時，一個熟練的石匠、木匠每年的總收入大概是十英鎊，因此，第一次的航海資金也算數額巨大了。

一六〇一年三月，英國東印度公司的四艘船揚帆起航。整個船隊有五百多名海員，裝配了一百一十門大炮，「揮舞著刀劍賺錢」的風格顯露無遺。船隊的目標是東南亞盛產香料的區域，特別是與老牌航海強國葡萄牙不和的東南亞國家。船隊首先抵達蘇門答臘島上的亞齊港，受到了當地原住民君主的歡迎。有更多的人來做生意，對東南亞的那些君主來說，肯定是好事情。船隊在東南亞的採購非常順利。

在經過麻六甲海峽時，英國東印度公司船隊與葡萄牙船隻不期而遇，前者毫不客氣地襲擊後者，並掠奪了葡萄牙船隻上的香料。幾個月後，四艘船平安返回祖國。英國東印度公司的第一次亞洲貿易獲利巨大。

從此以後，亞洲的海洋上飄揚著越來越多英國的旗幟，直到小小的英吉利成為大英帝國。而「日不落帝國」縱橫四海的第一桶金，可以從英國東印度公司的第一次亞洲貿易算起。

需要注意的一個經濟現象是，英國東印度公司在建立初期，並不是要征服亞洲、建立廣闊的殖民地，而是專注於壟斷本國的亞洲遠洋貿易。壟斷貿易才是東印度公司「經濟學」的核心。

伊莉莎白一世頒發給該公司特許狀，頒發的對象是「和東印度進行貿易的倫敦商人的代表和團體」，也就是說，這個公司並不是英國國王或政府的國有企業，而是民間商人的公司。而這個公司在成立初期，不論是英國國王還是公司股東，都沒想要透過堅船利炮去獲得東方的領土。透過壟斷貿易來發財致富，才是公司股東的追求，他們從女王那裡獲得了長達十五年的東印度貿易的壟斷權，禁止其他英國人成立公司與自己競爭。

所以，當英國東印度公司與印度的蒙兀兒王朝皇帝打交道的時候，他們的思路還是類似的，他們從蒙兀兒皇帝那裡獲得了在大陸海岸線建立據點的許可證，然後，公司在據點設立倉庫，用於購買和儲存貨物。當公司的商船從歐洲趕來後，就把這些亞洲貨物裝上船，運回歐洲賣掉。

從貨物的種類上看，在十七世紀，英國東印度公司主要收購印度等地產的胡椒和棉花、東南亞的高級香料，以及中國產的絲綢、瓷器；到了十八世紀，茶葉和咖啡成為重要的收購商品，因為當時的歐洲流行喝這些飲品。

英國東印度公司手握英國的特許狀和印度的許可證，正在開開心心地做貿易發大財，沒想到，一七〇七年，在位長達約半個世紀的蒙兀兒帝國皇帝奧朗則布（Aurangzeb）去世了，印度次大陸上立刻群雄並起，亂成一鍋粥。在亂世中，英國東印度公司也被捲入本地割據勢力的爭鬥裡，於是增強據點的軍事力量，並順勢與地方豪強合縱連橫，擴大自己的貿易範圍。

一七五六年，東印度公司在印度大陸上遭遇了一次嚴重的危機。在印度大陸上最大的糧倉以及優質棉布的產地孟加拉，當地統治者西拉傑．烏德．達烏拉（Siraj-ud-Daulah）對於在自己的領地中做生意的歐洲公司很不滿，突然要求荷蘭、法國的東印度公司上繳巨額稅款，並且槍打出頭鳥，揮兵攻克了英國東印度公司設立在加爾各答的要塞。

危急時刻，公司派出羅伯特．克萊武（Robert Clive）率領軍隊趕赴孟加拉。這位克萊武能征善戰，曾經多次以弱勝強，擊敗法國東印度公司的武裝，是英國在印度大陸上的中流砥柱。一七五七年六月，普拉西（Plassey）平原上，克萊武率領三千名士兵，對陣達烏拉率領的五萬大軍。數量上的懸殊並不代表軍事力量的懸殊，克萊武事先與敵軍騎兵團的首領勾結，先斬斷了達烏拉的「一隻臂膀」，然後利用自身軍隊訓練有素和裝備優勢之特點，大敗對方的烏合之眾。

普拉西戰役被視為英國征服印度大陸的第一場重要戰役，這是軍事和政治的轉變。其實，從經濟角度看，這場戰役代表了英國東印度公司的巨大轉變。當時克萊武的一個朋友評價東印度公司時說：「不能把他們看成單純的貿易商人，他們已經成為印度的主人。」東印度公司已經不是一個單純地靠壟斷貿易來賺錢的商業公司，而是變成了印度大陸上的一個政權，要統治幾千萬人口。

這樣的變化，其實意味著東印度公司的經營模式也要發生變化，要像一個政府那樣運作，管理好領土上的人民，透過稅收來獲得政府經費。

但是，東印度公司自己並沒有意識到這一點，他們的頭腦中仍然是原來做生意的思路——壟斷貿易。從天而降的大量人民和大片土地，讓東印度公司從股東到基層辦事員，都迷失了方向。

女王皇冠上最璀璨的明珠

略懂經濟學原理的人都清楚，壟斷往往意味著腐敗叢生。

就拿克萊武來說，普拉西戰役之後三年間，他一直駐守孟加拉，壟斷著當地的硫黃和鴉片等生意。當他作為英雄回到英國時，帶著至少三十多萬英鎊的鉅款回到祖國。而當時英國孟加拉總督的年薪也只有二千三百英鎊，普通辦事員的年薪僅三十四英鎊，就算是英國本土大銀行家，每年年收入也不到三千英鎊，做一百年也趕不上克萊武的鉅款。

毫無疑問，那筆鉅款都是克萊武從印度敲詐劫掠貪汙來的。雖然他給英國和東印度公司帶來了巨大的勝利，但從本質上，他只是公司的雇員，應該根據與公司的契約，為公司創造財富，並獲得自己的合理收入。那麼大的一筆錢，其中絕大多數都說不清楚帳目。於是，克萊武在英國人心目中的形象迅速從英雄變成了貪汙犯。

克萊武如此，東印度公司的其他很多職員也好不到哪裡去，在山高皇帝遠的印度大陸，手握大權卻不被約束的職員們，更熱衷於把公司的利益轉化為自己腰包裡的錢。

比如一個叫伊利胡．耶魯（Elihu Yale）的職員，他在十七世紀後半期就職於英國東印度公司，一路晉升，直到出任公司重要據點馬德拉斯的總督。一六七一年，他作為書記員被派駐印度的時候，年薪不過十英鎊。一六八七年七月，他被任命為總督，並在這個高級主管職位上做了五年。利用職位上的便利，耶魯把公司的生意和自己的生意一起做，透過走私貿易，累積起高達二十萬英鎊的財產。不可否認的，耶魯幹私活的行為，必然傷害了東印度公司的利益。從東印度公司退休後，他在英國本土購置豪宅，還收集藝術品。他還捐款給自己出生地的美國紐哈芬市（New Haven）的教會，建立了一所學院。教會為了感謝他的捐助，把那所學院命名為「耶魯學院」，也就是未來培養出多位美國總統的耶魯大學的前身。

貪汙只是東印度公司內部的一個毒瘤，公司更大的問題仍然是經營模式沒有跟上印度大陸的新局面。公司股東熱衷於分紅獲利，並推高公司股價。如果東印度公司只是個商業貿易公司，這麼做也無可厚非，但是當這家公司實際上已經成為印度大陸上的一個政權時，就不該如此急功近利。結果，股東的分紅比例過高，公司的盈利卻無法留在當地用於長遠經營，導致公司業務逐漸惡化，陷入困境。

十八世紀後期，東印度公司經營的亞洲茶葉等貨物，被北美洲殖民地民眾抵制，卻仍然要負擔支付給英國政府的進口稅。雖然東印度公司手握印度大陸的廣袤土地和大量人口，卻沒有把這些優勢轉化為稅收，反而因為橫徵暴斂而與當地民眾的矛盾日益激化。一七六九年至一七七三年，孟加拉發生了大饑荒，數以千萬計的民眾喪生，東印度公司卻坐視不管。不論是在政治上還是經濟上，東印度公司都已經瀕臨絕境。

那麼，英國東印度公司在印度大陸上該如何做才是合理的呢？

經濟學之父亞當．斯密給出了自己的設想。亞當．斯密在當時英國思想界的地位之崇高，相當於孔子在古代中國的地位。以至於國會議員在辯論的時候，只要說：「我剛才講的那句話出自亞當．斯密的《國富論》。」對方辯友立刻閉嘴了。就如同中國人說「子曾經曰過」，對方辯友立刻恭敬作揖一樣。

亞當．斯密曾經措辭嚴厲地批評東印度公司說：「就算商人的公司在統治他國，但他們好像並沒有認為自己是掌權者……比起在普通業務中，以掌權者的立場來獲取永久性的巨大利益，他們卻優先考慮以壟斷商人的立場，來得到一時的蠅頭小利。」

他認為，既然東印度公司實際上已經成為印度很多地區的掌權者，那麼經營的目標就應該是努力增加印度大陸自身的收入，比如，在印度擴大本地產品的生產，增加當地居民的收入，給自己的產品創造出更大的內部市場，並促進內部的自由貿易（而不是壟斷），提升本地產品在全世界的市場競爭力。這些事情才是一個掌權者應該做的事情，而不是涸澤而漁，靠壟斷低買高賣，傷害自己領地和人民的經濟利益。

英國政府終於對東印度公司忍無可忍了。一七七三年，《印度規管法案》在英國議會通過，授權英國內閣管理東印度公司，並設立了印度總督來治理英國在印度大陸的控制地區。原本屬於民間公司的東印度公司，受到了英國政府的嚴格監管，公司沒有自行決策的權力。該法案甚至規定，公司職員以禮品的名義接受金錢和有價物品，將全部被認為是業務上的不當所得，要受到相應的懲罰。也就是說，職員們再也不能像克萊武和耶魯那樣肆無忌憚、中飽私囊了。

東印度公司還逐漸失去了東方貿易的壟斷權。一七九三年，英國准許部分印度貿易實行自由化；一八一三年，東印度公司的壟斷權被徹底剝奪，它唯一保留的壟斷權，是對清朝的貿易。又過了二十年，對中國貿易的壟斷權也失去了，實際上，這個事件對中國歷史產生重大的影響，在一定程度上導致了鴉片戰爭的爆發。至此，東印度公司徹底變成英國政府派駐印度的管理機構，而非商業公司。

英國政府接管了印度大陸的統治權，印度變成了「英屬印度」，可以按照亞當·斯密所說的掌權者的思路來治理了。

英國在印度建立起鐵絡網路和電報網絡，把印度本地經濟與全球經濟聯繫起來；鼓勵民間企業種植茶葉、咖啡及鴉片等經濟作物；運河、港口和水利設施也逐步被建立起來，促進了農業和貿易的進一步發展。不論是英國本土還是印度大陸，都從這些治理方式中獲得大量的收入。

英國還從印度獲得了一個有趣的「禮物」——皇帝的頭銜。在歐洲歷史上，英國和法國纏鬥爭霸了數百年，都想壓對方一頭。結果，拿破崙·波拿巴成了皇帝，連他的侄子拿破崙三世都當了皇帝，英國的君主卻還是個國王，這口氣真的是嚥不下去！

英國人靈機一動，蒙兀兒帝國的君主也是皇帝啊，現在英國統治了印度大陸，也算是繼承蒙兀兒帝國的衣缽，因此，英國國王有資格繼承印度的皇帝稱號。而且，蒙兀兒帝國的君主能夠稱帝，也並不是自封的，而是有著嚴格的一脈相承，這個皇帝稱號的源頭要追溯到蒙古帝國的黃金家族。成吉思汗建立的蒙古帝國體系曾經橫跨歐亞，幾次西征威震歐陸，在歐洲人心中，蒙古帝國堪稱與昔日羅馬帝國比肩的強大帝國。

蒙兀兒帝國的創建者巴布爾有黃金家族的血統，在征服了印度大陸的大片領土後稱帝。現在，英國國王兼任「印度皇帝」，英國則號稱大英帝國，終於可以與法國皇帝、法蘭西帝國在稱號上平起平坐了。而大英帝國的帝號追根溯源，竟然是來自東方的蒙古帝國，顯得十分有趣。

就這樣，「英屬印度」成為大英帝國經濟體中一個十分重要的組成部分，成了「女王皇冠上最璀璨的明珠」。

列強瓜分全世界

世界再也不是大航海時代早期的樣子，而是從私人商船（包括劫掠船）海洋貿易的模式，過渡到國家與國家間搶占殖民地的模式。各國的東印度公司紛紛退場，各國政府支持的殖民地征服活動風起雲湧。誰也沒想到，在非洲剛果河附近一次不大的殖民衝突，竟然成為列強瓜分全世界的導火線。

一支由比利時國王支持的探險隊進入剛果河流域，為在當地建立殖民地做準備，結果與一支法國探險隊不期而遇，雙方互不相讓，都宣稱剛果地區是自己先「發現」的，屬於本國的殖民地。這時候，葡萄牙也跳出來，宣稱自己在探索非洲海岸線的時候，就已經發現了剛果，因此那裡應該歸屬自己。英國、德國、美國等列強紛紛選邊站，鬧得不可開交。最終，大家同意坐下來談判。

一八八四年十一月，德國首相俾斯麥主持召開了柏林會議，十五個列強出席，名義上是為了解決剛果殖民地歸屬問題，實際上是要討論出一個規則，來避免列強為了搶占殖民地而爆發衝突甚至戰爭。這次會議承認了比利時國王對「剛果自由邦」的擁有權，把剛果地區推向了被殘酷剝削和奴役的深淵。

會議還確定了一條重要的殖民地規則：一國所占領的殖民地只有在被別國承認之後，才是合法有效的。

這條所謂的規則，看上去似乎是在限制列強的殖民擴張，實際上卻產生了刺激列強加速擴張的目的。站在每一個列強的角度，都希望「先下手為強」，這個規則可以理解為：誰先搶到就算誰的。一八八四年的柏林會議打開了殖民擴張的潘朵拉盒子，非洲成為首當其衝的殖民侵略重災區。

在西非，一群法國水兵軍官組織了一個軍事團體，稱為「蘇丹軍官」，他們採取先斬後奏的方式，不經法國政府的批准，先強行占領非洲土地，然後請求法國承認他們的行動是合法的，他們還借助新聞媒體，報導他們在西非的「豐功偉績」，給法國議會施加壓力。

與「蘇丹軍官」在西非競爭的是一位強悍的英國商人喬治・戈爾迪（George Goldie），他從英國政府那裡獲得了在南奈及利亞從事貿易的皇家特許權，這種壟斷貿易權的經營模式，正是過去東印度公司所採用的方式。戈爾迪成立了「皇家奈及利亞公司」，實際上，這個公司與東印度公司一樣，擁有強大的軍隊，儼然變成西非的一個地方政權，他壟斷了當地的棕櫚油貿易，並借助武力向在當地做生意的貿易對手徵稅，其實就是在收保護費。

在東非，當地的尚吉巴政權正在逐漸衰落，英國人和德國人在此展開了殖民競爭。與在西非的情況類似，英國的一位商人建立了一家英國政府授權的特許權公司，而德國人則透過建立「保護區」來試圖分一杯羹。最終，英國憑藉實力在東非勝出，把尚吉巴、肯亞、烏干達等地收入囊中。

中非的爭端是柏林會議的起因，在會議上，比利時國王成功地把剛果變成自己的私人領地。他在剛果橫徵暴斂，強迫當地民眾為自己收集象牙和橡膠資源。這位國王還對當地民眾進行殘酷的屠殺，引起國際社會的公憤，最後國際社會剝奪了該國王對剛果的私人擁有權，把剛果改為由比利時政府管理的殖民地。

在南非，荷蘭人捷足先登，搶奪土地，建立兩個共和國：川斯瓦共和國（Transvaal Republiek）和奧蘭治自由邦（Oranje Vrystaat）。然後英國人進入這個地區，在打敗了辛巴威的當地政權後，與荷蘭人激烈地爭奪南非。

至於北非，前文已經介紹過了，埃及和蘇伊士運河最終被控制在英國手中。北非的其他地區，則是法國大肆擴張的領地，阿爾及利亞、突尼西亞、摩洛哥等地區相繼被納入法國的殖民統治下。

這波瓜分非洲的狂潮十分迅猛，從資料上看，一八七六年，歐洲列強僅占有非洲土地的十·八%，一八八五年柏林會議剛結束時，只增加到二十五%。但是到了一九〇〇年，列強占據的非洲土地猛增到九十·四%。到一九一二年，非洲大陸已全部被瓜分完畢，只剩下衣索比亞和賴比瑞亞兩國保持著名義上的獨立。

讓我們將目光轉向亞洲。在爭奪印度的過程中，法國被英國擊敗，於是轉戰東南亞的中南半島一帶，法國軍隊一次征服了柬埔寨、越南、寮國等地。而在東南亞的海洋上，早就盤踞在那裡的荷蘭所統治的爪哇島、蘇門答臘島和婆羅洲，在相當於現今印尼的區域裡建立了自己的殖民統治。歐洲列強中，俄羅斯的擴張顯得很另類，由於向西和向南都被其他列強阻擋，因此，俄羅斯向東方的亞洲挺進，蠶食了中亞的大片地區，與英國在伊朗對峙，甚至還把觸角深入東亞，從虛弱的清朝政府掠走了大片的領土，直到被新興豪強日本擋住去路。

至於太平洋和印度洋中的那些島嶼，只要是面積稍大且具有航海戰略價值，也都紛紛被列強瓜分掉了。

充滿謬誤的殖民地理論

在這股列強瓜分世界的狂潮中，有一個列強似乎明顯落於人後，這個列強就是歐陸新貴——德國。除了在東非與英國爭搶了一番外，德國所占的殖民地都是一些邊邊角角，根本不值得一提。這並不是因為德國沒有實力爭搶殖民地，而是因為德國的宰相俾斯麥對殖民地不感興趣。

俾斯麥是德國崛起的第一功臣，實際上，俾斯麥真正的才華，體現在他舉世無雙的外交才能上。比如，他曾經支持法國與英國爭霸，爭奪殖民地，他的目的是想轉移法國的注意力，不要整天想著報復德國人。俾斯麥雖然名號為「鐵血宰相」，但在完成德意志統一大業後，一直主張韜光養晦，高築牆、廣積糧、緩稱王」，累積家底，不戰而屈人之兵。

不同於在全球瘋狂爭搶殖民地的英國、法國、俄羅斯等列強，俾斯麥對海外殖民擴張並不感興趣。有人曾經回憶俾斯麥的談話，說：「首相拒絕以任何方式討論殖民擴張。」俾斯麥不想帶領德國去搶奪殖民地，一方面是考慮到，當時德國沒有保護殖民地的強力手段，說白了就是海軍不太行；另一方面是因為，俾斯麥關注的是德國在歐洲的安全，對海外領土不感興趣。德國地處歐洲中部，被幾大強國包圍的地緣政治環境，決定了其必須要先立足歐陸，而不是花心思去海外。

俾斯麥的低調發展策略，締造了德國一段時期經濟發展的黃金時代。德國的國民生產總值在一八七三年至一九一三年增長了兩倍，在新興的化學和電氣產品領域，德國貨風靡全球；全國鐵路網日益完善；在歐洲，德國人口僅次於俄國，位居第二。擁有發達的交通、強大的工業和眾多的人口，德國很自然地徵召和裝備了歐陸最強悍的軍隊。

一八九〇年，功成名就的俾斯麥退隱江湖，於一八九八年病逝，德國失去了一位有頭腦的政治家、精明的掌舵人。此後，年輕氣盛的皇帝威廉二世親自掌舵德國這艘嶄新的戰艦，完全推翻了俾斯麥對於殖民地的政策，要求重新劃分世界殖民地，漸漸走向癲狂的爭霸之路。

威廉二世並不是一意孤行，而是有許多擁護者支持他，甚至有很多專家也拿出理論來支持他。

比如說，雖然德國商人在國際市場上所向披靡，但他們還是發現，地球表面的陸地好像不夠大，他們工廠強大的生產能力超出了國際市場對其產品的需求，生產過剩的麻煩纏上了德國人。德國人把自己遇到的困難歸咎於英國，因為英國占有世界上最遼闊的殖民地，並想方設法阻撓德國貨進入這些地方。假如英國殖民地能夠向德國貨敞開大門，德國人就不會生產過剩了。

德國的專家也在此時跳出來，把這種論調上升到理論的高度。一八九七年，德國地理學家弗里德里希·拉采爾（Friedrich Ratzel）把自己對地理的研究擴展到德國工業生產過剩的問題上，並結合當時流行的社會達爾文主義，提出了「國家有機體」的學說，後來又提出「生存空間」的概念。

他用生物來類比國家，就像生物需要生存空間一樣，國家也需要生存空間。由於世界在向前發展，大國將逐漸拓展自己的空間，小國將變得無足輕重。世界歷史總體的趨勢是，國家生存對空間的要求越來越大。

這個趨勢可以從歷史上重要商業國家的演變過程得到證明：威尼斯公國、荷蘭共和國、大英帝國，都曾經是十分強盛的國家，但從生存空間看，威尼斯只是一個城市，荷蘭是一個三角洲國家，英國是一個島國，而當時越來越強盛的美國則是一塊大陸。各強國必須遵從這個趨勢，努力用殖民、合併及征服的手段來拓展生存空間，否則就得敗亡。

這種理論並非德國專家獨有，當時英國的一位專家也提出，國家要生存，必須搶占殖民地，控制原料產地，並將這些地方變成產品的輸出市場。

理論有可能是歪理，專家也可能是「磚家」。其實，當時流行的那些關於殖民地的理論，從經濟角度分析一下，都是站不住腳的。

比如，殖民地專家說，有了殖民地，才會有原材料的來源。

錯！獲得原材料不一定非要在政治上控制、軍事上占領那些地區，只要透過購買就可以實現。當然，一些人會反駁說，購買太花錢了，占領殖民地可以直接掠奪。但是，軍事占領同樣有成本，而且要掠奪殖民地，就得長期控制該地區，維持足夠的駐軍和行政人員，而讓殖民地經濟運轉下去，也需要投入資金和物資。此外，還要時刻提防著被其他國家搶走。實際上，從成本和收益角度來看，絕大多數殖民地都是虧本的買賣。

而且，近代歐洲工業最大的原材料來源地是美國（棉花、菸草、礦產）、南美洲（蔗糖、咖啡、木材）和大洋洲的英國自治領土，這些地方在十九世紀末的時候，都已經先後獨立或自治了。那些真正的殖民地出產的原材料反而不多。

專家又說，有了殖民地，才有銷售產品的市場。

錯！賣東西不必非要有自己的殖民地，許多殖民地在建立的時候，也不是為了賣東西，殖民地能消費的歐洲產品其實很有限。比如一九一四年之前，法國的出口商品中，只有十％是運往法國殖民地的，因為法國的許多殖民地要麼人口太少，要麼人口雖多，但都是生活困難、需要救助的人群，根本沒有消費能力。

比較特殊的殖民地是英屬印度，那裡人很多，而且的確有一部分人對歐洲商品有消費能力，比如英國殖民者和印度上層社會人士。印度確實購買了一定數量的歐洲產品，但不僅僅是從宗主國英國進口的。當時，印度消費者購買的德國貨竟然比英國貨還多，這是讓英國人非常氣惱的一件事。法國賣給印度的商品，也比賣給自己殖民地阿爾及利亞的商品更多。這些事例都說明，就算殖民地是你家的，也不一定就會消費你家的產品。

專家還說，有了殖民地，資本家們累積的剩餘資金才有投資的地方，才有賺取新利潤的機會。又錯！英國是當時最大的對外投資國，但是它大部分對外投資都撤向了獨立國家和自治領土。一九一四年前，法國對外投資中，只有不到十%投入法國殖民地的計畫中，它的主要投資都是針對其他歐洲國家的。比如，法國對外投資的四分之一以上，都投入了當時歐洲列強之一的俄羅斯。像俄羅斯、義大利、西班牙、葡萄牙甚至美國這樣的國家，從投資的角度來看，屬於「淨債務人」，他們接收的投資額比對外投資額要多。而德國在自己殖民地上的投資額基本上可以忽略不計。

但是，德國完全被當時殖民地理論的謬誤給蒙蔽了，從上到下叫囂要獲得「太陽下的位置」，也就是要求獲得更多的殖民地。其實從經濟學的角度來看，殖民地未必真的能給德國帶來更多的利益。

一次大戰爆發與錢無關

殖民地少的列強要求重新劃分世界，殖民地多的列強則拚命保住自己的殖民地，這大多是民族主義心理在作怪。

英國覺得自己是世界霸主，不容他國挑釁；法國覺得受了德國侮辱，一心想要報復；德國覺得搶的地盤太少，和自己現在的身分不相稱；奧匈帝國覺得自己才是歐洲名門正派，沒有殖民地說不過去……那年頭，不搶幾塊殖民地，你都不好意思說你在歐洲大陸上算個強國。

有這樣一個歐洲國家，曾經不遠萬里繞過半個地球，跑到中國的山東半島，搶了一小塊叫作膠州灣的地方，花費鉅資，在當地修建了大量獨棟別墅。後來，這塊地方被日本人搶去了；再後來，這塊地方又回到中國人民的手中，那些獨棟別墅成為當地著名的旅遊景點，每年吸引大批遊客來參觀，甚至還有來自這個歐洲國家的遊客。

這個國家，就是德國。那個年頭，所有的列強都頭腦發熱，在殖民地問題上算錯了經濟帳。一次大戰前的德國，處處與英國和法國挑釁，爭搶殖民地。其實，如果德國能夠靜下心來，看看同時期大英帝國對於殖民地的政策，也許就不會鑽牛角尖，弄得個國破家亡的下場了。

鼎盛時期的大英帝國，如果把殖民地的土地也算在內的話，已經超過了古往今來任何一個帝國的疆域。但就在趾高氣揚的英國人為帝國的輝煌彈冠相慶的時候，殖民地這種經濟模式卻彷彿在一瞬間從巔峰跌入了谷底。首先是北美洲殖民地獨立，本書前面有專門介紹，此處不再贅述。大英帝國剛剛打遍天下無敵手就後院起火，損失了最重要的一塊殖民地，一時之間，被英國打敗的歐洲列強都在看英國的笑話，當時許多人都煞有其事地預言，英國馬上也會步西班牙、荷蘭的後塵，就此衰落。沒有了殖民地，英國人還怎麼玩？

英國人玩得好著呢！北美的戰事平息後不久，英國與美國的跨洋貿易就重新展開，僅僅幾年的工夫，英國對美國的貿易量就超過了以往的最高水準，而且英國還甩掉了對殖民地行政管理、軍事開支的費用。不聽話的「殖民地」竟然比聽話的殖民地還賺錢！當年支持對北美洲殖民地徵稅的英國議員們猛地驚醒了，原來對於國家的經濟來說，殖民地並不是必需的，自由貿易才是最核心的。而這個觀點，正是經濟學家亞當．斯密一直強調的。

鴉片戰爭時在任的英國首相帕麥斯頓（Palmerston），也是一個不喜歡掠奪殖民地的人，他曾經拒絕在非洲的衣索比亞建立英國的殖民地，並公開表示，英國人需要的是貿易，土地對於貿易並不是必需的。當法國的拿破崙三世和英國商量共同瓜分埃及的時候，這位首相也明確表示：「我們並不想要埃及，就像一個腦子正常的人，並不希望擁有沿途的客棧一樣。他所要的只是這些客棧對他開放，當他來到時，客棧會向他提供羊排晚餐和驛馬，如此而已。」

思想界和政界都持這樣的態度，英國也從最初的狂熱中逐漸冷靜下來，從上到下對占領更多殖民地沒了興趣。中國的史書上總是把第一次鴉片戰爭作為近代屈辱史的開端，割地和賠款最讓清朝人憤慨。但看到亞當．斯密和帕麥斯頓的言論，我們就不難理解英國對清朝發動戰爭的本意，是試圖實現他們所希望的自由貿易。從侵占殖民地的角度看，英國對中國遼闊的土地還真沒有太大的興趣，僅僅根據條約割走了面積不大的香港地區，作為貿易的中轉站而已。

但在弱肉強食的十九世紀，許多國家並不像英國人那麼「腦子正常」，不僅頭腦發熱的德國念念不忘地搶奪殖民地，俄羅斯、日本在面對當時的清朝政府等弱國的時候，都把掠奪土地作為第一目標。但結果呢？俄羅斯、日本這兩個國家只是外表強悍，軍事上的節節勝利無法掩飾本國經濟的孱弱不堪，最終在軍事上也折戟沉沙。反觀丟掉北美洲殖民地，對全世界其他地方的殖民地也不再「感冒」的大英帝國，卻能把日不落帝國的榮耀一直延續到二十世紀初。

早在一八七九年，俾斯麥就促成了德國和奧匈帝國之間的同盟，這是個防禦性的盟約，俾斯麥的目的是應對法國潛在的報復，所以拉奧匈帝國入夥壯膽。一八八二年，義大利也加入該同盟，目的還是防禦，保護義大利抵禦法國的潛在威脅。

三國同盟兩側的法國和俄羅斯，也感受到威脅，兩國在一八九四年締結同盟，到了一九〇七年，兩國成功地拉英國入夥，組成了三國協約。三國協約的目的，本來也不是要進攻別國，而是對彼此的殖民地達成協議，英國和法國各自承認對方在非洲的殖民地，英國和俄國各自承認對方在波斯的勢力範圍。

可是如此一來，所有的歐洲強國都選邊站，分成了兩大敵對的陣營。每當歐洲發生重大爭端時，兩個陣營中的成員即使不情願，也不得不支持和爭端有關的盟友，否則陣營就將解體，本國將被孤立。於是，歐洲上空的陰雲越來越重，預示著一場史無前例的大風暴即將要到來。

一九一四年六月二十八日，一道閃電劃破了歐洲上空，奧匈帝國皇儲在塞爾維亞被暗殺，一個月後，奧匈帝國對塞爾維亞宣戰。根據同盟關係，塞爾維亞背後是俄羅斯在支持，俄羅斯背後還有英國和法國做後盾，而站在奧匈帝國身後的是德國和義大利（後來反水倒戈）。八月一日，德國下令進行軍事總動員，對俄宣戰；很快，法國也宣布開啟軍事動員，德國被迫向法國進攻。八月二日，德國要求其軍隊能夠自由通行比利時；八月三日，德國對法國宣戰。歐洲各國的火藥庫相繼點燃，文明之燈依次熄滅，第一次世界大戰爆發了。

就為了幾塊沒什麼賺頭的殖民地「骨頭」，歐洲最凶惡的幾條「大狗」咬了起來，這一咬就是四年。大戰過後，各國經濟一片狼藉，它們在世界各地的殖民地的獨立浪潮也風起雲湧。

〔第19章〕

凱因斯的「學生」

「我們唯一該恐懼的，是恐懼本身。」

一九三二年，躊躇滿志的美國新當選的總統富蘭克林．羅斯福（Franklin Roosevelt）坐在廣大選民的面前，發表他的第一任就職演說。因為患脊髓灰質炎導致下身癱瘓，羅斯福沒辦法站立著慶祝自己的第一次當選。

口號不過是口號，它能讓大家在一個小時內像打了興奮劑似的不知道餓，但不可能真的當飯吃，讓大家一個星期都不餓。既然當時羅斯福面臨的是美國歷史上最嚴重的經濟大蕭條局面，他就不能「坐著說話不腰疼」，總得針對經濟問題來一點實在的東西。

「我向你們，也向我自己起誓，要為美國民眾實施新政。」

美國新政神話

一九二九年爆發的全球經濟危機，被認為是有史以來最嚴重的經濟危機。經濟危機的爆發是突然的，但是經濟危機的孕育卻是長期的。

一九二〇年代，美國政府對私營企業大力支持，尤其是在發行股票方面大開綠燈，缺乏監督，於是股票市場上湧來了巨額的流通股票。當時的總統約翰．卡爾文．柯立芝（John Calvin Coolidge）仰慕富人，認為經濟的繁榮取決於資本家們按自己的意願成立和管理公司，當然也包括按照自己的意願進行金融活動，比如發行股票。

華爾街湧動著巨額的股票，柯立芝總統的內心確實有一絲不安，但是並沒有採取任何措施。而他的財政部長安德魯·梅隆（Andrew Mellon）本身就是當時美國第三大富豪，更是鼓勵股票的發行和投資，認為政府對經濟的最佳做法就是放任自流。而且，這位財政部長力主減稅，一九二四年和一九二六年，他兩次提議減少稅收，兩次都獲得議會通過。結果，高收入所得稅和財產稅減少了一半。那些富有的美國人突然有了更多的錢用於消費，大部分人把這筆橫財投入強勁上升的股票市場中。

一九二〇年代，美國股票市場一路攀升，股票好像成為穩賺不賠的生意。這股熱浪如此強勁，幾百萬平民也加入富人的戰團，在股市追逐財富。一九二三年至一九二九年，紐約股票交易所的交易量翻了四倍。一些企業也開始把資金投入股票市場，而不是用於研發產品、擴大生產，因為他們從股票流通中獲得的回報比投入生產要大得多。

這個世界上沒有永遠生長的大樹，也沒有永遠上漲的股市。一九二九年十月二十四日注定是載入史冊的一天，紐約股票市場價格在一天之內下跌了十二·八%，經濟危機真的來了。包括洛克菲勒和摩根在內的美國富豪為了力挽狂瀾，大量出資收購股票，然而收效甚微。之後的幾個月內，銀行紛紛倒閉，個人破產成為家常便飯，人們的消費能力大幅度降低了，這又使更多企業瀕臨破產。惡性循環持續了幾年時間。股票市場直到一九三二年七月八日才觸底，道瓊指數以四十一·二二點收市，比一九二九年九月三日的三百八十一・一七點的高點下降了八十九％。

危機中的美國聯邦政府似乎犯了嚴重的錯誤。一直到一九三二年，赫伯特・胡佛（Herbert Hoover）總統仍然反對由聯邦政府直接出資幫助貧民，認為這會破壞傳統的美國個人主義價值觀，使大眾過於依賴政府，喪失「自我造血」的能力。胡佛把資金提供給各州和地方政府，讓他們自己加強公共事業的建設，希望在幫助私人企業恢復運作的同時，創造一些暫時的就業機會，從而達到救助民眾的目的。

胡佛堅持認為，聯邦政府的權力只限於救助那些大的金融機構，至於企業和個人，那是各州政府的事情，如果聯邦政府插手，一方面，有越權干涉州政的嫌疑；另一方面，在大蕭條下，聯邦政府也拿不出來錢搞大規模的救濟活動。

對大部分美國人來說，胡佛總統似乎永遠只對拯救商業企業感興趣，並不關心如何幫助個人和家庭度過眼前的難關。從經濟規律上講，胡佛的思路也有幾分道理，企業發展起來，就業也就來了，民眾的收入增加，經濟危機也就解決了。但問題在於，這個過程要持續多久？希望還在遠處，但民眾現在就要麥片粥，明天的希望能換成今天的晚餐嗎？

一九三二年的美國大選，任何候選人站出來，都能夠打敗胡佛，民主黨人選擇了富蘭克林・羅斯福來挑戰胡佛。選舉日，民主黨大獲全勝。羅斯福贏得二千三百萬票，占投票總數的五十七・四％，胡佛獲得一千六百萬票，占三十九・六％。

新官上任三把火，羅斯福可不像胡佛那樣縮手縮腳，他就職後第五天，國會就通過了提案，授予他權力，可以直接印刷美元紙幣，送往各個銀行，由美國聯準會回購黃金，維持美元幣值穩定。有了這個權力，羅斯福新政的第一招出手了——瘋狂印鈔票。

當天晚上，聯邦政府的印鈔機就開動了，連夜印刷了二十億美元，並在第二天用飛機運往全國各地的銀行。然後，聯邦政府連哄帶騙，要求美國民眾把手中的黃金拿出來，再用這些黃金作為準備金，發行了更多的紙幣。

手裡有了錢，哪怕僅僅是紙幣，羅斯福也可以大展宏圖了。

一九三三年三月三十一日，他開始實施一項重大的舉措，議會通過了《民間護林保土隊救濟法》（Civilian Conservation Corps Reforestation Relief Act），成立民間護林保土隊。這項備受歡迎的法案批准展開造林、灌溉和洪水控制工程，立即為年輕人創造了二十五萬個工作機會。工人們住在軍隊式的營地裡，政府把他們收入的一部分寄到家裡，幫助這些家庭度過困境。

四月，羅斯福決定解除黃金標準。由於沒有政府的黃金儲備做支撐，美元在國際市場大幅貶值。這使得美國在對外貿易中處於不利地位。然而，貨幣貶值卻刺激了國內生產的復甦。

五月十二日，議會通過了《聯邦緊急救濟法案》，總統則簽署了已經通過的《農業調整法》（Agricultural Adjustment Act），前一項法案提議建立聯邦緊急救濟署，向私人提供五億美元的直接救濟。根據這個法案，聯邦政府要刺激工業的復甦，幫助大蕭條中陷入困境的個人，設置最低生活標準，努力避免危機再次發生。後來，議會批准了更多的資金，鈔票撒向即將破產的銀行、鐵路和其他各大機構，給它們提供貸款，甚至直接向工業投資，刺激工業生產。然後，鈔票又撒向了農民，經營陷入困境的農民可以獲得貸款，即使是破產的農民也可以先貸款，他們贖回農場後先繼續經營，再考慮償還貸款。

羅斯福新政取得了立竿見影的效果。一九三四年，也就是新政開始的第二年，不考慮通貨膨脹等因素，美國國內生產毛額為六百六十億美元，是連續四年下滑後的首次增長。美國國內生產毛額較上一年增長了十七%，個人可支配收入增長了十五%。

羅斯福也沒轍了

羅斯福新政樹立了政府直接干預和插手經濟，甚至直接投資於各行各業的範例。在政府自我宣傳和某些資料的支援下，新政的神話誕生了，從那以後，許多人把「市場失靈」掛在嘴邊，宣稱單靠市場這隻「看不見的手」無法有效解決經濟危機，必須要依靠政府這隻「看得見的手」。

新政到底管不管用，羅斯福用資料說話，我們也用資料說話。

先讓我們來看看失業問題。羅斯福上臺之初，就大肆進行政府投資和啟動各種大計畫，希望以此來吸納失業人員。一九三三年，他在任的第一年，美國失業率是二十五%；兩年之後，失業率依然在二十%以上。此後雖然一度下降到十五%,但到了一九三八年,失業率又上升到十九%。儘管新政年年有新舉措,但直到一九三九年,美國仍然有九百五十萬人沒有工作,失業率在十七%以上。而在一九二〇年代,美國的失業率基本上在三%左右。

新政並沒有真正地解決失業問題。六年的新政,失業率僅僅從二十五%下降到十七%。但這個「成績」的取得,付出了多大的代價呢?一九三三年至一九四〇年,美國聯邦政府的財政支出近六百億,其中有二百五十多億是財政赤字,也就是用印鈔票解決的。

就算是聯邦政府手中的「真金白銀」,很大程度上也是靠高稅收累積起來的。一九二九年,美國的最高個人所得稅稅率是二十四%,到一九三五年則提高到令人瞠目結舌的七十九%!也就是說,如果你是一個高收入人士,每賺一萬美元,政府就要從中拿走近八千美元,只給你留下二千美元。

更嚴重的問題是,高收入、高資產的群體,正是社會上個人辦企業、搞投資的中堅力量,當他們的收入都被政府抽稅抽走的時候,就沒有錢去辦企業吸收失業者,進行投資去發展經濟了。雖然羅斯福政府提供大量的政府就業,號稱創造了五百萬個就業機會,可是高稅收打擊了個人投資的積極性,減少了個人企業的雇員和潛在雇員,此消彼長之下,美國失業率依然居高不下。

為了讓大家都有口飯吃,新政制定了最低工資標準,明確要求企業雇員的工資不能低於該標準。這個標準讓工人們很開心,似乎是好事情。可是在稅收沉重、經濟低迷的現狀下,許多企業主根本無力按照最低工資標準支付薪水,於是他們透過減少工作職位甚至關門歇業來避免損失。羅斯福政府的

「好政策」帶來了壞結果，最低工資看上去很「美」，可是對於大量失業者來說，只是井中月、水中花。整個社會不僅失業率沒有下降，經濟還越來越蕭條了。

話說回來，怎麼解釋一九三四年新政製造的漂亮資料呢？

在大蕭條時期，英國經濟學家凱因斯提出，為了振興世界經濟，政府必須行動起來，甚至親自牽頭和出錢，展開修公路、修水壩等大型計畫。根據經濟學的粗略估算，每一美元投入社會上，就會帶來五美元左右的產值，在經濟處於低谷的時候，如果政府能適時地用資金和計畫提供更多的就業機會，經濟狀況將逐漸好轉。

凱因斯甚至還開玩笑說：「政府可以今天雇一批人，發錢讓他們挖一些大坑；第二天，政府再雇一批人，發錢讓他們把大坑填上。」這樣一來，就業機會有了，人們手頭上也有了錢，經濟的連鎖反應將讓各行各業都獲得收益。

正是凱因斯這句流傳甚廣的玩笑話誤導了人們，使人們以為只要發鈔票、推出計畫，就能促進經濟的發展。這種思路，和認為股市上漲就是經濟發展的想法，有什麼不同嗎？沒有。

凱因斯本人是不會如此簡單地理解經濟的，他當年開出經濟「藥方」，也是針對國家經濟危局所使用的非常手段。當時各國政府對經濟危機十分恐懼，不敢花錢推出計畫，胡佛在危機發生之初的表現就是其中的代表。而凱因斯的建議是讓政府把「死錢」變成「活錢」，振興瀕臨崩潰的經濟。

羅斯福的新政，其實是把凱因斯對付危機的強心劑當成了靈丹妙藥來吃。印鈔票、推出計畫的確可以促進國內生產毛額的數據上升。比如，某個城市去年總投資額是五百億美元，今年突然猛增到三千億美元，到年底一算帳，今年的國內生產毛額自然會比去年大幅度提高。羅斯福靠著印鈔票、高稅收得來的大量真錢和假錢進行政府投資，當然能在一時之間讓國內生產毛額的數據變得很「性感」，感性的民眾也會一時之間對他感恩戴德。

但鈔票印多了，就該惡性通貨膨脹了；收稅過重，就民不聊生了。更不必說政府工作人員拿老百姓的錢直接投資經濟，所謂「兒花爺錢不心疼」，各種計畫的收益率難敵個人投資，甚至還會賠本。此外，政府直接投資還容易滋生腐敗問題。就拿羅斯福來說，他在擴大政府支出時絕對算得上是「偏心眼」，出於政治的需要，只把政府的錢投入能讓自己的民主黨獲利的州裡，而對其他的州不管不問。但同時，他還有「摳門」的一面，把美國一次大戰傷殘軍人的補助金，從每月四十美元降到二十美元，並對各州施加壓力，以大幅度削減教師的工資，因為他覺得教師工資「太高了」。

所以，新政風光了兩、三年後就陷入低谷，這是經濟規律決定的，是不以人的意志為轉移的，哪怕是身殘志堅的總統也不能逆天。

一九三七年至一九三八年，美國再次出現經濟蕭條，新政失靈，羅斯福沒轍了。那麼面對經濟危機，人們該怎麼辦呢？古訓告訴我們「救急不救窮」，危機來臨，社會劇烈震盪，確實需要一些非常規手段來救助陷入困境的民眾，但是這些手段不能長期使用，否則就違背了經濟規律。所以，胡佛總統犯了錯誤，羅斯福總統也犯了錯誤，只是兩人所犯的錯誤性質不一樣。

從本質上講，經濟危機並不是近代或者資本主義社會才出現的現象。自古以來，工廠也好，農田也罷，大量歸屬於私人，同樣也會出現產品滯銷、失業的現象。機器會故障，經濟也會故障，經濟出現危機是正常的，經濟永遠不發生危機是不可能的。

所以，人們應該承認經濟會有波動、會出現危機的事實。近代以來，很多人試圖建立一個沒有經濟危機的理想社會，這些努力的動機很好，但目前來看都因為違背經濟發展的基本規律，造成了更大的經濟問題。

近代以來的經濟危機，與古代的不同之處在於，銀行體系是近代才大規模建立起來的，特別是股票市場也是近代才發展起來的，在經濟發生波動的時候，股票市場具有放大效應，會火上澆油，讓危機愈演愈烈。從所謂的一八二五年近代第一次經濟危機以來，歷次的大經濟危機，實際上都是由金融危機觸發的。所以，政府對金融市場的投機行為進行一定程度的監督和管理，是避免危機放大的重要手段。

後世談到羅斯福新政時，經常說那是凱因斯主義的成功案例。成功不成功，前面我們已經有定論了，至於新政和凱因斯的經濟學到底有多大關聯，則是仁者見仁、智者見智。不過，羅斯福和凱因斯彼此並不感興趣。一九三四年，由於新政而名聲大噪的政治家羅斯福和經濟學家凱因斯見了一次面。結果，羅斯福評價凱因斯「更像一位數學家，而不是經濟學家」；凱因斯對羅斯福的評價則是「本以為總統在經濟學方面會懂得更多一些」。凱因斯的話外音是，總統先生的經濟學水準，和路邊擺攤賣茶葉蛋的大媽可能在同一個層次。

說羅斯福在經濟學上是凱因斯的學生，羅斯福不幹，凱因斯更不幹。

希特勒高舉凱因斯大旗

令凱因斯意想不到的是，歐洲大陸竟然有個人對他的理論非常感興趣，這個人就是後來震驚世界的希特勒。

早在一九三二年，希特勒的經濟顧問就把凱因斯的那本《就業、利息與貨幣通論》拿給他，兩人對這部著作進行了熱烈的討論，並且認定在理論上，凱因斯和他們是同路人，德國應該採取政府干涉經濟的方式來洗刷恥辱，重振經濟。

一次大戰結束時，德國的經濟已經崩潰了。一九一八年，因為要償還戰爭借款，德國經濟更加陷入絕境。一九二〇年，賠償委員會確定德國賠款總額為一千三百二十億馬克，即三百三十億美元。法國在戰爭中付出了巨大的代價，一百三十萬人葬身戰場；三百萬人受傷，許多人終身殘疾；超過一百萬的法國婦女和兒童淪為寡婦或孤兒，只能完全依賴於政府的救濟。因此，以法國為首的一批戰勝國打算「讓德國賠償一切」，強烈要求懲罰德國，讓德國賠償自己的巨大損失。

問題是，一片廢墟的德國拿什麼來賠償呢？戰後，德國的總統弗里德里希・艾伯特（Friedrich

Ebert）感嘆說：「《凡爾賽和約》的內容，在政治上和經濟上都是無法實現的。」曾經短暫當過德國總理的古斯塔夫・斯特萊斯曼（Gustav Stresemann）也說：「當一個人欠下很多債務的時候，債權人會發現，一旦債務人垮掉了，債權人的生存也會面臨危險。」

經濟學家凱因斯也不同意向德國索要巨額賠償，當然，他是從經濟學角度來思考的。凱因斯曾經是出席巴黎和會的英國代表團成員，他指出，讓德國等一次大戰的戰敗國經濟復甦，對世界經濟的發展是有利的，特別是英國經濟。迫使德國人以出口產品的方式支付賠款，反而會影響到英國產品的出口，削弱英國產品的市場地位。

一九一九年年底，凱因斯發表了《和平的經濟後果》（*The Economic Consequences of the Peace*）一書。他認為，第一次世界大戰毀滅了歐洲人民在一九一四年之前賴以生存的脆弱的經濟機制，而《凡爾賽和約》非但沒有修復這些損害，反而將過去好的經濟機制送進了墳墓。其他的統治方法都已經行不通了，只有依靠經濟學家的智慧，加上專業技術的普及和進步，才能築起一道防止全世界動亂、制止瘋狂和避免衰退的最後防線。他還特意強調，德國是歐洲大陸經濟體的引擎，「歐洲經濟體是以德國為核心而建立起來的，大陸的經濟繁榮主要依賴的是德國的企業精神和繁榮。」

但不論是戰敗國德國，還是經濟學家凱因斯，都對賠款沒有決定權。一九二一年八月，德國不得不開始啟動賠款，但在巨大的經濟壓力下，實在無力再賠，只能於一九二三年一月宣布先不賠了。這下子法國不幹了，出兵十萬占領了德國的魯爾地區，這是煤炭和鋼鐵產量占德國八十％的工業重地。

士可殺不可辱，法國的蠻橫舉動激起了德國人的同仇敵愾，被占領區的官員拒絕執行法國的一切命令，所有企業都加入罷工的行列，所有民眾都拒絕納稅，而德國政府則開動印鈔機，給占領區的居民發鈔票，補貼度日，並且宣布，只要對德國的暴力侵犯沒有消除，德國就不會賠一個子兒給入侵國。到九月底，德國政府已經筋疲力盡，被迫取消「消極抵抗」，並且承認對抗失敗。德國民眾認為國家蒙受屈辱，國內經濟出現嚴重困難。

十一月八日，在慕尼克的一個啤酒館裡，一個小個子帶領一幫武裝分子扣押了正在啤酒館裡聚會的當地政界要人。這個小個子還向天花板開了一槍，宣布「全國革命已經開始了」，他就是希特勒。但德國政府輕鬆鎮壓了這場暴動，希特勒被捕入獄。

當時的希特勒只是德國政府的小麻煩，大麻煩是法國和賠款。最終，在英國和美國的調停下，法國只能悻悻地退兵了。法國這次出兵，不僅什麼都沒撈到，還浪費了大量的軍費。這個事件讓列強意識到，要讓德國賠點錢，首先得讓德國經濟復甦。於是接下來就發生了古怪的一幕，各國紛紛給德國提供貸款，一九二四年至一九二九年，德國總計從英國和美國獲得了三百二十六億金馬克的貸款，其中一百零八億屬於長期貸款。而同一時期，德國給戰勝國的賠款只有一百一十億金馬克。一進一出，德國境內的資金還增加了。

在大量貸款的刺激下，原本工業底蘊就很強的德國經濟開始狂飆猛進，一九二五年，德國的工業產值再度超過英國，至於法國，則只有德國工業產值的一半。照這個趨勢進展下去，德國要付清賠款並不困難。一旦德國付清賠款，大家井水不犯河水，過各自的小日子，天下也就太平無事了。

天有不測風雲，一九二九年，從美國開始的經濟大蕭條迅速席捲全球。大蕭條對德國經濟的一個衝擊，就是不僅來自美國的貸款沒有了，而且美國投資者還從德國抽走大量的資金去救後院的火。資金是經濟的血液，血流斷了，經濟還怎麼活？資金突然斷流令德國陷入困境，一九三三年，德國失業者達到六百萬，占總勞動力的四分之一，許多中產階級也步入了貧困的隊伍中。

誰能在政治上對外廢除不平等條約，對內給大家一口飯吃，不論他說的是大話、空話、假話、瘋話還是實話，德國民眾都願意賭一次，把選票投給他。於是，希特勒的機會來了。這個小個子強人上臺了，把他推上元首地位的，不僅是他煽動性的演講和血腥的陰謀，還有德國崩潰的經濟狀況。上臺後的希特勒，毫不猶豫地高舉起凱因斯的大旗，當時的德國放棄了金本位制，大量印刷鈔票，著手興建像高速公路這樣的大型公共工程，擴軍備戰，擴張軍需工廠的生產能力，讓德國經濟在政府直接投資和軍需生產的道路上暴走。

希特勒的德國願意把凱因斯的理論「發揚光大」，這與凱因斯對當時德國不幸遭遇的同情有關。在一九二〇年代，歐洲戰勝國要讓德國賠償一切的大環境下，凱因斯卻站出來說：「**使德國在整整一個世代內處於受奴役的地位，剝奪整個國家民族的幸福，是非常惹厭的。**」凱因斯還如同先知一般預言，讓德國承擔超出其經濟能力的戰爭賠款，將會給下一次大戰埋下種子。

這些雪中送炭的言論，令處於悲憤中的德國人非常感激凱因斯，他的著作被翻譯成德文，德國大學邀請他去講學，他的演講在德國引起極大的轟動。在當時的德國，學者們言必稱凱因斯。

羅斯福的新政和凱因斯的理論貌合神離，那麼希特勒是否理解對了呢？也沒有，希特勒和羅斯福的經濟刺激計畫如出一轍，只是狂人希特勒更進一步，用規模龐大的軍需生產來消化國內的失業人口，並為打大戰做準備。如果單看失業率，希特勒統治的德國簡直是當時世界的楷模，到一九三八年年底，全德國的失業人口幾近為零！

到了下一年，德國的工作職位比勞動力還要多，但那絕對不是大眾的福音。一九三九年九月一日，德國軍隊閃擊波蘭，第二次世界大戰爆發了。

羅斯福的縱容

戰爭狂人希特勒固然是二次大戰爆發的第一罪魁禍首，但羅斯福就沒有責任嗎？

前面已經談到，早在一九二〇年代，美國投資者就把大量的貸款投入德國，在幫助德國經濟復甦的同時，這些投資者也獲取了投資的收益。

在一九二九年經濟危機爆發後，美資一度撤出德國，讓德國經濟走向了崩潰的邊緣。

但資本永遠是逐利的，只要有利可圖，資本還會再回來。在德國經濟走向深淵的時刻，一部分美國資本又再次回流，抄底德國的實業界。美國資本集中投資在德國當年頗具優勢的電力、鋼鐵、化工等大工業上，結果使德國工業迅速卡特爾化，形成了行業壟斷組織。相反的，德國的中小企業則無力抵抗被美國資本武裝起來的卡特爾的衝擊，紛紛破產，大批勞動者成為失業一族，而他們成為狂人希特勒選票的重要來源。

希特勒上臺後，把卡特爾這種經濟組織繼續「發揚光大」，用巨額的政府訂單和軍隊訂單，來餵養這些壟斷企業，使得這些企業既能幫政府辦事，又能聽政府的話。面對希特勒的反猶太人主張和擴軍備戰的猖狂意圖，世界上的有識之士看得明白，也反對得很堅決。現在，就看美國的態度了。如果此時美國反對甚至制裁納粹德國，就算希特勒有再大的野心，也掀不起多大的浪花。

一九三三年，希特勒的經濟智囊亞爾馬．沙赫特（Hjalmar Schacht）訪問美國，希望美國同意德國推遲支付欠美國的銀行貸款。此時羅斯福剛上臺，美國經濟也不景氣，美國政府怎麼會冒天下之大不韙，答應德國的要求，捨己救人？

但令人大跌眼鏡的是，美國竟然一口答應了德國的請求。羅斯福主要是從美國經濟的角度考慮的，許多美國資本已經投入了德國，此時與德國翻臉，這些投資也許會打水漂；另外，德國顯然要大量採購軍需品，美國品質上乘的軍火令德國垂涎。如果能夠賣些軍火給德國，美國的日子也能好過一些。至於德國人怎麼使用這些軍火，羅斯福不太在意，只要不是用來對付美國就行。

就這樣，德國不僅獲得了美國的貸款，還用這些貸款採購美國的軍火。從一九三三年希特勒上臺到一九三九年戰爭爆發前的六年中，德國拋給了美國大量的戰略原料和軍工產品訂單，讓被經濟搞得焦頭爛額的羅斯福喘了口氣。

然而，這麼做的後果有多嚴重呢？

讓我們來看看納粹德國從美國得到了一些什麼技術：氯丁橡膠和飛機防爆劑的技術從杜邦公司購得；坦克潤滑油的技術是從美孚石油公司得到的；美孚在德國設立的一家飛機專用汽油廠，給了德國空軍巨大的幫助；德國新型飛機的研製獲得了美國電話電報公司的支援……

在美國「金雨」的澆灌下，納粹的惡根開始破土而出。

一九三五年三月，希特勒宣布實行普遍的義務兵役制，建立新的納粹國防軍，將編制從十萬人擴充到至少五十萬人。德國完全實現了重新武裝。

一九三六年三月底，希特勒撕毀《凡爾賽和約》，奪回了被侵占的萊茵地區。那一刻，希特勒萬分緊張，「接下來的四十八小時，是我人生中最緊張的時刻，如果法軍進入萊茵地區，那我們就不得不夾著尾巴撤退了，因為我們的軍事資源完全不足以支撐我們進行任何一次抵抗。」然而，令希特勒驚喜萬分的是，英法兩國竟然沒有對德國採取任何行動，他的冒險得逞了。

為什麼列強對希特勒的肆無忌憚毫無應對？還不是因為大家都泥菩薩過江，自身難保。全球經濟危機讓各國都麻煩重重，財政上難以承受一場戰爭。而且，希特勒拿回的本來就是德國的領土，列強都不願意花費鉅資為奪取這塊地而打仗。

縱容之下，希特勒的膽子越來越大，德軍攻入了捷克斯洛伐克和奧地利。全世界的列強都在譴責德國，但誰都不願動手懲罰德國，因為世界的老大、羅斯福的美國也只是「君子動口不動手」，一邊譴責德國的窮兵黷武，一邊接下德國的軍火訂單。

德國的經濟此時也正在走上不歸路，龐大的政府投資和軍事訂單都要花錢，希特勒要弄到錢，只有幾條路可走，要麼多收稅，要麼壓低卡特爾組織工人的工資，要麼印鈔票，這些招數希特勒一樣不少地都採用了。從長期看，讓廣大民眾忍受低工資，勒緊腰帶發展生產，本來就違背了凱因斯的經濟主張。凱因斯強調從需求的角度解決經濟問題，適度的政府計畫是為了讓人們有工作，更是為了讓人們有錢花，滿足他們的需求，讓錢流動起來，緩解大蕭條帶來的市場資金匱乏問題。

雖然希特勒高舉凱因斯的大旗，但只是「拉大旗作虎皮」，標榜一下自己德國特色的納粹主義是有理論依據的，凱因斯也不會承認希特勒是自己的好學生。

一九三六年八月，希特勒構想出了一個「四年計畫」，這個用詞暗示他的速度將比蘇聯史達林提出的「五年計畫」更快，並以此為他在一九四〇年或一九四一年發動戰爭做準備，該計畫由赫爾曼·戈林（Hermann Göring）負責。他們制定的口號是「實現經濟與原材料的自給自足」，儘管他們清楚，重整軍備將會扭曲德國的經濟，但還是要求民眾背負這一沉重的負擔。

德國的戰鬥機數量已經超過了英法兩國的總和。德國的大規模軍備計畫要想盈利，只有對外作戰搶劫別國財富這一條路，這其實就是本書前面談到的拿破崙·波拿巴的盈利模式。希特勒的經濟智囊亞爾馬·沙赫特曾經警告希特勒，德國經濟要想避免崩潰，就必須放慢軍備計畫。但希特勒要走的就是戰爭這條路，他根本聽不進去，並用納粹黨羽赫爾曼．戈林替換了這位經濟智囊的職位。

戈林唯希特勒馬首是瞻，他曾經說：「我們將面臨與他國的衝突，這要求我們擁有強大的力量，因此我們將永遠擴充裝備，增加武器。現在唯一關鍵的，就是勝利還是失敗。如果我們勝利了，就能得到充分的賠償。如果我們總是計較各種利益得失，就不可能取得勝利，因此我們必須考慮政治上的需求。」

「這不是和平，這是二十年的休戰期。」在一次大戰的最後階段，法國費迪南．福煦（Ferdinand Foch）元帥指揮協約國聯軍取得了最後的勝利。當和平來臨時，元帥的隨口一說，不料卻一語成讖，歷史走到了一九三九年九月一日，第二次世界大戰正式爆發。

全球經濟的亂局

若是把一次破壞力巨大的戰爭的爆發，僅僅歸結於羅斯福的縱容、希特勒的瘋狂，我們就很容易忽略引起戰爭的深層次經濟問題：二次大戰之前的世界經濟格局完全不同於一次大戰之前。

首先從國際貿易上看，雖然一次大戰之前也時常有關稅戰爆發，但總體來看，各國之間的貿易在不斷增長，關稅稅率也是比較低的，我們在上一篇談到，一次大戰的爆發與錢無關，列強為了殖民地而打了一場非理性的賠本戰爭。但是，二次大戰爆發，就確實與錢有關了。

首先，在兩次世界大戰的間歇期，全球的自由貿易受到了關稅戰的嚴重打壓。美國其實早在一次大戰之前，就回到了較高的關稅水準，一次大戰之後，更是把關稅壁壘抬上了天。當時的美國總統華倫·哈定（Warren Harding）在一九二一年頒布《緊急關稅法》，於一九二二年又頒布《福特尼—邁坎伯關稅法》（Fordney McCumber Tariffs Act），一舉把美國的平均關稅稅率提高到三十八%。但是，哈定總統比起後來的胡佛總統只是小巫見大巫。一九三〇年，胡佛不顧一千多名經濟學家的聯名反對，簽署了《斯穆特—霍利關稅法》（Smoot-Hawley Tariff Act），把進口商品的整體關稅推高到空前絕後的六十%左右！

關稅戰從來都是一把雙刃劍。針對美國高築壁壘的行為，全球幾十個國家群起反擊，也對美國貨提高了關稅。美國關稅法的直接後果之一就是國際上不買美國農民的小麥了，使得美國國內的小麥生產嚴重過剩，價格從一九二九年的每蒲式耳（約二十二公斤）一．〇五美元，下降到一九三二年的三十九美分，美國農民損失慘重。

在一次大戰之前的二十年中，世界貿易總額翻了一倍還多，然而，在此後的二十年內，世界貿易再也沒能恢復一次大戰之前的水準。只有一九二九年的貿易總額還算過得去，達到了近七百億美元。然而，激烈的關稅戰徹底摧毀了一次大戰之前世界貿易大繁榮的美好時代。

然而，美國並不是關稅戰的唯一罪人。在一九三〇年代的印度，英國殖民地政府為保護本地小麥種植者、棉花製造商和食糖生產廠家，向澳洲、日本和爪哇的廉價進口商品徵收高額關稅，也引發了一連串的關稅戰。結果，一九二九年之後的五年裡，日本絲綢出口量從占總產量的三十六%，下降到十三%。當時，日本人口迅速增長，商品出口和移民機會卻急劇萎縮，對於日本國內軍國主義的抬頭，英國的關稅戰也必須負不可推卸的責任。

二次大戰爆發的經濟原因之二，是金本位趨於解體，卻沒有一個新的穩定的貨幣體系來代替。

在一次大戰前，英國是當時世界上的經濟中心，雖然美國的經濟總量已經超越了英國，但是在金融等方面，還是英鎊說了算的時代，至少三十%的國際貿易都用英鎊結算，而英鎊是與黃金掛鉤的，實行金本位制。有了堅實的英鎊幣值為基礎，世界經濟才能順利地運轉著。就算經濟總量已經不是老大，英國依然是當時世界的「帶頭大哥」。

可是一次大戰結束後的一九一九年，英國經濟因為戰爭消耗而不堪重負，連帶著英鎊匯率暴跌七十八%，英國正式宣布退出金本位制。維持世界經濟的擎天柱猛然被撤掉了，法國、義大利等國立刻跟隨，也宣布退出金本位制。在此危急時刻，如果世界經濟新貴的美國能夠揮舞著星條旗和綠票子，登高一呼「二師弟、三師弟，隨我去救師父」，全球經濟的亂局還是有可能斬妖除魔，重回西天取經的正軌的。以當時美國的經濟實力，用穩定的美元幣值為基礎，建立一個新的世界經濟體系，是可以做到的。

偏偏美國當時雖然有了引領全球的實力，卻沒有引領全球的氣魄，一次大戰之後，美國總統伍德羅．威爾遜（Woodrow Wilson）一直鼓吹建立一個公平、持久、和平的世界新秩序，他提出成立國際聯盟，解決國際糾紛。然而，美國民眾早就厭煩了把本國捲入各大洲爭端的政策，覺得太勞民傷財了，不僅國會不答應威爾遜成立國際聯盟的提議，美國老百姓也用選票在一九二〇年的大選中把威爾遜總統拉下馬。從此之後很多年，美國人傾向於關起門來過日子，不搭理其他各大洲的兄弟們，也不願意擔當世界帶頭大哥的角色，任由國際經濟亂作一團，自己袖手旁觀。

更糟糕的是，羅斯福新政開始時大印鈔票，造成美元迅速貶值，衝擊了世界金融市場，把本來就處於亂局的全球經濟攪得更亂了。

金本位在解體，昔日的世界貨幣英鎊衰落，而美元沒有取而代之，各國貿易壁壘高築，各家自掃門前雪，世界經濟不僅沒有增長，反而停滯不前甚至倒退。各國貧富差距懸殊，底層人掙扎在生存線，中產階級也淪落到為衣食住行擔憂的境地。在這樣的經濟大背景下，當時許多國家走向極端封閉和窮兵黷武的境地，並不僅僅是少數狂人煽動的結果。

既然戰事已起，世界經濟未來如何發展，就等打完了再說吧。

〔第20章〕

在布列敦森林裡紙醉金迷

一九四四年六月，盟軍大舉登陸諾曼第，與歐洲戰場東線的蘇聯兩線夾擊納粹德國，戰局終於開始明朗，希特勒的末日已經近了。

正如上一篇結尾所說，戰爭真正的起因不能僅歸結於希特勒，如果不能從世界經濟體系上做深刻的變革，下一個希特勒還會橫空出世，所謂的戰後和平將依然只是未來大戰之前的「休戰期」。

殘酷的大戰打醒了全世界。諾曼第登陸一個月後，在美國的倡議下，來自四十四個盟國的七百三十多名代表聚集在美國新罕布夏州卡羅爾鎮（Carroll）的布列敦森林，共商未來世界的經濟新格局。之所以選擇這個環境優美的小鎮，據說是因為美國當時的財務部長小亨利．摩根索（Henry Morgenthau, Jr.）擁有召開會議的酒店五十％的股份。

美元成了硬通貨

從經濟上講，這場已經打了五年的戰爭沒有贏家。德國、日本和義大利即將成為戰敗國，法國曾經淪陷，英國被轟炸成廢墟，蘇聯焦土作戰，中國的戰爭其實從一九三七年的「七七事變」，甚至更早的「九一八事變」就已經開始了。相對而言，世界各大國中只有美國的日子過得還算不錯，在一九四一年十二月七日日本偷襲珍珠港之前，美國保持中立，透過供給各參戰國物資和軍火大發戰爭財，把羅斯福新政後期低迷的經濟一舉翻了過去。

美國參戰的四年中，美國本土變成了一個巨大的工廠。起初，人們根本不相信美國能夠生產出維斯福總統要求的每年六萬架飛機、四萬五千輛坦克和八百萬噸總載重的輪船。一九四四年，美國工廠日夜不停地趕工，生產出九萬六千架飛機，其他各項物資的生產也達到了同等水準。

各工廠迫切需要工人，於是聯邦政府開始鼓勵婦女從事全職的重工業生產工作，之前類似的工作只考慮雇用男人。美國民眾的個人收入從一九四〇年的七百八十億美元，上升到一九四五年的一千七百一十億美元，失業率下跌至一．二%，成為美國歷史的新低點。

實話實說，美國的經濟大蕭條並不是被羅斯福終結的，而是被二次大戰爆發終結的。

於是，到了一九四四年的時候，本來就是世界經濟頭名的美國地位更加鞏固，成為實至名歸的經濟霸主。因此，在布列敦森林召開的這次會議，基本上是一次美國人說了算的國際會議。

代表英國出席會議的經濟學家凱因斯曾提出設立世界銀行，各國貨幣恢復多邊結算的方案，貨幣的標價參考二次大戰前三年世界進出口貿易的情況設定。至於過去金本位體制下的黃金，凱因斯認為那是「野蠻的殘餘」，沒有必要再用黃金做貨幣，應該弄個新的世界貨幣來替代它，各國所有的貨幣，包括黃金、白銀，都可以和這個世界貨幣兌換。

凱因斯之心，路人皆知！解讀一下他的心思，二次大戰前，英國在世界進出口貿易中狀況還不錯，因此，根據戰前的情況來給英鎊定價；戰爭打完後，英國黃金儲備基本上花光了，所以應該取消黃金的貨幣資格。

凱因斯的計畫拿到美國人那裡，立刻被一口否決。這場戰爭打下來，英國已經沒有家底了，經濟實力嚴重受損，很難恢復到戰前的金融地位。

美國人針鋒相對地提出了「懷特計畫」（White plan），在這個以財務部長助理懷特命名的計畫中，首先，各國貨幣不要那麼麻煩地互相結算了，大家統一與美元結算好了（只有美國「出產」美元）；其次，世界金融體系要恢復金本位（美國的黃金儲備最多）；最後，美元與黃金掛鉤，三十五美元等價於一盎司黃金（諸位可以把美元看作黃金）。

實力決定一切。凱因斯的名氣再大，談論經濟問題再巧舌如簧，英國的衰落已經是不爭的事實。最終，與會各國只能接受懷特計畫，畢竟最後打贏戰爭和未來的戰後重建，都要靠財大氣粗的美國。

影響此後世界經濟幾十年的布列敦森林制度誕生了，在這個變相的金本位體系下，美元是國際上唯一的通行貨幣，各國的貨幣都成了美元的附庸，各自與美元結算，雖然名義上各國貨幣也可以用黃金兌換，但只能在一定條件下從美國兌換。

雖然布列敦森林制度在美國以外的國家看來屬於「霸王條款」，但它總算結束了二次大戰前各國自掃門前雪，不顧他國死活的金融混亂狀態。美國也終於承擔起「帶頭大哥」的責任，透過貸款、援助等方式，把美元撒向全球，增加了世界的貨幣流通量，而且，由於美元是西方國家和許多發展中國家單一的國際結算貨幣，促進了二次大戰後世界貿易的快速增長，世界經濟很快就出現了比一次大戰前還要繁榮的新景象。

世界經濟終於有了願意承擔責任的「帶頭大哥」。一九五〇年的時候，美國的經濟產值是歐洲三強英、法、德三國總和的兩倍。隨著美國啟動對歐洲的馬歇爾援助計畫，國際貿易也從一次大戰以來的蕭條中走了出來。在一九五三年至一九六三年，世界出口商品在價值上翻了一倍，在總量上也翻了一倍。

最大的受益國當然是美國。布列敦森林制度規定三十五美元兌換一盎司黃金，但同時規定美國可以用一美元價值的黃金作為準備金，發行四美元的紙幣。只要世界各國承認美元的價值，美國就等於擁有了煉金術，在不動用黃金儲備的情況下，透過發行美元來購買其他國家的資產，大發橫財。二次大戰後，美國也一直是這麼做的。

所以從互聯網時代的角度來看，布列敦森林制度中的黃金就類似於實際的錢，而美元相當於網路遊戲中的虛擬貨幣，比如Q幣，各國透過兌換美元Q幣，參與國際貿易的大遊戲，購買自己所需要的「道具」和「裝備」。

黃金總庫暴走江湖

我們該冷靜一些了，Q幣只是虛擬貨幣，美元也只是紙鈔，都不是貨真價實的東西，世界經濟體系還是建立在各國黃金儲備的基礎上。

因此，如果說布列敦森林制度有什麼弱點的話，那就是黃金儲備。二次大戰結束後，美國黃金儲備以美元計算，達到了二百億美元，約占全世界官方黃金儲備總量的六十％。一九五七年，美國黃金儲備已經占了全世界儲備總量的七十一％。有了堅實的黃金墊腳，美元像巨人一樣穩穩地屹立在外匯市場上。

然而，隨著世界各國逐漸恢復元氣，大家隱隱覺得，手裡只拿著一疊疊的美元Q幣，心裡總覺得不踏實，還是黃金沉甸甸的能給人安全感。發行美元Q幣的人說，一個Q幣值一塊錢，它就真的值一塊錢嗎？

未必。實際上，三十五美元兌換一盎司黃金，這是一九三四年的事情了，到二次大戰後，美元相對於黃金已經貶值了，但布列敦森林制度中的「霸王條款」還是以這個兌換率來規定，明顯高估了美元幣值。

古老的套利遊戲又出現了，正如牛頓當年面對英國白銀外流時一樣。既然美元相對於黃金被高估了，各國開始不約而同地、有計畫地建立自己的黃金儲備，拿著手中被高估的美元，從美國那裡購買黃金。美國的黃金儲備開始流失，這令美國很生氣，因為名義上，黃金減少，意味著美國可以印刷的紙幣也就減少了。因此，那些拿著美元不兌換黃金的國家，是美國的朋友，而那些兌換黃金的國家，就不是美國的朋友了。

除了各國央行利用官方的黃金市場吸收黃金外，民間也出現了黃金市場。美國和英國作為布列敦森林制度的打造國，兩國政府禁止民眾買賣黃金，目的是要穩定黃金儲備。

經濟領域有一個頗為諷刺意味的現象是，凡是官方禁止的生意，一定是有利可圖的生意，其中的差價和利潤之高，必然會吸引人冒險一試。美國曾經頒布禁酒令，禁止民眾製造、販售、飲用酒類飲料，結果和酒有關的生意變得有利可圖，美國許多黑幫就是在禁酒令期間崛起並累積了自己的資本。黃金也一樣，禁止民間買賣黃金，就等於宣布「此地無銀三百兩」，告訴民眾這裡面有賺頭。當民眾發現美國可能難以像它承諾的那樣自由兌換黃金時，民眾就開始想方設法地從民間黃金市場上購買黃金，拋出美元，結果民間黃金市場異常活躍。

整個一九五〇年代，由於美國對外援助計畫導致貿易赤字，加上政治上與蘇聯搞冷戰，美元購買力持續下降，人們對美元的信心一步步走低，美國的黃金儲備量出現逆轉，緊跟著開始下滑。到了一九六〇年年底前，美國黃金儲備從最高峰價值約二百五十億美元降到不足一百八十億美元。

奔騰流走的黃金和洶湧回流的美元，讓美國總統甘迺迪如坐針氈。一九六一年二月，他突然高調宣布，美國將承諾維持官方的黃金價格不變。總統的承諾給市場上注入了一針強心劑，黃金市場上美元走高，金價重回三十五美元一盎司。

「狼來了」只能喊一次兩次，喊多了就沒人信了。總統的承諾不是真金白銀，要避免布列敦森林制度崩潰，還是需要拿出真金白銀的。

一九六一年年初，由美國牽頭，聯合英國、德國、法國、義大利、瑞士、荷蘭、比利時歐洲七國，拿出總計二億七千萬美元的黃金儲備，建立了一個「黃金總庫」。這個總庫的任務只有一個：穩定市場上的黃金價格。

只要市場上黃金需求量增加，黃金價格相對於美元開始上漲時，黃金總庫就拋出一部分黃金，打壓黃金價格；反之，當黃金價格走低時，黃金總庫也可以吃進黃金，補充和擴充庫存。黃金總庫等於是給布列敦森林制度裝上了保險絲，一旦黃金價格不穩，保險絲「燒斷」，就立刻投放黃金到市場上，保護整個制度的安全。

真正給布列敦森林制度造成麻煩的是，美元實際上已經貶值了，所以從經濟學上來說，正確的做法應該是調整美元兌換黃金的比率，讓美元貶值。但是，美國不願意讓自己的「財富」貶值，於是決定霸王硬上弓，用巨大的黃金庫存壓向市場，與趨勢頂著做。

一九六一年十一月是黃金總庫殺入市場的第一個月，總計售出一千七百四十萬美元的黃金，基本上遏制了黃金價格的上漲。但是，售出一部分黃金，黃金總庫裡就少了一部分，它的威力就減少一些。它能和市場抗衡多久呢？

蘇聯黃金救援美國

說時遲，那時快，一個巨大的身影攜帶著大量黃金衝入世界黃金市場，給了黃金總庫強力的支援。西方國家手搭涼棚定睛一看，來者不是旁人，竟是與美國不共戴天的另一超級大國：蘇聯。

一九六二年春天，蘇聯大量出售黃金，國際市場上金價大跌，黃金總庫得此良機，趕緊補倉，到了年中的時候，黃金總庫居然有了八千萬美元的盈餘！可惜好景不長，美國股市遭遇暴跌，激發了人們購買黃金的欲望，黃金價格上竄，黃金總庫全力打壓，盈餘又全都吐了出來。偏偏這時候又爆發了著名的古巴導彈危機，蘇聯和美國在古巴劍拔弩張，國際局勢的動盪再次衝擊了黃金市場。

搞笑的是，在危機那幾天，蘇聯竟然一直在銷售黃金。而且，古巴導彈危機結束後，蘇聯的黃金仍然源源不斷地流入市場。黃金總庫原本有八千萬美元的虧空，很快就由於蘇聯黃金湧入市場而得到了補充。

第二年，蘇聯農業大規模減產，為了應對糧食不足，蘇聯從加拿大等糧食出口國收購大量的小麥，用於支付貨款的是黃燦燦的金子。僅當年第四季度，蘇聯就有四億七千萬美元的黃金幾經周轉，流入了黃金總庫。到了一九六四年，黃金總庫裡的黃金儲備竟然高達十三億美元。

當時正值「冷戰」時期，以美國為首的北約和以蘇聯為首的華約，每天都琢磨著整垮對方。如果能讓黃金總庫倒閉，布列敦森林制度崩潰，蘇聯的總書記肯定會高興地打開伏特加酒，一醉方休。匪夷所思的是，每每在黃金總庫危難之際，蘇聯卻屢屢拋售黃金，救援了「萬惡的資本主義社會」的金融制度。

蘇聯人的腦子進水了嗎？

其實，蘇聯也是情非得已，它不拋售黃金的話，還沒等到「萬惡的資本主義」下地獄，偉大的蘇維埃就先去天堂了。

蘇聯長期執行的是極端的計畫經濟，不僅經濟效率低下，而且除了軍工、航太和重工業外，其他許多商品都無法自己生產，需要從西方國家進口。進出口貿易是要等價交換的，蘇聯能拿得出手的交換物其實十分有限，除了黃金以外，就只有自己也經常缺乏的糧食。就拿古巴導彈危機時期為例，蘇聯擔心會與美國開啟全球大戰，打算未雨綢繆地進口一些西方國家的商品儲備，因此拋出大量黃金來購買商品，客觀上拯救了黃金總庫。

說得直白一點，蘇聯能夠在幾十年的「冷戰」中大旗不倒，全靠賣黃金、石油等資源來維持生計。

黃金總庫打壓黃金上漲的行為，還造成了另一個後果，就是讓黃金開採者的利益受到了損害，因為開採黃金變得相對來說無利可圖了。在普通人眼中，黃金是很值錢的東西，擁有了金礦，似乎就等於是擁有了印鈔機。其實，採金業和其他行業一樣，也是有成本的，得有大型開採設備，雇用技術工人，還得有一支忠心耿耿、能打硬仗的保安隊伍。行情好的時候，金礦主會賺大錢；行情不好的時候，他們真的有可能會賠錢。

美國黃金開採企業在那個時期全部破產了，而鄰國加拿大的黃金企業也是在靠政府補助苟延殘喘。南非是當時重要的黃金出產國，企業主被迫大幅度壓低了工人的工資，否則企業就得虧損甚至倒閉。人為壓低黃金價格的做法，當然也影響了蘇聯，該國透過賣黃金獲得的收入也被壓低了。然而，這些帳都得算到黃金總庫的頭上，算到以美國為首的八國政府頭上。

乞丐都不收美元了

黃金總庫出馬的最初幾年順風順水，連蘇聯都「鼎力相助」，在打壓黃金價格上取得了令美國滿意的效果。美國政府被這短暫的勝利沖昏了頭腦，以為黃金永遠不會被擊敗，三十五美元兌換一盎司黃金會永垂不朽。

沒有什麼能永垂不朽，連宇宙都不例外，更何況綠色鈔票——美元。

美國對外貿易連年赤字，靠印鈔票填補虧空，美元實際的價值越來越偏離三十五美元兌換一盎司黃金。令美國經濟雪上加霜的是，整個一九六〇年代，美國越來越深陷越南戰爭，一九六五年，美國更是直接派出軍隊參戰。戰爭耗費了大量的資源和財富。正所謂「盛世收藏，亂世黃金」，既然是亂世，人們對黃金的需求量自然不斷上升，黃金總庫用來「鎮壓」價格上漲的黃金也越來越多，虧空再度被放大。一九六七年，中東又爆發戰爭，英鎊大幅度貶值，人們紛紛搶購黃金以規避風險。

布列敦森林制度開始搖搖欲墜，精明的法國人先知先覺，開始有計畫地利用制度的「漏洞」，把手中喪失了購買力的美元以該制度的價格兌換成黃金，放在自己的金庫裡。一九六二年至一九六六年，法國從美國聯準會手中兌換了近三十億美元的黃金並運回巴黎儲存。一九六七年六月，法國明智地退出了黃金總庫。

面對危局，美國財政部繼續執迷不悟，堅持打壓黃金上漲的政策，於是美國的黃金儲備迅速減少，到了一九六八年年初，黃金儲備已經下降到三億盎司，或者說是一百零五億美元。若是繼續維持布列敦森林制度，美國的黃金儲備有可能會被徹底清零。

在現實面前，美國不得不低頭認錯。一方面，黃金總庫的成員國商定，政府間的美元和黃金的兌換率還維持在三十五美元一盎司，而民間的兌換率，政府不干涉，美國政府也不再向民間承諾美元和黃金可以自由兌換。另一方面，美國國會決定，以後印刷美元不需要再有一定量的黃金儲備作為準備金。

沒有了準備金，美元算什麼？不能和黃金自由兌換，拿著美元還有什麼安全可言？

一些經濟學家為美國此舉搖旗吶喊，認為以美國政府的信用，足以維持美元的江湖地位。但更多的人已經明白，美元面對黃金的徹底貶值，已經是不可避免的了。民間市場上，黃金受到了熱烈的追捧。黃金總庫的其他成員國紛紛學習法國人的經驗，用貶值的美元向美國購買黃金。

美國已經到了孤家寡人的地步，看上去就算整個美國是用金磚鋪就的，也不夠民間和其他國家兌換。一九七一年，美國總統尼克森終於忍無可忍，宣布美國不再按照三十五美元／一盎司黃金的比率來和其他國家兌換，然後又調整兌換率到三十八美元／一盎司黃金，試圖保持布列敦森林制度在名義上不倒塌。

即使三十八美元兌換一盎司黃金，美元也是被高估的。

歐洲各國看到布列敦森林制度已經無利可圖，感到沒必要再和美國在一口鍋裡吃飯了。一九七三年，德國、法國等國宣布，本國貨幣不再與美元實行固定匯率，而是根據市場情況實行浮動匯率。說白了，就是讓美元相對於本國貨幣貶值。

其他國家也紛紛跟進，布列敦森林制度徹底崩塌了。

在一九七〇年代，美元在歐洲就像是病菌一樣，讓人唯恐避之不及。在英國倫敦，一位美國遊客拿出美元付帳時頻頻遭拒；法國巴黎的計程車上貼著「不再接受美元」的標識，甚至乞丐也在自己的破爛帽子上寫著「不要美元」。二次大戰後受歡迎程度曾經堪比黃金的「美金」，竟然淪落到如此地步，不禁令人唏噓。

美國政府把布列敦森林制度的崩潰，說成是「蘇黎世侏儒」和貨幣投機者的罪行，他們大肆地炒作黃金，擊垮了黃金總庫。所謂「蘇黎世侏儒」，指的是瑞士的那些銀行家。其實真正的原因是，美國自己製造了美元的通貨膨脹，還竭力想維持美元不貶值，以此來吸取別國的財富。雖然黃金總庫一時可以讓美國的伎倆得逞，但終究還是被市場擊敗了。

由此我們也可以看出，當錯誤的政策和市場對抗時，即使以包括美國在內的幾個強大國家的財力為武器，也無法戰勝市場的力量。強大如美國這樣的國家，它力量的源泉也正是來自實體經濟，來自尊重市場和利用市場，它也無力長期逆市場而動。

因此，坊間流傳的各種關於神祕家族、神祕組織在掌控世界，控制全世界財富流向的傳言，以及那些所謂共濟會、羅斯柴爾德家族暗殺了幾任美國總統、控制了美國聯準會的故事純屬虛構，切莫當真。

國家信用的破產

布列敦森林制度崩潰，最高興的莫過於凱因斯學派的門徒們。

回顧本篇開頭凱因斯的計畫，他的重要建議之一就是取消金本位制，讓黃金變成一種普通商品。布列敦森林制度是一種變形的金本位制。隨著二十世紀全球人口越來越多，世界貿易額不斷增大，以黃金作為貨幣或者作為準備金，的確已經越來越顯示出它的弊端。

比如，當經濟增長，人們需要更多的貨幣來做交易的時候，由於黃金的產量難以和這種增長同步，市場上就會出現通貨緊縮，影響到經濟的進一步發展。此外，從古到今人類開採和冶煉出了十五萬噸左右的黃金，扣掉損耗以及那些歷史上隨海船沉入海底的黃金，這個數量對於二十世紀市場中的交易總量來說，顯得規模太小了，難以擔當貨幣的重任。

回顧人類文明的歷史，曾經長期處於貴金屬貨幣的短缺狀態，而抑制古代世界經濟發展的主要因素，除了馬爾薩斯總結的人口陷阱外，就要算通貨緊縮了。直到葡萄牙人和西班牙人從美洲掠奪了大量的黃金白銀，以及後來美國發現了儲量巨大的金礦、銀礦，世界經濟才在近代的幾百年中一度貨幣充裕。但是，二次大戰之後，隨著世界經濟量體的日益增大，數量有限的黃金已經越來越難以充當貨幣的功能了。

也許黃金逐漸喪失其貨幣地位的一個本質原因是，黃金在社會經濟中的使用價值越來越弱化了。在古代，黃金以其炫目的色澤、優秀的延展性而備受青睞，人們把珍貴的黃金加工成象徵權力的王冠、面具，或者象徵神聖的宗教物品，當時的黃金太有用了。進入現代，黃金的確還有了其他的一些用途，但工業革命以來，更多的資源、能源進入了社會經濟體系中，更多的商品被製造出來，雖然黃金還攜其遠古的威名，在很長一段時間裡繼續充當貨幣，但論起使用價值，黃金已經不像在古代那麼舉足輕重了，黃金正走在經濟邊緣化的路上。

因此，凱因斯把金本位制稱為「野蠻的殘餘」，的確體現出了大經濟學家的敏銳洞察力。但是，話分兩頭說，如果當年執行他的那個計畫，把黃金作為貨幣的江湖地位廢掉，各國在印刷紙幣的時候不以黃金或其他實物作為準備金，那我們該如何給這些紙幣定價呢？我們如何保證這些紙幣在大眾的心中是有價值的呢？

一些經濟學家說，那就用國家的信用好了，國家有信用，紙幣的幣值就穩定；國家沒有信用，紙幣的幣值就下滑。

那麼，國家的信用多少錢一斤？如果信用是紙幣幣值的來源，那麼我們就必須要對信用進行量化，美國的信用值多少錢，中國的信用又值多少錢。但根據定義，信用這東西是人們看不見、摸不著的感覺而已，很難量化。用信用來解釋紙幣的幣值，基本上是「以其昏昏，使人昭昭」，聽上去很好，卻沒什麼用。

而且，近代歷史上，從大國到小國，從東方到西方，我們屢屢看到一個個國家不講信用的事例，甲國對乙國背信棄義，君王對民眾言而無信。用國家信用當作紙幣的幣值參考，純屬無稽之談。

所以，就算是布列敦森林制度倒掉了，也不代表凱因斯的計畫就更正確。不論各國政府如何鼓吹自己的信用，民眾依然習慣從生活的柴米油鹽的貴賤中，來衡量幣值的高低。當黃金已經無法作為一個統一的尺規，來給各國的紙幣定價時，人們迫切需要尋找一種或幾種新的實物來替代黃金，衡量紙幣的價值高低。

這新的實物，會是什麼呢？

輪迴君士坦丁堡

「世界石油價格當然會上漲，這是毫無疑問的！你們把賣給我們的小麥的價格提高了三〇〇%，糖和水泥的價格也提高了這麼多；你們購買我們的原油，利用化學方法加工後再賣給我們，其價格是你們支付我們原油價格的一百倍。從現在起，唯一公平的做法是，你們得為原油支付更多，十倍價格或者更高。」

一九七三年年底，伊朗國王對《紐約時報》如是說。當年，阿拉伯國家與以色列的第四次中東戰爭，讓中東產油國與美國的矛盾徹底激化，石油危機爆發。

一九七三年，美國經濟還在高成長，但到了一九七四年，美國工業生產就下降了十四％，而嚴重依賴石油進口的日本，工業生產下降了二十％。第二次世界大戰結束後最嚴重的一次經濟危機爆發了。這次危機的特點是，一方面，通貨膨脹率高高在上；另一方面，經濟依舊不景氣，失業率維持高位，這就是所謂的「滯漲」——經濟停滯、通貨膨脹。

通貨膨脹的部分原因，可以歸結為當時布列敦森林制度的解體，黃金的韁繩被甩開後，印鈔機就停不住了，美元大量湧向市場，必然導致通貨膨脹；當阿拉伯國家對美國等國實行石油禁運後，市場上這種基礎性的產品突然減少，相對來說，貨幣或者說美元就多了，這也造成了通貨膨脹。石油價格突然大漲，對於許多以石油為原材料的工廠、企業來說，都是致命的打擊，許多工廠的利潤被蠶食，甚至出現虧損，整個國家的經濟出現停滯也就順理成章了。

其實在石油危機之前的很多年，石油就超越了一種普通產品的身分，它還有另一個重要身分——所有貨幣的價值尺規。在金本位解體、布列敦森林制度崩潰後，人們需要一種方便的實物來替代昔日的黃金，作為價值的尺規。而石油剛好滿足了人們的這種需要。

首先，石油比美元「實在」。石油是用美元計價的，類似於布列敦森林制度中黃金用美元計價一樣。在目前的世界金融體系中，各國貨幣自由兌換，可以自如地與美元或石油進行比價。結果就造成了從宏觀上美元與油價是反向波動的，當美元升值的時候，油價是下跌的；當美元貶值的時候，油價是上漲的。

石油與美元平起平坐，作為貨幣價值的尺規，它甚至比美元更好，因為美元的印刷全憑美國人說了算，美國人手頭緊的時候，就會印鈔票，引發美元的貶值，從而傷害世界上手握美元的其他國家。因此，石油生產得多了，並不會傷害到用油國，反而會因為供應量大，價格相對便宜，讓用油國受益。這就是紙幣和實物作為本位貨幣的根本區別。

其次，石油供應充足，完勝黃金。從每年的產量來看，目前世界年產黃金約二千六百多噸，而年產石油約四十億桶，如果都用美元計價，石油的總價遠大於黃金的總價。

而且，開採出來的黃金大部分都儲存起來，沒有再加工以提高其價值；而石油則轉化成了各種商品和能源，有了更多的附加值。因此，當黃金退出世界貨幣舞臺的時候，石油在實際效果上已經走馬上任，具有某些貨幣屬性。

最後，石油產量和世界經濟「一榮俱榮，一損俱損」。黃金作為貨幣，一個弊病就是黃金產量和世界經濟的增長不合拍，世界經濟突飛猛進的時候，黃金產量卻不溫不火地拖了後腿；或者世界經濟不溫不火的時候，一個大金礦突然被發現，立馬引發通貨膨脹。石油就不存在這個問題，因為石油已經滲透到經濟的各個領域，世界經濟突飛猛進的時候，對石油的需求就加大，產油國可以迅速地做出加大石油供給量的反應；反之，世界經濟陷入低迷時，對石油的需求就降低，產油國可以透過讓幾個油田停產的方式，減少石油的供應量。

我們不妨把布列敦森林制度解體後這幾十年的世界經濟，看成是石油本位的經濟。大家不論自覺或不自覺，都會以石油或其產品為價值尺規，衡量本國貨幣與他國貨幣的幣值高低。

這幾十年中，世界總算還正常地運轉著，沒有因為各國亂開印鈔機而變得不可收拾，可能也是拜石油這種世界「通貨」所賜。

有趣的是，當今世界石油的主要產區位於中東地區，那裡正是昔日鄂圖曼土耳其的疆土。五百多年前，鄂圖曼土耳其從亞洲劍指歐洲，君士坦丁堡的陷落決定性地改變了歷史的進程，史詩一樣的大航海時代、殖民時代、工業時代依次開啟，歐美各大國導演了一幕幕改變世界的經濟大戲。五百多年後，由於石油、人口、宗教、戰爭、文化和其他攪在一起的原因，中東地區再次成為世界的焦點，歐洲再次成為首當其衝的動盪地區。

這一次，世界歷史又將如何展開？全球經濟又將飄向何方？

〔尾聲〕

潮湧潮落五百年

中世紀的歐洲，是教權的天下。

西元四七六年，西羅馬帝國覆滅後，歐洲陷入邦國林立的漫長的中世紀。羅馬教廷凌駕於各個邦國之上，羅馬教宗是歐洲大部分地區的「天下共主」，雖然曾經出現過教會分裂，歐洲東部誕生了東正教分支，但也算是基督教旗下的分店。

如果和東方古國中國的歷史類比的話，中世紀的歐洲類似於春秋時期，當時周天子是分封各國的天下共主，借助於一套宗法與禮儀制度，構建了當時的中國社會格局。拋開時代的差異不談，東西對比，教宗對應周天子的地位，歐洲大大小小的國家對應春秋的大量封國，基督教的教義對應宗法與禮儀制度。

一種常見的觀點認為，一四五三年君士坦丁堡的陷落，標誌著中世紀的結束。其實在此之前，羅馬教廷對於歐洲的控制力已經在慢慢滑落，肆虐歐洲的黑死病削減了人口的數量，也削減了人們對於上帝的虔誠信仰，人們無法理解，上帝怎麼能用這樣可怕的疾病對待虔誠的信徒，而教會似乎也束手無策。

新教的萌芽開始出現，挑戰羅馬教廷的權威性。鄂圖曼土耳其的崛起和西進，嚴重打擊了羅馬教廷的勢力。隨著君士坦丁堡標誌性地陷落，羅馬教廷的權威一落千丈。有趣的是，君士坦丁堡的陷落，也可以對應西周末年鎬京被攻破，周王室不得不東遷的情況。

曾經臣服於教廷的歐洲各國發現，教廷根本無力保護歐洲的安全。要想生存下去，教廷不可靠，甚至連上帝也許都不可靠，唯一能夠依靠的，只有自己手中的財力和武力。

中世紀至高無上的教權體系崩塌了，就好比中國由春秋時期過渡到戰國時代那樣，周室傾頹，大家都把周天子視作無物，天下大亂，彼此征伐。歐洲陷入了諸強爭霸的新時代；不嚴格地類比，當時的歐洲進入了戰國時代。

在外部巨大的競爭壓力下，各國都殫精竭慮地發展國力，以求在競爭中獲勝，至少也要能夠自保。財力是國力的經濟保障，國家該如何發展經濟和貿易、如何建立有效且高效的稅收、如何發動國民為國工作和戰鬥，成為增強國力、戰勝外敵的關鍵問題。

歐陸爭霸是近代歐洲乃至全球的主旋律。大航海時代固然千帆競渡、波瀾壯闊，但如果從貿易量上來看，歐洲內部的海洋貿易量，遠遠大於洲際間的遠洋貿易。

歐洲列強確實對洲際海外貿易很感興趣，但海外貿易也是為歐陸爭霸服務的，不論是賺到的錢，還是占領的地，都是列強在歐陸爭霸中的籌碼，用以增強自身國力，參與歐陸競爭。在這個過程中，歐洲列強在彼此廝殺的同時，也進行瓜分，把全球重新整合，目的當然是為歐陸爭霸提供更多的經濟支援和人力支援。

類比中國的戰國時代，戰國七雄在陸地上比拚國力，近代的歐洲列強則不僅在陸地上廝殺，還在全球的海洋與陸地上展開競爭。

影響爭霸的最重要因素還是在列強的國內。

教權旁落之後，從中世紀延續下來的封建制度尚在，「王室」—「大小貴族」—「農民和手工業者」，是歐洲國家的一般社會結構，而工商業和貿易的逐漸繁榮，讓資產階級、工人也嵌入這個結構體之中，使之大體上可以修訂為「王室」—「大小貴族、資產階級」—「農民、手工業者（含工人）」的三級結構。

一個國家能夠妥善地處理好三個階層的關係，在增加財政收入的同時又不造成社會動盪，這個國家就能在歐陸爭霸中占據優勢；反之，一個國家如果難以處理好三個階層的關係，財政收入在低位徘徊，甚至寅吃卯糧，這個國家就會在歐陸爭霸中節節敗退。

近代五百年的風雲際會，歐美各國在經濟領域到底做對了哪些，又做錯了哪些呢？

葡萄牙、西班牙國王透過契約的形式，鼓勵自己的臣民去探險和征服，打下了美洲廣闊的殖民地，比本土大幾十倍的陸地。他們因此一夜暴富，這是他們做得對的事情。然而，西班牙王室的窮兵黷武和奢侈揮霍，耗盡了本應用於經濟發展的資金；橫徵暴斂的稅收政策和荒唐透頂的貿易限制，一度使得在美洲開採金礦都變得無利可圖，從東亞向歐洲販賣瓷器都沒什麼賺頭。這些都是西班牙犯下的經濟錯誤。

荷蘭與英國建立了一個為商人和資本所有者提供服務的政府，這些人恰恰是社會上投資實業和創造財富最活躍的階層。

工業革命發端於英格蘭，這當然有大量的機緣巧合，但英格蘭自身處理好了三個階層之間的關係，國王與貴族、資產階級代表的議會達成妥協，形成了合力，而普通民眾的權利也得到保障，豐衣足食，鞏固了英格蘭以及後來英國的經濟基礎，為工業革命做好準備。此外，中央銀行和金本位制的創立，以及透過圈地運動建立的產權制度，加上對智慧財產權的保護，所有這些經濟和政治創新，都促進了國內和國際的自由貿易，也推動了科技的進步，這些都是英國做得對的事情，讓英國經濟趕上並超越歐洲諸強，建立起世界的日不落帝國。

但是，殖民地攤子鋪得太大，對英國本身來講是一種拖累；英國的「南海股票泡沫」導致股市崩盤後，英國對證券市場變得排斥，沒能充分發揮這種高效金融機構的威力，最終，倫敦把世界金融中心的寶座拱手讓給了紐約。這些都是英國犯下的錯誤。

俄羅斯與德國的歷史發展，都曾受到農奴制的嚴重制約，底層民眾生計艱難，無法構成國家可以依靠的經濟基礎，王室與貴族之間矛盾重重，相互掣肘，因此兩國長期落後於西歐諸強。

法國的情況雖然比俄羅斯、德國稍好，但同樣沒有處理好三個階層之間的關係，因此，雖然其人口、土地明顯強於英國，財政上卻落入下風，從而在軍事上屢戰屢敗。

美國繼承了英國的政治體制，以及幾乎所有的經濟和政治創新，華盛頓等開國元勳還取消了國王這個職業。美國充分地利用證券市場——華爾街，把華爾街的巨額資本化作運河、鐵路、礦山、油田，給美國經濟帶來了騰飛。但美國也並非沒有犯過錯誤，南北戰爭前為了所謂的保護脆弱的民族工業而設立的高關稅，傷害了自由貿易，也傷害了美國人自己，險些令美國分崩離析；鍍金時代對於金融市場的放任自流，吹起了巨大的經濟泡沫；經濟大蕭條時期，羅斯福新政樹立了政府直接干預經濟的糟糕先例，流毒後世。

納粹德國和希特勒的經濟政策，比起羅斯福新政有過之而無不及，走到絕路上的納粹德國試圖用戰爭和掠奪，來挽救毫無希望的經濟，但法國的拿破崙其實就是前車之鑑，兩個戰爭狂人最終都失敗了。靠掠奪維繫的經濟模式，永遠不是正確的財富之路，因為戰爭消耗了世界的財富，而不是讓世界的財富增加。

承接俄羅斯帝國的蘇聯，也是政府直接干預經濟的典型案例。蘇聯坐擁富饒的土地、能源、礦產資源，但是政府對經濟的強力干預卻讓經濟領域毫無活力、效率低下，蘇聯除了軍工和航太之外，其他產品在國際上毫無競爭力。

集體農莊制度激發不起蘇聯農民的熱情，他們把熱情都投放到一小塊自家的私有土地上，因為這塊土地上出產的東西可以拿到市場上出售。結果在只占全國總耕地面積三%的私有土地上，生產了全國五分之一的牛奶量和三分之一的生肉量，以及大量的水果和蔬菜。

歷史上，俄羅斯曾經是歐洲的糧食出口國，蘇聯卻因為錯誤的農業政策，經常面對糧食不足引發的饑荒，被迫出售黃金換取外界的食物。在其用資源支撐了幾十年後，外強中乾的蘇聯終於走到盡頭，各加盟共和國紛紛獨立。

近現代日本的經濟崛起最令人著迷，一個古老的封閉的東方島國卻能夠在短時間內「脫亞入歐」。其實，從社會結構和經濟模式看，幕府時代的日本是完全不能與中國、朝鮮、越南等東方其他國家歸為一類的，日本在經濟爆發之前，自身的「經脈」與歐陸國家更加近似。而在明治維新開始後，日本驚心動魄地克服了數次危機，借鑑了歐美列強的經濟發展經驗，終成大器。可惜的是，日本沒能避免軍國主義毒瘤的發作，走上了侵略擴張的不歸路。但看看近現代的各路列強，誰又不曾馬失前蹄過呢？

本書把五百年來全球群雄爭霸過程中，各國在經濟方面的對錯得失，挂一漏萬地呈現給讀者。這段歷史與經濟之間鮮活的互動過程，有助於我們反駁過去一些關於近代列強的武斷觀點，進而正本清源。

比如，觀點一：近代列強是靠掠奪獲得了第一桶金，才逐漸稱霸全球的。

歐洲列強的確曾奉行「揮舞著刀劍賺錢」，但相較於歐洲自身的農業、工商業創造出來的價值，掠奪到的財富比例相當小。而且從經濟學角度來講，掠奪的財富都是存量財富，如果糧食不能在短時間內吃掉，就會腐爛，儲存成本也很高，胡椒也一樣。如果金銀不能用於市場流通，那也是毫無價值。這些掠奪的存量財富只能滿足一時之快，即便強如戰神拿破崙，靠掠奪也最終難以為繼。真正決定國家財富多寡的，是每年創造出來的增量財富，歐洲列強本質上是練好了本國的「經濟內功」，才實現富國強兵的。

另一種用掠奪來解釋國家貧富的說法也很荒謬：非洲落後是因為被白人用武力打敗，黑人受到了奴役和剝削；西班牙衰落是因為「無敵艦隊」覆滅了；法國衰落是因為拿破崙吃了敗仗。毫無疑問，侵略者應該受到譴責，但這種唯戰爭論掩蓋了決定國家貧富的經濟力量。

再如觀點二：近代歐洲是靠偶然獲得了美洲大陸、澳洲大陸，而突破馬爾薩斯人口陷阱，源源不斷的美洲、澳洲資源給了歐洲稱霸全球的資本。

對於這個觀點，我們也許可以這樣設問：如果哥倫布還沒等到發現美洲，就被憤怒的水手們扔進了大海，五百年來人類歷史和經濟的進程是否會完全改觀？

美洲就在那裡，橫亙在大西洋和太平洋間，即使沒有哥倫布，歐洲人也會發現美洲，而且可以肯定的是，歐洲人會比亞洲人更早地發現並開發美洲大陸。因為就在哥倫布第一次航行歸來後，西班牙和葡萄牙就劃分了海洋界線，一四九三年，葡萄牙國王說服西班牙國王把分界線向西挪了一百一十海里。

然後在一五〇〇年，也就是達伽馬遠航印度之後，葡萄牙駛往印度的第二支船隊基本上沿著直線衝向了南美洲的海岸，然後才前往印度。很多學者猜測，也許葡萄牙在與西班牙在劃定分界線的時候，就已經知道南美洲的存在。

所以，發現並利用美洲、澳洲，幾乎必然由歐洲人來完成。這不僅僅是取決於他們先進的航海技術，更和他們的經濟發展模式相關。

即使是緊鄰古代中國的東南亞地區，也首先是被漂洋過海而來的歐洲人納入了殖民體系中，大量生產香料等奢侈品，而不是被明清王朝納入自己的經濟體系裡。明清所謂的朝貢制度，在經濟上完全是得不償失的，也因此只具有面子價值，在經濟收益上與歐洲人的做法相去甚遠，在經濟模式上與歐洲也是南轅北轍。

就算是擁有了美洲大陸礦產最豐富的黃金地段，西班牙人依然揮霍掉了所有從印第安人那裡搶劫的財富，以及自己從美洲開採來的財富。而北美洲貧瘠土地上的英國殖民者卻是勵精圖治，硬生生從維吉尼亞的碎石崗起步，最終締造了一個偉大的國度。

所以，美洲帶來的「物」的增加，如廣闊的土地、豐富的礦產，僅僅是讓歐洲人有了發財的機會而已，只有結合了「人」的因素，也就是契約精神、自由貿易、科技進步、議會制度，才得知他們沒有浪費上天賜予的這塊富饒大陸。

哥倫布遠航之前，英格蘭人的圈地運動就已經展開，即使沒有美洲大陸，他們也會慢慢地發現自己土地下的煤炭大有用途。他們也會開始工業革命，只是可能會比真實的歷史晚一些，但工業革命仍將首先起源於歐洲，這是比較合情合理的預測。

正是工業革命，依次讓英格蘭、歐洲、全世界突破了馬爾薩斯人口陷阱，而不是多發現的一、兩塊大陸的功勞。如果沒有工業革命，當美洲、澳洲的人口增長到其耕地也養活不了的時候，馬爾薩斯人口陷阱依然會來臨，再多的大陸都只能延緩而不能逆轉這個趨勢的到來。

五百年轟轟烈烈而過，工業革命也進行了第一次、第二次……全球經濟整體上已經不必擔心馬爾薩斯人口陷阱這個幽靈。那麼，接下來的五百年，世界將會怎樣？更好還是更糟？

地球上已經沒有另一個美洲大陸等待著人們去發現和利用，所以很多人擔心，地球的資源，比如石油，總有一天會用完，然後人類再度跌入馬爾薩斯人口陷阱，萬劫不復。但是讓我們回憶一下歷史，石器時代的終結，是因為石頭用光了嗎？青銅時代的終結，是因為銅礦用光了嗎？風帆時代的終結，是因為季風和帆布用光了嗎？

當然不是。既然如此，我們需要擔心未來沒有足夠的土地和石油嗎？如果此時此刻全世界的石油突然之間全部人間蒸發，那的確有點麻煩。但這種場景不會發生，即使石油儲量有限，它的枯竭仍然是一個長期的過程，由於物以稀為貴，經濟規律會促使人們努力尋找和創造那些稀有之物的替代品。

即使沒有下一個美洲大陸，沒有下一塊大油田，科技的進步仍將運用有限的資源創造出無限的財富，自由貿易將讓世界經濟更高效地生產財富和節約成本。

擺脫了馬爾薩斯人口陷阱的威脅，接下來的五百年，人們可以期待擁有更多的財富，擁抱更好的生活。

此前五百年中世界各國經濟上的得失成敗、經驗教訓，都已經載入史冊，寫入了教科書，五百年中累積起來的經濟智慧必將指引和照亮人們未來的財富之路。

向天再借五百年，世界依然會變得更好，事在人為。

航海、貨幣與貿易：經濟脈絡下，看見近現代500年各國興衰的軌跡

作　　者　波音
責任編輯　夏于翔
特約編輯　洪禎璐
內頁排版　李秀菊
封面美術　萬勝安

發 行 人　蘇拾平
總 編 輯　蘇拾平
副總編輯　王辰元
資深主編　夏于翔
主　　編　李明瑾
業務發行　王綬晨、邱紹溢、劉文雅
行　　銷　廖倚萱
出　　版　日出出版
地址：231030新北市新店區北新路三段207-3號5樓
電話（02）8913-1005　傳真：（02）8913-1056
發　　行　大雁出版基地
地址：231030新北市新店區北新路三段207-3號5樓
電話（02）8913-1005　傳真：（02）8913-1056
讀者服務信箱andbooks@andbooks.com.tw
劃撥帳號：19983379　戶名：大雁文化事業股份有限公司

印　　刷　中原造像股份有限公司
初版一刷　2025年5月
定　　價　750元
I S B N　978-626-7714-07-2
I S B N　978-626-7714-03-4 (EPUB)

原簡體中文版：《航海、貨幣與貿易：從經濟學角度看世界歷史》
作者：波音
中文繁體版透過成都天鳶文化傳播有限公司代理，由中國工人出版社授予日出出版 大雁文化事業股份有限公司獨家出版發行，非經書面同意，不得以任何形式複製轉載。

國家圖書館出版品預行編目（CIP）資料

航海、貨幣與貿易：經濟脈絡下，看見近現代500年各國興衰的軌跡／波音著. -- 初版. -- 新北市：日出出版：大雁出版基地發行, 2025.05
464面；17×23公分
原簡體版題名：航海、货币与贸易：从经济学角度看世界历史
ISBN 978-626-7714-07-2（平裝）
1.CST: 經濟史　2.CST: 世界史
550.9　　114005102

圖書許可發行核准字號：文化部部版臺陸字第113286號
出版說明：本書由簡體版圖書《航海、貨幣與貿易：從經濟學角度看世界歷史》以中文正體字在臺灣重製發行。